みかぐらうたの世界をたずねて

道友社編

天理教道友社

教え始めで使用された鳴物

飯降《いぶり》（永尾《ながお》）よしゑの三味線《しゃみせん》（長さ99cm）。由来書（よしゑ直筆）には、父伊蔵《いぞう》が郡山《こおりやま》で２円80銭で購入したことが記されている。（永尾家蔵）

辻《つじ》とめぎくが使用した琴（長さ166cm）。明治10年、当時８歳のとめぎくのために父忠作《ちゅうさく》が郡山で買い求めたもの。
（辻豊明《とよあき》家蔵）

みかぐらうた本

（33〜39ページ参照）

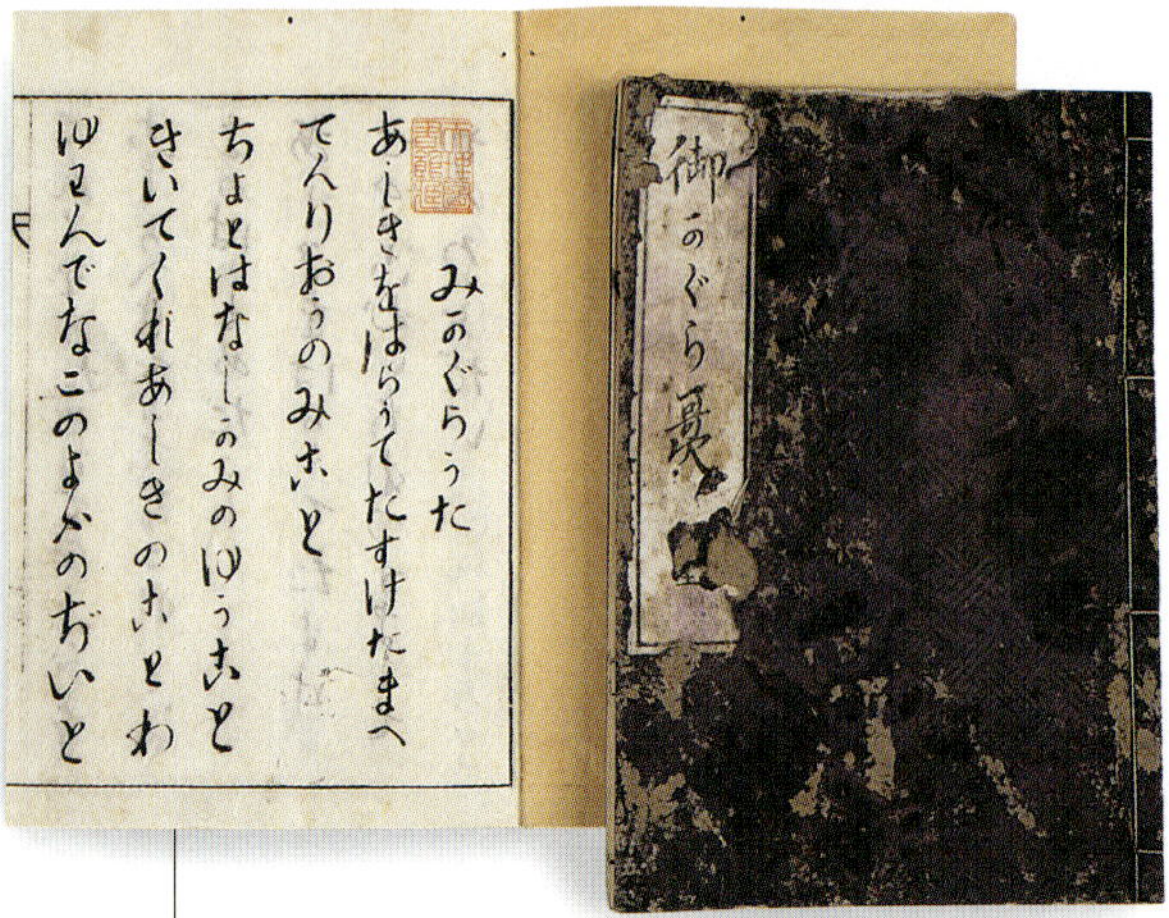

初の公刊「みかぐらうた」本である『御かぐら叓　全』（天理教教会本部、明治21年11月１日出版）。第一節から第五節まで順に記されている。前川菊《まえがわきく》太郎《たろう》の筆ともいわれる。

『御かぐら叓　全』の版木の一部。下から一枚目が冒頭部分で、二枚目が奥付部分。

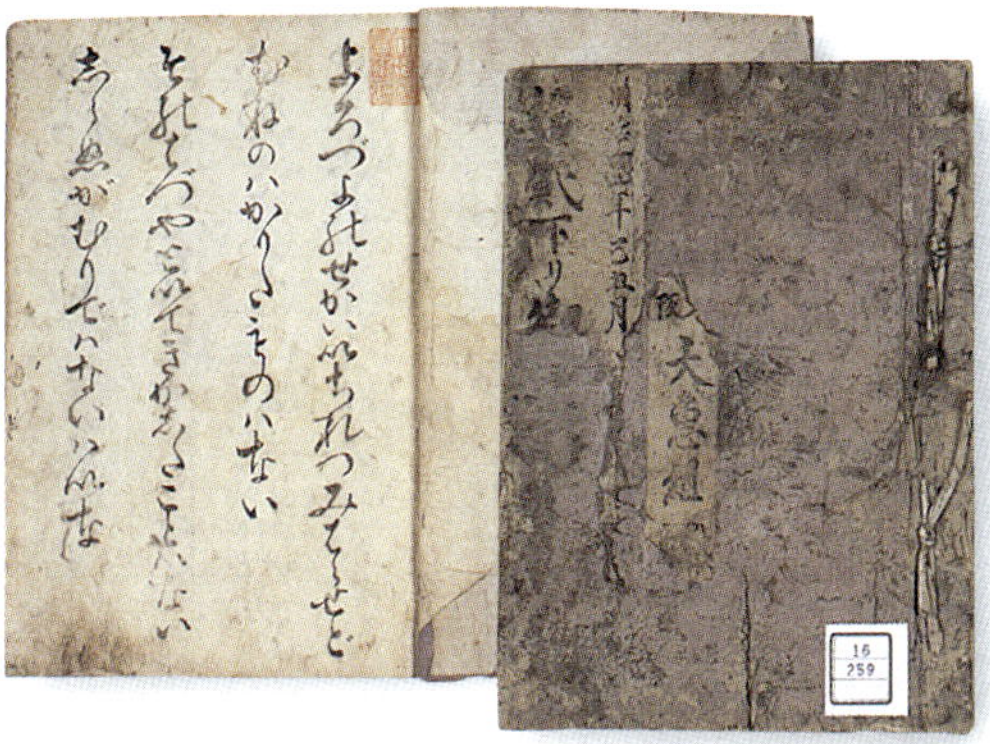

現在までに確認されている、最も古い木版印刷本『拾二下り御勤之歌』(大阪天恵《てんえ》組、明治14年5月)。第四節(よろづよ八首)から始まっている。

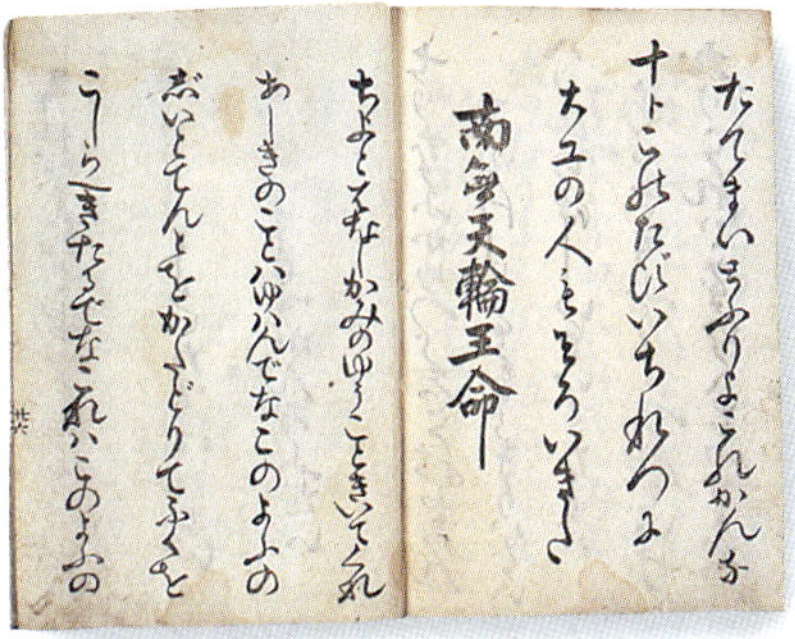

『拾二下り御勤之歌』の部分。第五節(十二下り)の後に、第二節(ちよとはなし)が記されている。

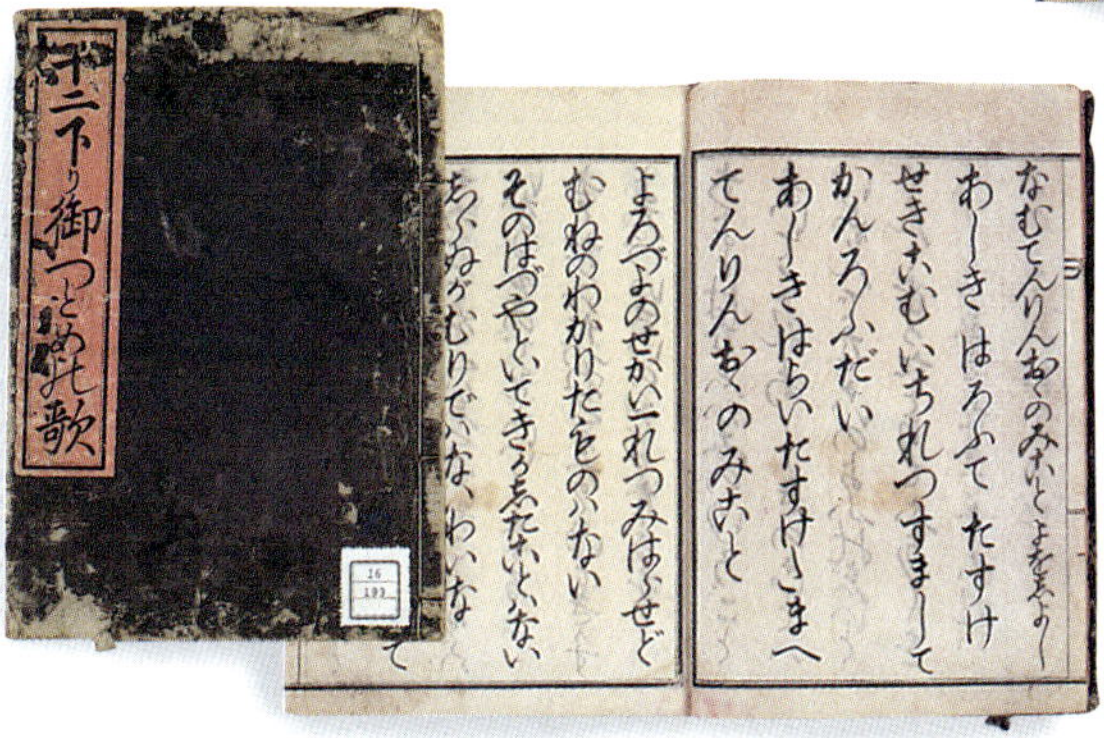

『十二下り御つとめの歌』(元斯道《もとしどう》会《かい》、明治18年頃)。第二、三、一、四、五節の順に記されている。

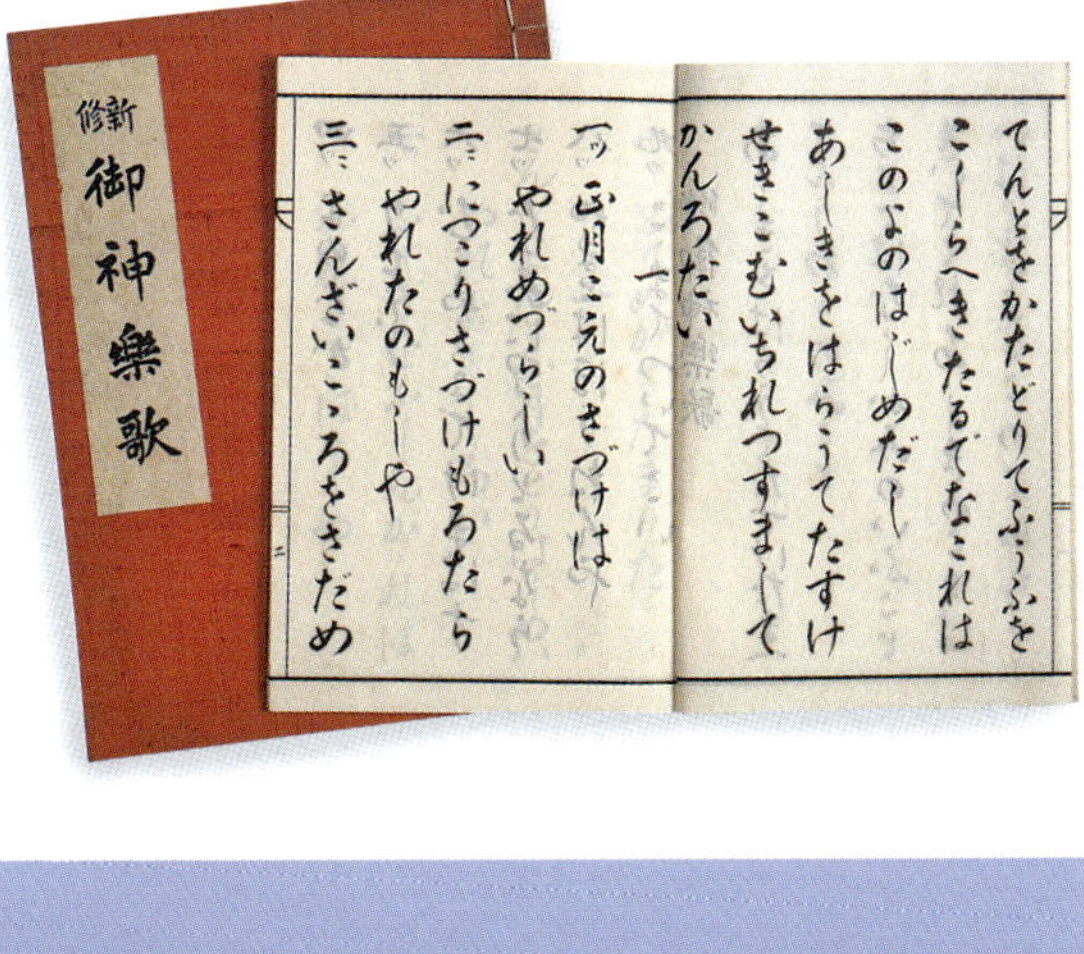

戦時下の昭和14年4月1日に発行された『新修御神楽歌』。よろづよ八首、三下り目、五下り目が省かれた内容になっている。

(いずれも天理図書館蔵)

羯鼓《かっこ》(径25cm)。

明治21年４月の教会本部設置にともない、小鼓が羯鼓《かっこ》(写真上)に改められた。また、明治29年のいわゆる秘密訓令への対応策として、翌30年11月20日のおさしづでお許しいただき、三味線《しゃみせん》が琵琶《びわ》(写真中)に、胡弓《こきゅう》が八雲琴《やくもごと》(写真下)に改器された。いずれも昭和11年の教祖五十年祭から元に復した。

↑琵琶《びわ》(長さ90cm)。薩摩《さつま》琵琶(本来は４絃《げん》)を３絃に変形したもの。

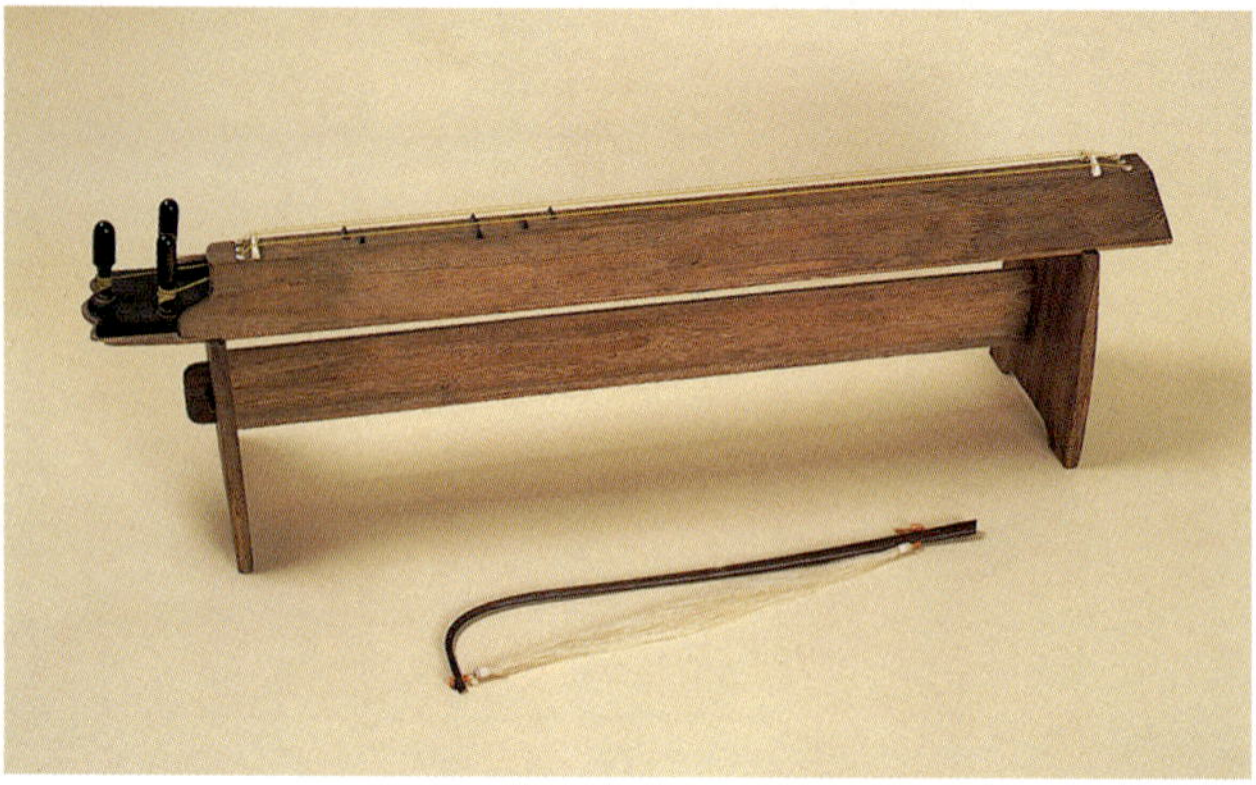

↓八雲琴《やくもごと》(長さ93cm)。本来の八雲琴（２絃で、義《ぎ》甲《こう》を用いて絃を弾いて演奏する）を模して製作した本教独自のもので、３絃で弓を用いて奏する。

(いずれも天理教音楽研究会蔵)

『神道天理教会本部神楽式図』。発行者が増野正《ますのしょう》兵衛《べえ》になっている。教えどおりの女鳴物で、小鼓の代わりに羯鼓が用いられているところから、明治21年以降、30年以前に制作されたと思われる。

『天理教会御本部神楽式之図』。明治41年10月６日発行（↖）と明治44年１月25日発行（←）のもので、いずれも私製品。かぐらづとめは、面を八足《はっそく》の上に置いて座って勤められている。かぐらの手とてをどりは、男性のみで行われ、女鳴物は、薩摩《さつま》琵琶、八雲琴が用いられている。

（いずれも天理図書館蔵）

鳴物入れておつとめを

ブラジルで布教師たちが製作した手作りの鳴物

（30ページのコラム参照）

すりがね。空き缶の底部を利用して、ブラジル人信者が作ったもの。音はほとんど鳴らないものの、40年余り前まで練習に使われていた。鋳型《いがた》に黄銅《おうどう》（真鍮《しんちゅう》）を流し込んで作ったものもある。

琴。胴の部分にベニヤ板やブリキが張られている。木製の琴柱《ことじ》も手作りで、琴爪は日本から持参したものを大切に使用したようである。

太鼓。胴作りは大工に依頼する場合が多かったが、ベニヤ板で間に合わせたものもある。皮を張るのには高い技術を要し、失敗例も相当あったようである。

胡弓《こきゅう》。ドロップ飴《あめ》や油の空き缶、マテ茶の木箱容器を利用して作られている。弓は竹に馬尾《ばす》毛を張って用いた。鳴物の絃《げん》は、ナイロン製の釣り糸を利用したケースが多い。

扇。「てをどりまなび」用として布教師が製作した。「おつとめ」には、日本から持ち込んだ市販品を用いた。

ちゃんぽん。アルミ製の弁当箱を打ち延ばして作られている。黄銅板を打ち延ばしたものが一般的だった。

三味線《しゃみせん》。木枠の胴に、ブリキ、ベニヤ板、牛皮、布などが張られている。棹《さお》の海老尾《えびお》部分の細工が難しかったようで、省略したものもある。

（いずれも天理参考館蔵）

講社での鳴物

講社制度の信仰形態をいまに伝える、奈良県大宇《おおう》陀町《だちょう》（宇陀《うだ》分教会小附《こうつけ》講社）で用いられていた鳴物。当番の家で行われる講社祭に使用した。

→太鼓（径52㎝）と収納箱。箱には「天理教本部仮神殿落成奉告祭記念太鼓　大正四年四月廿五日執行」と記されている。

←↑すりがね（高さ43㎝）の台の部分に拍子木、ちゃんぽん、数取り（こよりでできている）を収納し携帯できるようになっている。

はじめに

天理教の「おつとめ」の地歌である「みかぐらうた」は、教祖《おやさま》が自ら作り、節もつけ、手振りも教えられました。教祖は、世界中の人間をたすける道として、おつとめを教えられ、終始おつとめを勤めることを急《せ》き込まれました。定命を二十五年縮めてお姿をおかくしくだされたのも、人々におつとめへの心定めを促されてのことでした。

私たちは、「みかぐらうた」を歌い、踊るたびに、この教祖の親心を思わずにはいられません。多くの先人たちも、喜びにつけ悲しみにつけ、「みかぐらうた」を声に出して歌いながら、幾多の節を乗り越えてきたことでしょう。

平成九年四月から翌年十二月まで、十九回にわたって、『みちのとも』に「みかぐらうたの世界をたずねて」と題する連載をいたしました。この連載は、以前『ひながた紀行』に携わった石崎正雄、中島秀夫、早坂正章、澤井義則の四氏による討議を編集部でまとめたもので、本書は、その内容に加筆し、一冊の本にまとめました。

この書によって、「みかぐらうた」に込められた深遠なる親心の一端なりとも、感じ取っていただければ幸いです。そして、一人でも多くの方が、国々所々で勇んでおつとめを勤められんことを願ってやみません。

立教百六十四年四月

編　者

❖目次❖

おつとめの歴史　その一

おつとめの原風景

まず、「みかぐらうた」の世界をたずねる第一歩として、教祖《おやさま》が進められたおつとめの仕こしらえについて概観しておきたい。

「みかぐらうた」を一つひとつ教えていかれた道筋の中にも、教祖の深い思《おぼ》召《めし》が感じられる。

「月日のやしろ」となられた教祖は、貧に落ち切る道を急がれた。施し続けて十五年。それから後の十年は、まさに貧のどん底と言われる時代。ひながた五十年のうちの前半を、人々のあざけりの中も常に明るく通られた。

やがて、「をびや許し」を道あけに、不思議なたすけを求める人々が、次第におやしきに集まるようになった。そんな時期のこと。慶応二年（一八六六年）、教祖は、初めて「みかぐらうた」を教示される。「月日のやしろ」となられてから、およそ三十年。立教の時の、「誰《たれ》が来ても神は退かぬ。今は種々《いろいろ》と心配するは無理でないけれど、二十年三十年経《た》ったなれば、皆の者成程《なるほど》と思う日が来る程に」（『稿本天理教教祖伝』7ページ）とのお言葉が思い出される。

それ以前、「なむ天理王命《てんりおうのみこと》」の神名を唱える「つとめ」は、かなり早い時期から教えられていたと思われるが、どのような過程を経て現在の形に至ったのであろうか。

ひたすら繰り返された神名

嘉永《かえい》六年（一八五三年）には、教祖の末女こかんが浪速《なにわ》の地で「天理王命」の神名を流した。拍子木を打ちながら「なむ天理王命」と繰り返し繰り返し唱えたとある。

『稿本天理教教祖伝』には、文久三年（一八六三年）、辻忠作《つじちゅうさく》入信のところにも神名を唱える様子が記されている。妹くらの気の間違いのおたすけを願う忠作が、「教えられるまゝに、家に帰って朝夕拍子木をたゝいて、『なむ天理王命、なむ天理王命。』と、繰り返し〳〵唱えて、勤めて居たが……」（45ページ）とある。自宅において朝夕、拍子木をたたきながら、神名を繰り返し唱えていたものと思われる。

当時のおつとめは、「なむ天理王命」の神名をひたすら繰り返すもので、回数の定めはなかったようである。時間の目安として、線香を立て、その燃え尽きるまでを一区切りとして勤めていた。一向に利益《りやく》が見えないために、忠作が教祖に伺うと、「つとめ短い」とおおせられた。そこで、一本立てるべき線香を半分にして勤めていたことを改めると、妹の病気は薄紙をはぐようにご守護を頂いたという。

元治元年（一八六四年）十月二十七日に起こった大和《おおやまと》神社事件では、それまでの「おつとめ」とは異なる様態が見いだされる。

つとめ場所の棟上げの翌日、山中忠七《やまなかちゅうしち》の招きによって秀司《しゅうじ》や飯降伊蔵《いぶりいぞう》をはじめとする関係者が大豆越《まめこし》村へ赴く途中のこと。教祖から「神前を通る時には、拝をするように」と言われたことを思い出し、大和神社の前で一同そろって拝をした。人々は、「拍子木、太鼓などの鳴物《なりもの》を力一杯打ち鳴らしながら、『なむ天理王命、なむ天理王命。』と、繰り返し〳〵声高らかに唱えつゞけた」（『稿本天理教教祖伝』57ページ）と。

この際、拍子木のほかに、太鼓や鈴、手拍子（ちゃんぽんのことと思われる）なども用いたようである。

その日、大和神社では、守屋筑前守《もりやちくぜんのかみ》による一週間の祈祷《きとう》が行われている最中だった。守屋筑前守広治《ひろはる》は、大和国《やまとのくに》磯城《しき》郡川東《かわひがし》村蔵堂《くらんど》（現磯城郡田原本町《たわらもとちょう》）の人。由緒ある神殿の前で、卑俗な鳴物を打ち鳴らし、聞いたこともない神名を高唱、筑前守の厳粛な祈祷を故意に妨害したとして、一行は鳥居前の宿に止め置かれてしまった。村役などが謝罪に来て、ようやく放免となったのは、三日目のことだった。

この事件後の「御請書《おんうけしょ》」の中に、没収された鳴物と「馬鹿踊《ばかおどり》」の記述が見える。これは、「みかぐらうた」の歌と手を教えられる以前のことだけに関心をひく。当時の雨乞《あまご》い踊りや豊年踊り、おかげ踊りなどを模した所作を連想させる。神名を唱えるにあたって、鳴物によって拍子をとり、手振りのようなものがあったのではないだろうか（左ページのコラム参照）。

「あしきはらひ」の教示

慶応二年（一八六六年）の秋。小泉村《こいずみ》（現大和郡山市《やまとこおりやま》）の不動院の山伏《やまぶし》たちが、おやしきに論判に訪れ、乱暴狼藉《ろうぜき》を働いた。教祖が、「あしきはらひ」のおつとめの歌と手振りを教えられたのは、その直後のこと。

初代真柱は、この時の状況を次のように記している。

「慶応二年秋の頃《ころ》、小泉不動院入り来り教祖ニ難問せしも、御明答ありし故、理ニツマリ太鼓二個ヲ切り破り、提灯《ちょうちん》を切り落し、乱暴を極めて帰《か》へれり、夫《そ》れより豆越《まめこし》村へ行き山中忠七氏ニて暴行し御幣ニて忠七氏の頭を叩《たた》けり、而《しか》して古市役所へ訴へ出でたり、……此《この》乱暴ある迄《まで》ハ只《ただ》南無天理王命と連呼せり、然《しか》るニ此時より神様を拝するニ始めて、あしきはらひたすけたまひ天

大和神社事件の御請書について

【御請書】

慶応元年十一月十一日付の「御請書」には、

一、太　鼓　壹
一、鈴　　　壹
一、拍子木　七丁
一、手拍子　壹
一、すゞ　　壹

の鳴物数点が列記され、文中には「……鳴物ノ品々ヲ以《もって》天龍王命様と申唱《もうしとな》へ、馬鹿踊と称し、家業疎《おろそか》ニ致し……」と記されている（『御教祖伝史実校訂本中二』＝『復元』第32号）。

【二種類のすず】鈴とすゞのことについて。一つの鈴（おかげ踊りの記録に残る腰に下げる大きなもの）と、神楽に使う手にするもの（稲穂を象徴的に意味している）など、違いがあったために分けて表記されたのではないだろうか。

【手拍子】「……神楽系の楽器で、両手に持った銅拍子《どびょうし》を打ち合わせるのを、ところによって、手拍子とも手びら鉦《かね》などともいう」（『世界大百科事典』平凡社）。

理王命と手を御つけ遊《あそば》されたり」(「教祖様御伝」=『復元』第33号所収)
天保九年(一八三八年)の立教以来、三十年近くの歳月を経たこの時期。前年の慶応元年には、助造《すけぞう》事件も起きている。当時の人々は、こうした迫害や離反を「あしき」ことと解釈して、これらの出来事が一つの契機となって、「あしきはらひ」のおつとめが教示されたと理解したのではないだろうか。
そのころ、おやしきでは、外部からの迫害を避けるための手段が模索されていた。京都の吉田《よしだ》神祇管領《じんぎかんりょう》の公許を得るための動きもあったし、異端的動向もあらわれるなど、教祖の思召《おぼしめし》とは裏腹な面があったことは否《いな》めない。人々の「あしき」を払い、たすけを願うための「あしきはらひ」のおうたが、こうした状況の中で教えられたことに注目したい(左ページのコラム参照)。

進む〝つとめ〟の段取り

慶応三年正月から八月にかけて、「十二下り」のお歌が教えられた。教祖七十歳の時のことである。

「慶応三年、教祖御年七十歳にして、始めて御筆を執られ、御神楽歌を草したまふ」(梅谷氏蔵「教祖伝」=『復元』第32号所収)とあるように、まず、筆をとって教えられたようである。先人たちが書き写した写本は、多数残されているにもかかわらず、教祖の筆による「みかぐらうた」本はいまだ発見されていない。

教祖は、さらに歌の節付けもされている。

「これが、つとめの歌や。どんな節を付けたらよいか、皆めいめいに、思うように歌《うと》うてみよ」

とのおおせに、人々が、めいめいに歌ってみたところ、それを聞いておられた教祖は、

「皆、歌うてくれたが、そういうふうに歌うのではない。こういうふうに歌うのや」

と、自ら声を張り上げて歌ってみせられた。

初期のおつとめの様子

飯降よしゑによると、「皆一様にぼてこ（渋紙張りの行李《こうり》）に入れてある拍子木を出して、たゝき乍《なが》ら『あしきはらひ、たすけたまへ南無てんりわうのみこと』と唱へるだけのお勤めやつたそうや」（飯降尹之助《まさのすけ》「永尾芳枝《よしえ》祖母口述記」＝『復元』第3号所収）とある。

また、「その時分（明治四年ごろ）は参つた者に拍子木を渡し何遍も神名を唱へて唱へて拝んだ……鳴物も太鼓など何も無く、拍子木丈《だけ》であつた」（上《うえ》田《だ》嘉成《よしなる》「古老聞書」＝『復元』創刊号所収）との古老の話もある。

歌の節付けができると、今度は、

「この歌は、理の歌やから、理に合わして踊るのや。どういうふうに踊ったらよいか、皆めいめいに、よいと思うように踊ってみよ」

と、振り付けにかかられた。

人々が、それぞれに工夫して踊るのをご覧になっていた教祖は、

「皆、踊ってくれたが、誰《だれ》も理に合うように踊った者はない。こういうふうに踊るのや。ただ踊るのではない。理を振るのや」

と、おおせになり、自ら立って手振りをして、人々に示された。

こうして、お歌の節付けと振り付けがなされ、六人のうち三人が立って踊り、残りの三人は見ているというふうに、教祖は、三度ずつ教えられた。

「正月、一つや、二つやと、子供が羽根をつくようなものや」

と、やさしく声をかけながら、あるいは、

「つとめに、手がぐにや〳〵するのは、心がぐにや〳〵して居るからや。一つ手の振り方間違《まちご》ても、宜敷《よろしく》ない。このつとめで命の切換《きりかえ》するのや。大切なつとめやで」

と、理を諭しながら、歌と手振りに、満三年を費やされた。

教えられるにあたり、教祖は、まず、人々に歌わせ、踊らせておいて、それから教えにかかられている。また手振りを間違ったりしても「恥かかすよ

うなものや」と、それを指摘されることはなかったという。こうしたところに、人を導き育てられる教祖のご姿勢をうかがうことができる。

このころの様子を、のちに教祖は、

「わしは、子供の時から、陰気な者やったで、人寄りの中へは一寸《ちょっと》も出る気にならなんだが、七十過ぎてから立って踊るように成りました」

と述懐しておられる（『稿本天理教教祖伝逸話篇』一八「理の歌」、同一九「子供が羽根を」、『稿本天理教教祖伝』95・96ページ参照）。

慶応四年ごろのおやしきは、お手振りの稽古《けいこ》で連日にぎわっていたようである。しかし、世間の反対もあり、その年の三月二十八日の夜には、お手振りの稽古をしているところに、村人が暴れ込んで乱暴を働くということも起こっている。

明治二年（一八六九年）には、「おふでさき」の執筆を始められた。翌三年には、「ちよとはなし」の歌と手振りが教えられ、また、「よろづよ八首」を十二下りの歌の初めに加えられてもいる。

明治六年、教祖は飯降伊蔵に命じて、かんろだいの雛型《ひながた》を製作させておられる。出来てから後、しばらくの間は倉に納められていた。

明治七年六月十八日、教祖は、秀司、飯降伊蔵、仲田儀三郎《なかたぎさぶろう》、辻忠作などを従え、前川家にかぐら面を受け取りに出向かれた（※1）。その際、製作の

（※1）製作を依頼された教祖の実兄前川杏助《きょうすけ》は、明治5年9月に80歳で出直しているので、少なくともそれ以前には、すでに、かぐら面は出来上がっていたことになる。

お礼に、「おふでさき」第三号と第四号を渡されている。その表紙には、この日、三昧田《さんまいでん》の前川家でかぐら本づとめが勤められたことが記されている。現在、本づとめとは、「ぢば・かんろだい」を囲んで勤められるかぐら・てをどりを指すが、この時の前川家でのおつとめを、二代真柱は「まなびのおてふり」と表現されている（『おふでさき概説』26ページ）。

またこの年陰暦十月の、大和神社での神祇問答がきっかけとなって、十二月二十三日、教祖が山村御殿《やまむらごてん》（円照寺《えんしょうじ》）に呼び出された。県の社寺掛に「今日は芸のあるだけ許す」と言われ、お供をしていた辻忠作が地歌《じうた》を、仲田儀三郎がてをどりを勤めた。

明治八年六月二十九日（旧暦五月二十六日）には、ぢば定めが行われている。明治六年に製作されたかんろだいの雛型、翌七年のかぐら面のお迎えと合わせ、ぢば・かんろだいを囲んで勤められる「かんろだいのつとめ」への段取りが急速に進められている。

さらに同年、「いちれつすますかんろだい」の歌と手振りを教えられた。これによって、「かんろだいのつとめ」の手一通りが初めて整ったことになる。さらに、肥、萌《は》え出《で》など十一通りのつとめ（※2）も教示されている。

（※2）「肥」「萌え出」のほか「をびや」「ほふそ」「一子《いっし》」「跛《ちんば》」「虫払い」「雨乞《あまご》い」「雨あずけ」「みのり」「むほん」が教えられている。

教祖自ら女鳴物を

明治十年には、教祖自ら琴、三味線《しゃみせん》、胡弓《こきゅう》の鳴物を教えられた。琴が辻とめぎく、三味線が飯降よしゑ、胡弓は上田ナライトで、控えは増井とみゑであった。

辻とめぎくは、当時数え八歳。明治八年のぢば定めの時は、母ますはその場所に足が止まらなかったが、教祖のおおせどおりとめぎくを背負って歩くと足が止まったという。

とめぎくは以前から、琴を習うように言われていた。しかし、父忠作が、農家だからと習わせないままにいたところ、忠作の右腕に腫《は》れ物が出来た。それを機に、教祖から琴を習うようになった（『稿本天理教教祖伝逸話篇』五二「琴を習いや」）。

飯降よしゑは、指先の痛みを教祖に伺ったところ、「三味線を持て」とのおおせ。早速その心を定めた。十二歳のこの時から三年にわたり、教祖から直々に教わった。教祖は、

「どうでも、道具は揃《そろ》えにゃあかんで」

「稽古《けいこ》出来てなければ、道具の前に坐《すわ》って、心で弾け。その心を受け取る」

「よっしゃんえ、三味線の糸、三、二と弾いてみ。一《ひと》ッと鳴るやろが。そうして、稽古するのや」

と（同五三「この屋敷から」、五四「心で弾け」）。

上田ナライトは、身体《からだ》の揺れが止まらなくなったために、教祖に伺うと、

「胡弓々々」

とおおせになり、「はい」とお受けすると、身体の揺れが止まった。ナライト十五歳の時のことである（同五五「胡弓々々」）。

三人とも、本人か身内の身上障りから引き寄せられている。またいずれも、年若い女子に教示されていることは、つとめ人衆としての魂を見定められてのことか。

教祖は、よしゑに三味線を教えられる際、

「習いにやるのでもなければ、教えに来てもらうのでもないで。この屋敷から教え出すものばかりや。世界から教えてもらうものは、何もない。この屋敷から教え出すので、理があるのや」

とおおせになっている（同五三「この屋敷から」）。この言葉は、すべてに通じる思召《おぼしめし》と受け止めることができる。

男鳴物については、教祖が指図されたという記録は見当たらない。笛、ちゃんぽん、拍子木、太鼓、すりがね、小鼓の六つの鳴物についての教示は、

いつどのようになされたのだろうか。

男鳴物について、はっきりとした記述が見えるのは、かなり後年になってからのこと。二代真柱は『ひとことはなし　その三』の中で、創始時代（明治二十一年の教会本部開筵式《かいえんしき》まで）について、「先《ま》づ手近にあつたもので間にあはされてゐたものと推定」されている。

周辺地域での祭や風流《ふりゅう》などに用いられる楽器が、取り入れられたのではないだろうか（※3）。

急き込まれる〝つとめ〟

おつとめが整えられていくに従って、一方、官憲の干渉も次第に厳しくなり、おおせどおりに鳴物をそろえておつとめを勧めることができない状態が続いたようである。明治十二、三年ご執筆の「おふでさき」では、しきりに鳴物入れてのおつとめを促されている。

この事ハなにの事やとをもうなよ
つとめなりものはやくほしいで　（十四　85）
このつとめどふゆう事にをもうかな
なりもの入て人ちうのもよふ　（十五　52）

（※3）「風流《ふりゅう》」は、「民俗芸能の群舞。念仏踊・太鼓踊・獅子踊・小歌踊・盆踊・奴踊・練物などで、現在も広く行われる」（『広辞苑』岩波書店）。

幕末期の絵馬や文献などに描かれている里神楽《さとかぐら》、おかげ踊り、雨乞《あまご》い踊り、豊年踊り、大神楽《だいかぐら》には、数種の太鼓、鼓、鉦《かね》、ちゃんぽんの小型の銅《ど》拍子《びょうし》、鈴、竹木製のササラや木魚に鳴子《なるこ》、笛、琴、三味線、胡弓など、様々な楽器が見いだせる。

さあたのむなにをたのむとをもうかな
はやくなりものよせてけいこふ　（十五　72）
はや〳〵となりものなりとたしかけよ
つとめはかりをせへているから　（十五　90）

明治十三年、転輪王講社《てんりんおうこうしゃ》の開筵式《かいえんしき》から八日後の九月三十日（旧暦八月二十六日）、つとめ場所の北の上段の間の南に続く八畳の間で、初めて鳴物をそろえてのおつとめが勤められている。この時、女鳴物は、教祖に定められた三人がそろっていた。しかし、男鳴物のほうは、手合わせも稽古もできていないような状況だったようである。突然のことに戸惑い、人々はいろいろと相談をし、教祖にお伺いしたところ、

「さあ〳〵鳴物々々という。今のところは、一が二になり、二が三になっても、神がゆるす。皆、勤める者の心の調子を神が受け取るねで。これよう聞き分け」

と（『稿本天理教教祖伝逸話篇』七四「神の理を立てる」）。

不十分なままでも、その「心の調子を受け取る」との言葉に安心した人々は勇んで勤めたという。

かんろだいの石没収、そして……

明治十四年、教祖は、当時五歳のたまへを通して、

「子供は罪のない者や、お前これを頒《わ》けておやり」

とおおせられて、おつとめを勤める人々に赤衣《あかき》で作った紋を渡されている。

また、このころから、「こふき」を作ることを急《せ》き込まれた。

さらに教祖は、明治十四年四月から記された「おふでさき」第十六号の冒頭で、かんろだいづとめの根本の理を明かされ、その目標となるかんろだいの石普請にかかられている。

陰暦の五月に一段目が出来、二段目が出来たのが九月十七日であったようである（※4）。

しかし、この後、石工の横田七次郎《よこたしちじろう》が、突然おやしきから姿を消し、石普請は途中でつまずいてしまう。

さらに翌十五年の五月十二日には、大阪府警部奈良警察署長が数名の警官を率いて、二段まで積まれたかんろだいの石を没収。

人々が待ち望んだかんろだいの石普請は、わずか一年余りで、頓挫《とんざ》した。

明治十五年に執筆されたと推測される「おふでさき」第十七号には、

（※4）「明治十四年旧五月かんろふだい一重。明治十四年九月十七日二重目が出来た」（「梅谷四郎兵衞手記」＝『復元』37号所収）

それをばななにもしらさるこ共にな
とりはらハれたこのさねんわな　　（十七　38）

このざねんなにの事やとをもうかな
かんろふ大が一のざんねん　　（十七　58）

と、かんろだいの石の取り払いが一の残念である、と記されている。

そして、おつとめの地歌が、一部変更された。手振りは元のままながら、「いちれつすますかんろだい」は「いちれつすましてかんろだい」と改まり、それにともなって「あしきはらひ」も「あしきをはらうて」と改められている。

それまで、かんろだいを据えることによって一れつの心を澄ますと教えられ、その石普請を急き込まれてきた教祖が、石普請の頓挫、取り払い以後は、一れつの心を澄ますことが先決で、それがなってはじめて、かんろだいが据えられるとされた。

かんろだいの石取り払い後も、官憲の圧迫は弱まることがなかった。そんな中にあっても教祖は、ひたすら、たすけづとめを急き込まれ、十月十二日から十月二十六日まで毎日つとめが行われた。教祖自ら、北の上段の間にお出ましになってのつとめであったと……。

おつとめ年表

年号	西暦	立教	教祖年齢	事　　項
嘉永 6	1853	16	56	こかん、浪速の街で拍子木をたたきながら神名を流す。
文久 3	1863	26	66	辻忠作、妹くらの病に拍子木をたたきながら神名を唱えて平癒を祈る。
元治 1	1864	27	67	10月26日のつとめ場所棟上げの翌日、大豆越村の山中忠七宅へ向かう一行が大和神社の前で、鳴物を打ち鳴らしながら、神名を唱えた。
慶応 2	1866	29	69	5月7日、初代真柱、櫟本村梶本家の三男として出生。秋、「**あしきはらひ……**」の歌と手振りを教えられる。
3	1867	30	70	**十二下り**の歌と手振りを教えられる。
4	1868	31	71	お手振りの稽古中、多数の村人が乱暴を働く。
明治 3	1870	33	73	「**ちよとはなし**」を教え、**よろづよ八首**を十二下りの歌の初めに加えられる。
6	1873	36	76	飯降伊蔵に命じて、かんろだいの雛型を製作。
7	1874	37	77	前川宅に「かぐら面」を受け取りに赴かれる。月の26日（旧暦）には、お面をつけてかぐら、次にてをどりと、にぎやかに本づとめが勤められる。
8	1875	38	78	6月29日（旧暦5月26日）、ぢば定め。「**いちれつすますかんろだい**」の歌と手振りを、また、をびや以下11通りのつとめの手を教えられる。
10	1877	40	80	琴、三味線、胡弓の女鳴物を教えられる。 2月5日（旧暦9年12月23日）、中山たまへ出生。
13	1880	43	83	9月30日（旧暦8月26日）、初めて鳴物をそろえておつとめ。 この年、初代真柱は中山家へ移り住む。
15	1882	45	85	前年の春以来、2段まで出来ていたかんろだいの石が、官憲によって没収。手振りはもとのまま、「いちれつすます」のお歌が「**いちれつすまして**」と、「あしきはらひ」が「**あしきをはらうて**」と改められる。

おつとめの歴史　その二

ただひたすら"たすけづとめ"を

明治十五年五月にかんろだいの石が取り払われて以後も、官憲の圧迫は強まる一方であった。教祖は、そのような中、少しも気になさることなく、ただひたすらに、たすけづとめを急《せ》き込まれた。同年十月十二日から十月二十六日までの間、教祖自ら北の上段の間にお出ましのうえ、連日、つとめが行われた。

当時、教勢は著しい伸展を遂げており、この年三月の講社名簿によると、大和《やまと》をはじめ、河内《かわち》、大阪、堺《さかい》などで次々と講が結ばれている。それ以外にも、山城《やましろ》、伊賀《いが》、伊勢《いせ》、摂津《せっつ》、播磨《はりま》、近江《おうみ》をはじめ、遠く遠江《とおとうみ》、東京、四国などにもその伝道線は伸び広がっていた（※1）。

明治十六年になると、警察からの干渉は一層厳しさを増した。三月には、警察とのやり取りの中で、「おふでさき」は焼失したことになる（※2）。これ

（※1）大和＝現奈良県、河内＝同大阪府の一部、山城＝同京都府南部、伊賀＝同三重県西部、伊勢＝同三重県東部、摂津＝同大阪府と兵庫県の一部、播磨＝同兵庫県西南部、近江＝同滋賀県、遠江＝同静岡県西部。

（※2）『稿本天理教教祖伝』251〜253ページ参照。

から後は、公に「おふでさき」が表に出るまで、教祖直々のお導き以外に、「みかぐらうた」のみが、表立った教えのよりどころとなる（※３）。

この明治十六年ごろは、おつとめをすれば、即座に教祖が拘引される状況にあった。

たとえば、三島村民から要請された雨乞《あまご》いづとめの願い出に対して、教祖は、

「雨降るも神、降らぬのも神、皆、神の自由《じゅうよう》である。心次第、雨を授けるで。さあ掛《かか》れ〳〵」（『稿本天理教教祖伝』259ページ）

と、おおせられた。その言葉に従って、雨乞いのおつとめを行い、鮮やかなご守護を頂いた。結果、教祖は、水利妨害と道路妨害を理由に、丹波市《たんばいち》分署に拘引、留置されておられる。

その後も官憲からの圧迫は、厳しさを増すばかりであった。事あるたびに教祖は、拘引される。

教祖最後のご苦労のきっかけとなったのは、十二下りのてをどりであった。明治十九年二月十八日、心勇《しんゆう》講の人々が大勢、おやしきに参拝に来て、勢いの赴くままに、門前の「とうふや」（※４）の二階で、てをどりを行ったところ、警官が踏み込んできたのである。

（※３）おふでさきは、表向き焼失したことになっているが、信者間では、個別に書き写したものが流布していた。『稿本天理教教祖伝逸話篇』一四七「本当のたすかり」参照。

（※４）村田長平らが営んでいた旅館。おやしきの門前にあり、多くの教史の舞台になった。

現身をかくされてまでも

中山眞之亮《しんのすけ》初代真柱は明治十九年七月二十一日の手記に、教祖が、「四方暗くなりて分《わか》りなき様になる、其《そ》のときつとめの手、曖昧《あいまい》なることにてはならんから、つとめの手、稽古《けいこ》せよ」（『稿本天理教教祖伝』294ページ）と、おおせられたと記している。容易ならない時の迫っていることを示唆し、人々に心定めを促されたものと思う。

明けて、明治二十年。この年の初め、一月四日から教祖のご身上が急変した。人々は驚いてねりあいを重ね、おつとめを手控えたことを改めて、翌五日から、鳴物不ぞろいのままではあるが、おわびのおつとめを連日行っている。しかしそれは、官憲をはばかってのことで、夜中に門戸を閉ざし、ひそかに勤められた。

そして迎えた二月十八日、陰暦正月二十六日。正午から、芯《しん》である初代真柱の一言で、「命捨てても」とのつとめが始まった。教祖が待ち望まれた「みかぐらうた」の陽気な響き。それを耳にしながら教祖は、現身《うつしみ》をかくされた。

この時のおつとめは、

地《じ》　方《かた》　泉田藤吉《いずみたとうきち》、平野楢蔵《ひらのならぞう》

かぐら　眞之亮、前川《まえがわ》菊太郎《きくたろう》、飯降政甚《いぶりまさじん》、山本利三郎《やまもとりさぶろう》、高井猶《なお》(直)吉《きち》、桝井伊三郎《ますいいさぶろう》、辻忠作、鴻田忠三郎《こうだちゅうざぶろう》、上田いそ、宮森与三郎《みやもりよさぶろう》（岡《おか》田与之助《だよのすけ》）

手振り　清水与之助《しみずよのすけ》、山本利三郎、高井猶吉、桝井伊三郎、辻忠作、宮森与三郎

鳴物　琴　中山たまへ

三味線《しゃみせん》　飯降よしゑ

小鼓　橋本清《はしもときよし》

であった（※5）。

女鳴物の胡弓《こきゅう》はなく、男鳴物についても、小鼓に名前が残るだけで、不ぞろいのままでおつとめが勤められている。

現身おかくしの夜にもおつとめを行っており、葬儀の行われた二月二十三日（陰暦二月一日）の午前二時にも、おつとめが行われたようである（※6）。

圧迫・干渉に屈することなく

明治二十一年三月八日（陰暦正月二十六日）には、教祖一年祭を執行するが、櫟本《いちのもと》警察分署から、祭典の中止を命じられた。しかし、これを機に教会

（※5）家事取り締まりに飯降伊蔵、梅谷四郎兵衞、増野正兵衞、梶本松治郎。教祖のそばで、梶本ひさ、中山まさの二人が世話取りをしていた。この時の様子は、中山正善著『ひとことはなし　その二』にくわしい。

（※6）『ひとことはなし　その二』36・77ページ参照。

設置に向けて拍車が掛かり、この四月には、東京において念願の教会設置の認可を得た（※7）。このころ、締め太鼓と鉦《かね》は台付きの現行のものに、小鼓は羯鼓《かっこ》にと鳴物が一部変更されている（※8）。それ以前に用いていた鳴物が小ぢんまりしていたため、風格を持たせようと、雅楽の太鼓や鉦鼓《しょうこ》を流用したようである。また、この年の十一月一日付で『御かぐら哥　全』が、初の公刊本として東京で刊行された。

教会本部の認可後の教勢の伸展は目覚ましく、燎原《りょうげん》の火のごとく全国に急速に伸び広がっていった。官憲の目には、それが〝脅威〟と映ったに違いない。次第に取り締まりが厳しくなり、それが顕著な形として表れたのが、いわゆる〝秘密訓令〟である。明治二十九年三月に教祖十年祭が執行され、翌月の四月六日、内務省訓令甲第十二号が発布された。これは天理教の取り締まり強化を目的とした内容で、全国各地でさまざまな弾圧が行われ、信仰活動のうえに全教的に大きな打撃を受けた。さらに、内務省は、神道本局を通じて教義の内容変更を強制してくる。それを拒否すれば、解散をも命じかねない強硬手段を突き付けてきたのである。

これに対処するため、本部では連日役員会議が開かれ、五月十八日の会議案について、二十日におさしづを仰いだ。おつとめに関しては、以下の三点があげられている。

（※7）4月10日、「神道直轄天理教会」として東京府知事から。場所は、下谷区《したやく》北稲《きたいな》荷町《りちょう》42番地（現台東区《たいとうく》上野《うえの》）。7月23日には、天理教会本部をおやしきに移転。11月29日（陰10月26日）、天理教会本部開筵式《かいえんしき》。

（※8）『ひとことはなし　その三』209～210ページ参照。

第一、朝夕の御勤《おつとめ》今日より「あしきはらい」二十一遍を止め、「ちよとはなし」一条と「かんろだい」の勤《つとめ》三三九遍とに改めさして頂き度《た》く願《ねがい》

第二、月次祭《つきなみさい》には御面《おめん》を据えて、男ばかりで「ちよとはなし云々《うんぬん》」、「かんろだい」二十一遍とを勤めさして頂き度く、次に十二下りを勤めさして頂き度く、鳴物は男ばかりにて、女の分は改器なるまで当分見合わせ度く願（第三は略）

第四、天理王命の御名、天理大神《てんりのおおかみ》と称する事願

第一節が止められたのは、末尾に「天理王命」の神名を唱えるからであろう。女鳴物に関しては、翌三十年には、三味線を薩摩琵琶《さつまびわ》に、胡弓を八雲琴《やくもごと》に代えられている。

明治三十九年には、「みかぐらうた」を死守するための便法として、「神の御国《みくに》」が制定された（次ページのコラム参照）。

これらの措置は、昭和九年まで続き、時局にともなって、第二次大戦の終結までさまざまな干渉の手が入ることになる。

朝夕のおつとめが復元されたのは、大正五年（一九一六年）十月二十六日のこと。昭和五年（一九三〇年）の夏には、「管長様、御母堂様、古老の先生方を中心に『おてふり』の御手合《てあわ》せ」（※9）が行われ、九月には教学部（※10）管内のてをどり関係講師の手直しが行われている。この際、

（※9）山沢為次《やまざわためつぐ》「教祖様御伝編纂史（後半）」（『復元』第10号所収）。管長とは真柱の当時の呼び名で、御母堂とは二代真柱の母中山たまへのこと。

（※10）大正9年2月24日、天理教教庁内に発足。天理教教学に関する統一、指導にあたった。

神の御国

天理教一派独立の請願運動の中で、政府から「みかぐらうた」を廃止せよという圧力を受け、「天理教を取り消す」とまで迫られた。その打開策として、折衝を重ねた結果取り入れられたのが舞楽「神の御国」。

明治三十九年（一九〇六年）の教祖二十年祭に際して教会本部によって制定されたもので、中山眞之亮初代真柱自らが「二十一代集」の中から十五首を選び、宮内省雅楽部に作曲を委嘱したもの。衣冠をつけた舞人四人に、伴奏として、拍子・付歌《つけうた》・和琴《わごん》・笛・篳篥《ひちりき》各一人で構成する。

同年二月十八日（陰暦正月二十五日）の年祭の祭典で初めて舞われた。その後、部内教会においても昭和八年（一九三三年）春まで、月次祭や大祭ごとに行われた。

「従来、一下り目毎《ごと》に『てんりわうのみこと』ととなえていたのを、今後は『なむてんりわうのみこと』ととなえる事になった。その他四五カ所手直ししたが、これは教祖時代の型にかえったものなり」（※11）と、本来の姿に復元されている。

昭和八年十月二十五日に教祖殿新築落成奉告祭が執り行われ、翌九年四月十八日には、教祖誕生祭が始まった。参拝者による「みかぐらうた」の唱和が許されるようになったのは、この時からである。

また同年秋には、神殿改築と南礼拝場増築の普請が完成している。これに

（※11）「二代真柱中山正善年譜」（『復元』第42・48号）。

ともなって、明治二十一年の教会認可以降に祀《まつ》られていた神道のお社《やしろ》が取り払われるに至った。そして、十月十五日には、真座《しんざ》を整備し、木製ながら教えどおりの寸法の雛型《ひながた》かんろだいが初めて据えられた。立教以来、九十七年目の出来事であった。同十月二十五日に執行された神殿改築・南礼拝場増築落成奉告祭では、久々につとめ人衆がお面をつけ、かんろだいを囲んで、かぐらづとめを勤めた。翌二十六日の秋季大祭には、鳴物が復元された（※12）。こうして、おつとめ完修への歩みは、着実に進められてゆく。

そして迎えた教祖五十年祭は、昭和十一年一月二十六日から二月十八日まで（※13）、年祭期間中毎日、かぐら・てをどりが勤められた。これは、以降、教祖年祭ごとに百年祭まで踏襲されることになる。

翌十二年には、立教百年を数えるが、十月二十六日の秋季大祭から立教百年祭が執行された十一月二十八日（陰暦十月二十六日）までの毎朝、本づとめが勤められた。

このように進められたおつとめの復元であったが、いわゆる〝革新〟によって、昭和十三年十二月の月次祭から再び、かぐらづとめにお面着用を中止している。さらに翌年四月一日には、『新修御神楽歌』（よろづよ八首、三下り目、五下り目を省略）が刊行されることになる。それは、元初まりの話とかかわる内容が、記紀神話に抵触するとの理由からであったと考えられる（※14）。

（※12）この夜に勤められた「をびやづとめ」にも鳴物が復元された。

（※13）この年の2月18日が、陰暦正月26日にあたったため。

（※14）よろづよ八首、三下り目「ひのもとしよやしきのつとめのばしよハよのもとや」「もとのかみ」「じつのかみ」、五下り目「もとのぢば」などの言葉をはじめ全体の内容が、記紀神話を冒涜《ぼうとく》する教説を含んだ言葉とみなされたため。

鳴物入れておつとめを！（グラビア参照）

ブラジル伝道は、昭和四年（一九二九年）南海大教会の十家族集団移住がその先駆けとされている。また、大正三年（一九一四年）ごろから農業移住者として渡伯しているよふぼくも確認されている。

いずれにしても、入植当初は布教どころではなかった。仕事との両立を図りながら、貧困と多忙を極める中から布教活動が展開された。やがて人々が寄り集うようになり、「鳴物を入れて、おつとめを勤めたい」との思いが募る。そこで、お道具や鳴物などの製作が始められた。

日系二世三世の子女が成長するにしたがって、鳴物の需要がますます高まった。音色はともかくとして、楽器の形を似せ、子供たちに扱い方を教えたいと親たちが作ったものも多い。一般には製作が困難に思われる琴、三味線《しゃみせん》、胡弓《こきゅう》にしても、その努力のほどがうかがえる。

比較的手軽に製作できたのは拍子木で、多くの布教師が試みたようである。大工経験者は、神殿のほか、お社《やしろ》、八足《はっそく》、三方《さんぽう》などのお道具作りに力を発揮。鋳造や鉄工関係者が、すりがねやちゃんぽんを作った。

当時のブラジルは、宗教家の入国を固く禁じていたため、すべての布教師が立場を隠して入植していた。そのために、鳴物や神具を持ち込むのは容易ではなかった。また、第二次世界大戦によって、昭和二十七年まで国交が途絶えていて、日本からの物資が一切入手できない状況でもあった。

こうした中、昭和十一年の教祖五十年祭などに帰参した際に持ち帰った鳴物類は貴重品で、祭典以外には使われなかった。板切れに絃《げん》（釣り糸）を張ったり、線を描いたりして練習した人もあったという。

昭和二十年、終戦にともない、復元が提唱され、十月二十六日の秋季大祭では、お面を着用してのかぐらづとめと、よろづよ八首、三下り目と五下り目のそろった十二下りのてをどりが復元している。また、翌年の教祖六十年祭の記念に「みかぐらうた」本が各教会に下付された。
二十二年四月には、教会本部神殿に掲額されていた「信徒参拝心得」が「みかぐらうた」の「よろづよ八首」に改められた（※15）。二十四年の教祖誕生祭から、慶祝旬間中に毎日、本づとめが行われるようになる（※16）。

生命化されるべき〝みかぐらうた〟

「みかぐらうた」は、教祖が自ら筆を執って教えられたことについては、これまでに述べた。しかし、教祖直筆の「みかぐらうた」本は、いまだ見当たらず、先人たちによって、筆写されたものが現存しているだけである。

中山正善二代真柱は、「おふでさき」「みかぐらうた」「おさしづ」「こふき話」について、その特質を述べ、それぞれ次のように意義づけられている。

「おふでさきによって原理的規範が示され、これに先立って、みかぐらうたによって生命的教導がなされ、『こふき話』によって神秘的玄奥《げんおう》が語られ、おさしづによって現実的指示が与えられたのであった。そして又《また》、おふでさきは熟読玩味《がんみ》し心に銘記すべきおうたを記された書き物であり、みかぐらうたは、うたい、手踊りする中の唱え言葉として生命化されるべきものであり、『こふき話』は意味を洞察し体認すべき物語であり、おさしづはそれによっ

（※15）「信徒参拝心得」は明治39年2月17日から。現在、南礼拝場に掲げられている「よろづよ八首」は松村吉太郎の筆による。77ページのコラム参照。

（※16）慶祝旬間は4月18日から27日まで。昭和61年よりとりやめとなった。

て現実の歩みを正すべきお言葉である。これ等《ら》の中《うち》、前二者はお筆で以《もっ》て、後二者はお言葉を以て示されたものであるが、然《しか》も夫々《それぞれ》又その間に明らかに形態を異《こと》にしている。前者には理を教える和歌の書き物とつとめの地歌の相違、そして又後者には、覚え書と速記による文書化との差異がある。然もこれ等は夫々相まって、一手一つの渾然《こんぜん》たる親神の教示として、正に行き届いた親心の配慮によるものである」（※17）

さらに、ここでも「みかぐらうた」が、教祖の筆によって記されたことを明確に示されている。その教祖直筆の原本が残されていないことについては、永《なが》尾《お》廣海《ひろうみ》本部員が論文「みかぐらうた本研究の諸問題について」（※18）の中で二代真柱の言葉をもとに、

「おそらく、圧迫干渉弾圧下で厳しい調べもあったことではあり、おふでさきは焼いたと言うことにして生命をかけて守り通した歴史に鑑《かんが》みても、没収されたか、どこかにまぎれて不明になっているとしか思えない」

と述べている。

教祖直筆原本が発見されていないことから、「みかぐらうた」本の研究材料は、先人たちの残した写本などによることになる。これまでの「みかぐらうた」本研究には、二代真柱の『続ひとことはなし　その二』や、永尾本部員の前出論文がある。

（※17）昭和35年9月16日、ドイツ・フィリップス大学における第10回国際宗教学宗教史会議における研究発表「天理教教義における言語的展開の諸形態」。

（※18）『天理教校論叢《ろんそう》』第16〜18号。

そこで「みかぐらうた本研究の諸問題について」の中にある「主なるみかぐらうた本一覧表（年代順）」（次ページの表参照）からの抜粋を元に、「みかぐらうた」本の変遷をたどることにする。

「みかぐらうた」の構成については『続ひとことはなし　その二』にならい、便宜上、五つの部分に分けて表記する。かぐらづとめの地歌を三つに分け、

第一節「あしきをはらうて……」

第二節「ちよとはなし……」

第三節「……いちれつすましてかんろだい」

とし、てをどりの地歌を二つに分けて、

第四節「よろづよ八首」

第五節「十二下り」

とする。

みかぐらうた本の成立過程

現在までに発見されている一番古い「みかぐらうた」本は、慶応三年（一八六七年）に山中忠七の子息・山中彦七によって筆写された『天輪王踊歌写帳』である。これには、第五節のみが収録されており、明治十年ごろまでの

主なるみかぐらうた本一覧表（年代順・昭和43年1月13日現在）

整理番号	題名	年代	筆者（発行者）	配列順序及び摘要 ※
No.1	天輪王踊歌写帳	慶応3年	山中彦七	5
No.2	天輪踊歌おんど	明治4年（推定）	梶本松治郎	5
No.3	拾二くたり此本	明治7年	桝井伊三郎	5
No.4	（不詳）	明治7年頃（推定）	堀内与助	5（欠落あり）
No.5	踊歌手本	明治7～9年	西浦弥平	5
No.6	踊歌手本	明治9年8月	西浦弥平	4、5、4四首、2
No.7	拾弐降り	明治10年	朝田治郎輔	5
No.8	天輪王踊勤歌	明治10年4月	仲尾休次郎	5
No.9	拾二下り御勤之歌	明治14年5月	大阪天恵組	4、5、2、（13）
No.10	拾二下り御勤歌	明治14年9月	（不詳）	4、5、一行書「是が御勤之事」、2
No.11	十二下り宇たぼん	明治14年9月	増田忠八	4、5、一行書「これがおつとめの事」、（13）
No.12	拾弐下り御勤本	明治14～15年頃	（大阪真明組講元本）	4、5、一行書「是の御勤之事」、2、3
No.13	（不詳）	明治14～15年	真明組　井筒梅治郎	1、4、一行書「十二下り御勤歌」、5
No.14	十二下り御勤	明治15年12月起	鴻田忠三郎	4、5、2、3、1
No.15	御勤之歌控	明治15年8月	（不詳）	1、2、3、4、5
No.16	拾弐下り御勤之歌稽古本	明治16年4月	木村林蔵	2、（13）、1、4、5、1
No.17	天輪御歌	明治17年9月上旬	梶本松治郎	5

No.20	十二下り御つとめの歌	明治18年頃	元斯道会	2、3、1、4、5
No.22	十二下り御神楽の歌	明治18年頃	天元組三号	2、3、1、4、5
No.23	十二下り御勤（之）歌	明治18年5月	松尾仁三吉	4、5、2
No.24	大日本天理王十二下り御歌	明治19年正月	元木糺	2、3、1、4、5
No.25	天輪王命十二下り御勤の歌	明治19年7月15日	飯田卯吉	2、3、1、4、5
No.26	（推定「十二下り御神楽の歌」）	明治18～19年頃	（不詳）	2、3、1、4、5、「特別願勤の御勤歌」
No.27	十二下り御神楽の歌	明治18～19年頃	（不詳）	2、3、1、4、5
No.28	（表題なし）	明治17～18年頃	永尾芳枝	1、2、3、4、5（ただし、1～4は永尾自筆、5は別人の筆）
No.29	拾弐下り御つとめの歌	明治20年頃	（村田本）	2、3、1、4、5
No.30	御かぐら歌　全	明治21年11月1日	著者／中山美支 発行者／前川菊太郎	1、2、3、4、5【公刊本初版本】
No.35	みかぐらうた	昭和3年10月18日	著者／中山みき 相続人／中山正善	1、2、3、4、5【二代真柱結婚記念交付本】
No.37	みかぐらのうた	昭和11年8月26日	著者／中山みき 相続人・発行人／中山正善	1、2、3、4、5
No.38	新修御神楽歌	昭和14年4月1日	編集者・発行者／山沢為次	1、2、3、5（ただし、三下り目、五下り目が欠）
No.39	みかぐらうた	昭和21年1月26日	天理教教会本部	1、2、3、4、5【教祖六十年祭記念本】

『天理教校論叢』第16・18号から抜粋。「内容及び順序」と「摘要」欄は、一部割愛した。
※「配列順序及び摘要」の欄の数字、1、2、3、4、5は、それぞれ、第一節、第二節、第三節、第四節、第五節を示し、配列順に記した。（1 3）は、第一第三合一節。

諸写本の特徴である。
しかしなぜ、初期の写本が第五節のみ、もしくは第四、五節だけが記されていて、第一、二、三節がないのだろうか。それらは最も重要なかぐらづとめの地歌であるとともに、日常的に神様を拝する時の〝つとめ〟の地歌であり、すでに人々が暗記していたために、書き留めて覚える必要がなかったのであろうか。明治十年以降になると、徐々に五つの節が記されるようになるが、その並び方は、四、五節が先に来るものが多く、不統一である。
それが、明治十七年からの写本や木版本では、二、三、一、四、五節の順が主流になる。
しかし、すでに現行の順に勧められていたと思われる資料がある。明治十七年七月、遠江真明組《とおとうみしんめいぐみ》（山名《やまな》大教会の前身）の講元であった諸井国三郎《もろいくにさぶろう》が、地元の見付《みつけ》警察署に提出した上申書には、当時のおつとめについて、次のように一、二、三節の順で記されている。
「……唱言左の通り
あしきはらいたすけたまへ天輪王ノ命　是《これ》を廿《二十》一編
ちよとはなし神のいう事きいてくれ、あしきな事はいわんでな、此世《このよ》ふの地《じ》イと天とをかたどりて、夫婦をこしらいきたるでな、これが此世のはじめだし南無天輪王の命よふし〱

是を一編
あしきはらいたすけせきこむ、一れつすましてかんろだい
是を三度唱へ、願事を云《いい》三度づゝ三編九編に成《なる》……」（※19）

また、明治十七、八年ごろに記されたと思われる飯降よしゑ（※20）の「みかぐらうた」本（表題なし）でも、一節から五節の順になっている。

当時は、教祖直々に、教えを請うことのできた時代だけに、どう理解すればよいのだろうか。

永尾本部員の前出論文によると、初期の「みかぐらうた」本は、どの写本も明らかに一つの原本を写し取ったものではないと思われる。文字の使い方など、かなりの違いがあるようである。また、現行のものにはない大和方言が記されていたり、特に明治十年までの写本には、漢字が多用されているという点は興味深い。同じ言葉でも異なった漢字で表記されている場合もあることから、筆者によってお歌の意味の受け取り方が違っていたとも考えられる。

こうした変遷を経て、明治二十一年十一月に出版された初の公刊本によって、現行の体裁をとるようになる。

本のタイトルの変遷は、初期には十二下りだけの「踊歌」から、十四年以降は、かぐらづとめの地歌も加わって「御勤之歌」となる。そして十八年になってようやく「御神楽」という文字が出てくる。そのうえでさらに「十二

（※19）『天理教山名大教会史』（昭和7年刊）53ページ。

（※20）のちの本席飯降伊蔵の長女。明治20年に永尾家創設。前出永尾廣海は、よしゑの孫にあたる。

下り」と記されているものが多い。「十二下り」の言葉が消えたのは、公刊本になってからのことである。これに関して二代真柱は、「従来の呼び方を止《や》めて、かぐらづとめの地歌であるもの以外に、てをどりの地歌も共に含めて『御かぐら旲　全』と要約した点を、一度じっくりと考えてみてほしい」「この名前の変遷は、同時に一つの教理的な理の観方《みかた》、もののつとめ方というものの移り変りの史実的な裏付として考えられるのである」と、大きな転換のあったことを示唆している（『おふでさき概説』130～133ページ参照）。

しかし、明治三十九年に発行の『御神楽歌述義　全』（中山新治郎編）（※21）では、十二下りを本体として、第一節から第四節までを序歌として扱っており、このような表現は、同時代の他の文献にも多く見受けられる。

みかぐらうた本の呼称

さて、「みかぐらうた」という題名については、いつから、このように呼称されるようになったか判明していない。文献にあらわれるのは、明治十八年に刊行されている本の表題として『十二下り御神楽れ歌』が初出である。しかし、これを〝みかぐら〟と読んだのか、〝おかぐら〟あるいは〝おんかぐら〟と読んだかは明らかではない。

（※21）「新治郎」とは眞之亮のこと。明治2年7月8日付「今般官位御改正ニ付従来之百官並受領被廃候事」との達しが出され、名前に「亮」「助」「衛門」などを用いることが禁止されたため、主に新治郎で通していた。

明治二十一年の教会本部公刊本では、『御かぐら哥　全』と記されているが、その読みも分からない。現在のように、表題が「みかぐらうた」と仮名で書かれるようになったのは、昭和三年に二代真柱の結婚記念として各教会に配布されたものからである。

これは、教会本部でおつとめの地歌本として使用されていた文字を写真に撮り、印刷されたものである。その後、教祖六十年祭（一九四六年）に記念本として配布された「みかぐらうた」本は、結婚記念本の再版であり、これが今日の標準本となっている。

では、私刊本、その他、「みかぐらうた」関連の文献には、いつごろから〝みかぐらうた〟の表記が見られるだろうか。

明治二十九年に発行の筒川《つつかわ》すゑ子編述『天下一品みかぐら歌の話』には、「みかぐら歌」と記載されている。しかし、大正年間の出版物には「御（お）かぐら歌」との表現が多い。大正五年の小倉暁風《おぐらぎょうふう》著『御道根本御神楽歌の真意』では、〝御(お)かぐら〟と〝御(み)かぐら〟の混用が見られる（※22）。

つまり、明治十八年、神道本局所属以降に、初めて「御神楽の歌」の表記があらわれ、「おかぐら」「みかぐら」の混用時代を経て、やがて昭和三年、二代真柱結婚記念の「みかぐらうた」本によって統一されたとみることができよう。

（※22）大正13年の藤川春雄著『御神楽歌詳解』には、「みかぐらうた」「御《お》かぐら歌」「おかぐら歌」などの表記がある。

第一節〜第三節　その一

第一・二節の教示

　教祖によって「あしきはらひ」（第一節）のおつとめが教示されたのは、慶応二年（一八六六年）の秋。小泉不動院の山伏《やまぶし》たちが、おやしきに論判に訪れ、秀司が公認運動を始めたころのことであった。同年、教祖は六十九歳。貧に落ち切る道中を経て、をびやたすけを道あけに、不思議なたすけを求める人々がおやしきに寄り集うようになっていた。長く続いた徳川政権も崩壊寸前の江戸時代の末期。不安定な社会状況の中、新しい時代へ向かう潮流が激しく波打っていた。

　また、この年五月七日には、眞之亮《しんのすけ》が、櫟本《いちのもと》の梶本《かじもと》家の三男として誕生している（※1）。これは、道の将来に向けての大きな喜びの節目でもあったと考えられよう。

　年明けて慶応三年、正月から八月にかけて、教祖は十二下りの歌を教えら

（※1）教祖が、三女はるの懐妊中に「しんばしらの眞之亮やで」とおおせになっていた。後の初代真柱。同年10月10日には、前川菊太郎が出生。

れた。以後、三年の年月をかけて、自ら人々に節付けと手振りを教えられた。

同三年七月、秀司は京都の吉田《よしだ》神祇管領《じんぎかんりょう》から公許を取得。この公認の動きが始まったころ、それと並行して教祖の積極的なおつとめの教示が始められたとみることもできよう。八月ごろから、世間では天照大神宮《てんしょうだいじんぐう》の神符《しんぷ》が降り、人々は「ええじゃないか」踊りに明け暮れ（※2）、翌年正月には鳥羽伏見の戦いが起こるなど、騒然とした状況が打ち続いた。さらに三月二十八日には、てをどりの稽古《けいこ》中に、村人が乱暴をはたらくという事態も出来《しゅったい》している。

このような中で、明治二年（一八六九年）正月、教祖は、「おふでさき」の執筆を始められた。

「おふでさき」第一号には、

　このさきハかくらづとめのてをつけて
　みんなそろふてつとめまつなり　（一　10）

と、かぐらづとめの手を付けることの予言が見られる。次いで、

　このたびハやしきのそふじすきやかに
　したゝてみせるこれをみてくれ　（一　29）

と、本格的なつとめに向けて、〝やしきのそうじ〟（※3）を急がれ、つとめ人衆を寄せる手始めとして秀司と小東《こひがし》まつゑの縁談（※4）を進められている。

「おふでさき」では、このほかの所でも秀司個人の身上や事情を台として普

（※2）現天理市稲葉町の『沢井家年代記』には、慶応三年の条《くだり》に、「九月頃より天照大神宮御祓様《おはらいさま》、世上え御下り被成《なされ》、是《これ》は多分に候故《そうろうゆえ》、人々赤じばんを着、おかげ踊りはやす」と記されている。

（※3）『稿本天理教教祖伝』105ページ参照。

（※4）秀司は、数え49歳。まつゑは、平等寺村《びょうどうじ》（現奈良県生駒《いこま》郡平群町《へぐりちょう》）の人で、数え19歳。教祖自ら出向いてもらい受けられた。明治16年の中山家戸籍面では、まつゑ入嫁は翌年の明治3年8月26日。

遍的な教えを説かれ、つとめの急《せ》き込みが行われている。

翌年には、「ちよとはなし」（第二節）を教えられ、十二下りの前に「よろづよ八首」を加えられた。この年、吉田神祇管領が廃止され、先の公認は無効となった。人々はこれを憂えて、新政府に願い出ようとしたが、教祖はそれを厳しく止められて、神一条、つとめ一条の道を強調される（※5）。「おふでさき」を通して、教えを明示され、つとめの段取りを進められた。「ちよとはなし」、そして「神の言うこと聞いてくれ」と前置きをして、優しく語りかける形で「元初まり」の教えを手振りを通して具体的に教示されたのではなかろうか。

（※5）『稿本天理教教祖伝』107ページ参照。

第三節の教示

第三節「いちれつすますかんろだい」が教えられたのは、明治八年のこと。六月二十九日（陰暦五月二十六日）に行われた「ぢば定め」の直後と思われる。こうして、かんろだいのつとめの手一通りが初めて整い、さらに、続いて、肥、萌《は》え出《で》など十一通りのつとめが教えられた。

これに先立つ明治六年には、飯降伊蔵にかんろだいの雛型《ひながた》の製作を命じられた。七年一月には、丸四年の空白の後、再び「おふでさき」を執筆されて

いる（※6）。四月に執筆された「おふでさき」第四号には、

　これからハこのよはじめてないつとめ
　だん〳〵をしへてをつけるなり　（四　90）

とあり、これ以後に、「このよはじめてないつとめ」が教えられるということを示唆しておられる。その直後、六月十八日（陰暦五月五日）には、教祖自ら、かぐら面をお迎えに三昧田《さんまいでん》の前川家に出向かれた。

　また、明治七年十二月二十三日、奈良県庁からの呼び出しがあり、教祖は五人を伴って山村御殿《やまむらごてん》（円照寺《えんしょうじ》）に足を運ばれた。二十五日には、奈良中教院から辻、仲田、松尾の三人が呼び出され、天理王という神は無いと、信仰の差し止めを申し渡された。この後、教祖は赤衣《あかき》を召され、

「一に、いきハ仲田、二に、煮たもの松尾、三に、さんざいてをどり辻、四に、しっくりかんろだいてをどり桝井《ますい》」（※7）

と、この四人それぞれに、異なるさづけの理を渡された。

　このうちの「四に、しっくりかんろだい」のさづけの取り次ぎ方について、『おさしづ語り草』（桝《ます》井《い》孝《こう》四《し》郎《ろう》著）には、第二節の手を振った後に、

「かんろだいづとめのように、

　　あしきはらひたすけたまへ　いちれつすうますかんろだい

と三遍唱えて、三遍撫《な》でられる。これを三遍繰り返されることは、あしきは

（※6）1月に第三号、4月に第四号、5月に第五号、12月には第六号をそれぞれ執筆。

（※7）辻は、辻忠作のこと。以下、仲田儀三郎、松尾市兵衛、桝井伊三郎。『稿本天理教教祖伝』124ページ参照。

らいのおさづけと同じ取り次ぎ方である」

とある。

この「あしきはらひたすけたまへ　いちれつすうますかんろだい」のお歌は、第三節が教示される前年に、すでに、この「おさづけ」を通して教えられており、これが、その原型とも考えられる。

また、『みかぐら歌語り艸《ぐさ》』（同著）には、明治七年、奈良中教院から神名を差し止められた後、

「かんろだいのぢば定めもありまして、おつとめもかんろだいづとめ一条になったと聞かせていただいております。すなわち『あしきはらいたすけたまへ　いちれつすますかんろだい』とのお手をおつけくだされたのであります」

とある。神名を止められたことによって、第一節「あしきはらひ」のつとめが勤められなくなり、「かんろだいづとめ一条」として教えられたというのである。

教祖直々にお渡しになった「かんろだいのさづけ」は、「あしきはらひたすけたまへ　いちれつすうますかんろだい」であるが、本席の時代になってからの「かんろだいのさづけ」は、「あしきをはらうてたすけせきこむ　いちれつすましてかんろだい」と変更になっている。かんろだいの石没収事件後に変更されたお歌である。しかし、現在も授けられている「あしきはらいのさ

づけ」は、「あしきはらひたすけたまへ　てんりわうのみこと」であって、慶応二年に教えられた、つとめの唱え方そのままである。「おふでさき」では、第一号から第十七号を通じて〝つとめ〟の完成を急き込まれているが、特に明治八年の、ぢば定め以前は手振りの、そして、ぢば定め以降には鳴物の急き込みが注目される。

このような流れの中で、明治十年には、女鳴物を教えられている。鳴物をそろえて初めておつとめが勤められたのが、十三年九月三十日（陰暦八月二十六日）。天輪王講社開筵式《てんりんおうこうしゃかいえんしき》（九月二十二日）の八日後のことで、この時におつとめの体裁が初めて整えられた。

さらに、明治十五年、かんろだいの石が没収された直後、手振りはそのままでお歌の一部を変更され、現行のお歌が定まった。

便法として用いられた序歌・だし

古い解釈本などには、第一節から第三節、また第一節から第四節までを「序歌」として扱っているものがある。『御神楽歌述義　全』（中山新治郎編）には、「水ニ源頭アリ樹ニ根幹アルガゴトシ」と、一番大切な部分を集約したものであるとしている。また、十二下りと区別するための便法であることも断っている。他の文献もおおよそ、これに準じているといえよう。しかし、中山正善二代真柱は、このような表現を訂正された。安易な解釈につながることをおもんぱかってのことであろう（※8）。

また、「だし」という言葉については、教祖がおおせになったと言われている（左ページのコラム参照）。「だし」には「出だし。方便。書き出しの略」などの意味があり、序歌と同じような意味で使われたものと思われる。

（※8）『続ひとことはなしその二』17ページ参照。

順序、回数について

第一節が教えられた当初は、回数は定まっておらず、拍子木を打ちながら、ただ一心に、ひたすら親神様への祈念を繰り返していたようである（※9）。「ちよとはなし」を教示の後、第一節とこの第二節を併せて勤められたものか、それも定かではない。また、「ちよとはなし」は、かぐらづとめとして教えられたのであろうか。日々に神様を拝する時には、第一節のみが勤められたのだろうか。こうした点についても不明である。

慶応三年に教えられた「六下り目　5」には、「いつもかぐらやてをどりや」と、すでに、かぐらづとめについて触れられている。明治二年から執筆の「おふでさき」、六年のかんろだいの雛型製作へと、つとめの段取りは進め

（※9）11ページのコラム参照。

られていった。そして、七年には、かぐら面をお迎えに出向き、「夜《よる》神楽《かぐら》本《ほん》勤《づとめ》」（※10）が行われている。しかしこの時点で、第三節の教示はなされてい

（※10）『稿本天理教教祖伝』113ページ参照。

（※11）第一、二、三節と第四節「よろづよ八首」を足して十一章と数えている。

序歌・だしについて

『御神楽歌述義　全』（中山新治郎編）「序歌」

御神楽歌全部十二篇アリ世ニ之《これ》ヲ十二下リト称ス而《しこう》シテ此《こ》ノ序歌十一章（※11）ハ十二篇ノ綱領ナリ十二下リニ此ノ序歌アルハ譬《たと》ヘバ猶《なお》水ニ源頭アリ樹ニ根幹アルガゴトシ唯《ただ》本書モト序歌ノ題称ナシ而シテ今述義者此ノ題称を設ケタルハ以下十二下リト区別セントテノ便宜ニ出デタルノミ読者此ノ意ヲ諒《りょう》セヨ

『正文遺韻抄』（諸井政一《もろいまさいち》著）「一寸咄萬世始《ちよとはなしよろづよはじめ》」

この年（明治三年）に『一寸咄《はな》し』と、『よろづよ』とを御聞かせ被下《くだされ》ましたので、『よろづよ』は、十二下りのだしと仰せられて、十二下りのはじめに、つとめる事になりましたのでござります。

又、『一寸咄』は、これから数年後に、かんろだいのつとめのだしと、御聞かせ被下ましてござります。よつて、かんろだいのおつとめには、一寸咄がさきへつくのであつて、しんじつ、手をどりさづけといふて、かんろだいをとなへて、さすつて被下処《くだされたところ》の、おさづけがござります。それにもやはり、一寸はなしをとなへて、それからかんろだいを三遍となへて、おさすり被下ます。かれこれ思ひましても、神様がだしと被仰《おっしゃ》る理は、けす事はできません。

いわゆる「一・三合一節」について

あしきはらいたすけたまい　いちれつすますかんろふだい

前記の歌は、「みかぐらうた」本の中に、数種見受けられる。

このお歌について、二代真柱は『続ひとことはなし　その二』の中で、「第一節第三節の合一されたお歌」と記している。これは、明治十四年の大阪天恵組発行『拾弐下り御勤之歌』という私刊本を唯一の資料としたもので、「第一節及び第三節の古い形」としたうえで、明治十五年の〝模様替え〟の史実の結果、上の句、下の句へと分かれたとの見解を示されている。

あしきはらいたすけたまい　いちれつすますかんろふだい　（一・三）

あしきをはらうてたすけたまへ　てんりわうのみこと　（第一節）

あしきをはらうてたすけせきこむ　いちれつすましてかんろだい　（第三節）

しかし、その後の研究から永尾廣海本部員は、「みかぐらうた本研究の諸問題について（上）」の論文の中で、新たな資料をもとに、私見を述べている。それは、第一節は厳然と伝えられており、「第一第三合一節は、むしろ、第三節に替わって、信者によって一時期歌われたものであるかもしれない」と。

さらに、この「第一第三合一節」については、『天理教校論叢』第20号に、澤井勇一の論文「みかぐらうた研究における一つの問題――第一第三合一節について――」がある。

ない。八年になってつとめの歌と手振りが一通りそろった。こうした一連の流れの中で、かぐらづとめの体裁が整えられ、回数が限定されたのではないだろうか。また、第三節とともに教えられた「十一通りのつとめ」から、第一節の回数が定まったとも考えられる。

第一節は、二十一回繰り返して勤められる。なぜ「二十一」なのかは、だれもが関心を持つところであろう。そこで、まず第一節と第三節にかかわる回数の理合いについて注目してみたい。

『稿本天理教教祖伝逸話篇』一七三「皆、吉《よ》い日やで」には、教祖から教えられた一日から三十日までの、理合いが簡潔にまとめられている。その中で「二十一日　十ぶんたっぷりはじまる」とある。

高井猶吉《たかいなおきち》の口述記には、「二十一日は、また十分たっぷりはじまる、朝夕のおつとめの理。二十一ぺんするのは、十分たっぷりはじまるという理をもって二十一ぺんおつとめするのである。決して数をとりまちがってはならん」（※12）とある。

ここで、解釈本の中で、回数やそれに関連する数の意義について記されている主なものを抜粋し、参考までに列記しておく。

●堀越儀郎《ほりこしぎろう》著『おかぐらの理』大正十二年

「三七の理　『あしきを払《はろ》ふて助け給《たま》へ』の勤めは二十一遍繰り返へすのでありますが、あれは二十一遍繰り返へすのではなく七遍づゝ三回繰り返へすのであります。本部では甘露台の本勤めには『あしきを払ふて助けせきこむ』の勤めも七遍づゝ三回即《すなわ》ち二十一遍繰り返へされるのであります。これは『三七の理』であります。此《こ》の『三七の理』に就《つい》ては色々の解釈を聴かして

（※12）高井猶久《なおひさ》編『教祖より聞きし話・高井猶吉』「すべての物のはじまりについて」。

頂いて居《お》りますがどれもみなよくその意味をさとることが出来るやうに思ひますで次に色々の解釈を列記して見ましよふ。

一、三七の理即ち二十一遍の理は十《じゅう》、十、たつぷり初まる（一）の理であります。

二、三は大食天尊《たいしょくてんのみこと》、大戸辺尊《おおとのべのみこと》、国狭土尊《くにさづちのみこと》の三柱《みはしら》の神様の理、即ち『産《さん》』の理でありまして人間の生《うま》れることを意味します。或《あるい》は三柱目の神様の御守護をあらはす。即ち『つなぎ』の理でありまして矢張り生を意味するのであります。七は七柱目の神様の理、即ち息の根を切る理でありまして死を意味するのであります。そこで三七の理とは生れるより死ぬ迄《まで》の理、即ち一生涯の理でありまして、三七の勤めとは一生涯の勤め全生涯を通じての永い絶えざる努力をあらはすものであります。

三、三七の理は三かける七、即ち『生』かける『死』の理で真剣命懸けのつとめの意であります。世間でも水業や苦業をして願をかける人は二十一日の日を切つて願をかけるのであります。あれは真剣の意をあらはして居るのであります。

四、三七は『つなぐ』『切る』の理でありますから誠の道につないでもらつて埃《ほこり》や悪因縁を切つてもらふ理ともきかしてもらひます。

五、全てのものには表裏あるが双六《すごろく》の骸子《さい》には東西南北上下あつて表裏がない。東と西、南と北、上《かみ》と下《しも》とを合《あわ》せば七となる。即ち一と六、五と二、三と四となつて居て何《いず》れも三七の理で裏表の無い理であります。又《また》骸子は昔から魔除《まよ》けに用ひられたが即ち骸子の理をあらはす三七の理の勤めは悪《あ》しきを払ふの理であります。

上述の様に色々と解釈がありますが、之《こ》れはかう云《い》ふ風に沢山《たくさん》な説があると云ふよりもかう云ふ様に深い色々の理が含まれて居ると考へた方がよいやうに思はれます」

●安江明《やすえあきら》編『御神楽歌解釈』大正十四年

「廿《二十》一遍唱へる理は、人間には廿一の悪しき節がある故に、この廿一節を取る為《た》めに、悪しきを払《はろ》ふてを二十一遍唱へると云ふなり」

●柳井教正《やないきょうせい》著『御神楽歌ニ就《つい》テ』昭和四年

「是《これ》を二十一遍唱へる理は一つの悪しきの為《ため》に二十一ぺんの悪しきの事に就《つき》あやまりて通る。世界でも七度調べて人を疑へと伝へて居ります。それを三遍繰返せば二十一度になります」

「九度唱へる理は人間は九つの道具の借物なり、その借物の理をはかることを勤むるなり、……此《この》世で婚礼の時に三三九度の盃《さかずき》、人間の縁のつなぎ定め方、三遍々々九度の勤めは寿命つなぎの定め方、是《これ》に依《よ》つて縁つなぎ寿命つなぎの事を悟つて戴《いただ》きたいのであります」

●桝井孝四郎著『みかぐら歌語り艸』昭和三十年

「二十一ぺんのわけであるが、いろいろに悟られています。十十たっぷり初まる理であるとか、二十一ぺんは七、三の理である、七は七柱の神様、七柱目の神様はたいしよく天のみことであって、切る理である。三は三柱目の神様であるくにさづちのみことであって、つなぐ理である。あしきを払うであるから、切って（七柱目たいしよく天）もらって、たすけたまへであるから、つないで（三柱目くにさづち）もらうの理である。三七、二十一ぺんである。三日三夜《みっかみよさ》に宿し込み、三年三月《さんねんみつき》とどまって、奈良初瀬七里の間を七日かかって産みおろされた。この三日三夜、三年三月、七里、七日の七、三の理であるともいわれております。また身の内には、すなわち人間の心には二十一のあしきがある、それを払っていただくための二十一ぺんであるともいわれている。こうした理もあるであろうが、まだ、もっと、ほかに理があるかもしれない。親神様のお心、思わくは大きく計られないように」

ところで、十柱の神名を一柱ずつ祈念しながら、二十一回の手を振るという説も一部に伝えられている（左ページの図参照）。

まず、「くにとこたちのみこと」に始まって、「をもたりのみこと」「くにさづちのみこと」と進み、「いざなぎのみこと」「いざなみのみこと」と、一柱から十柱までの順序で数える。次に、「くにとこたちのみこと」から右回りに、「たいしよく天のみこと」「くもよみのみこと」「くにさづちのみこと」と進み「月よみのみこと」まで至ると、「いざなぎのみこと」「いざなみのみこと」で、二十回となる。そして最後、二十一回目に親神天理王命を祈念するというものである。

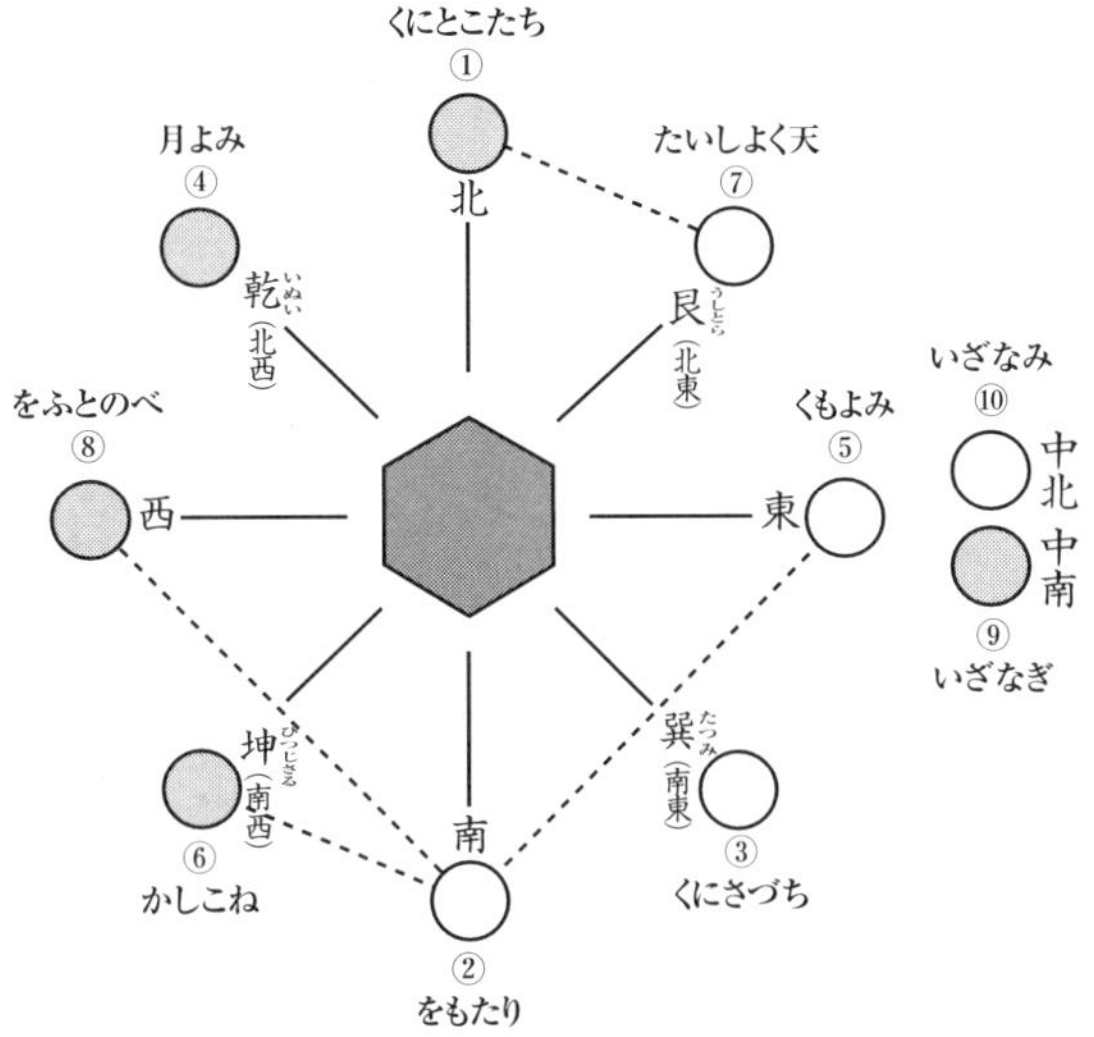

最初の10回は、①～⑩までを順に、次の10回は、①⑦⑤③②⑥⑧④⑨⑩の順で行う。最後の1回は、親神天理王命を祈念する。

第一節〜第三節　その二

あしきをはらうてたすけたまへ　てんりわうのみこと

【通釈】
悪《あ》しきを払って、たすけてください、天理王命《てんりおうのみこと》様。

【語釈】
あしき
「悪しき」のこと。端的に言えば、悪しきとは、人間にとって否定的な事柄、よくないことであろう。つまり、身上・事情ということになる。従来の解釈本の中で、罪悪、禍害《かがい》、疾病《しっぺい》、天災地変などと例示されているところである。しかし、これらの元をたどれば、〝心のほこり〟に帰着していく。
いずれにしても、悪しきとは神意を中心にした基準で判断され、神意に沿っていない心が、悪しきであると思われる。

第一節の「おつとめ」を教えられたのは、慶応二年（一八六六年）の秋、小泉不動院の山伏がおやしきを訪れ、乱暴狼藉《ろうぜき》に及んだ（※1）直後のこと。その前年には助造事件（※2）、さらには教祖の思召《おぼしめし》に反して行われた吉田神祇《じんぎ》管領認可の動き（※3）もあり、これらも悪しきの含意といえようか。

「あしき」の際の手振りは合掌であるが、合掌がそのまま悪しきではなく、神への祈願という意味が大きい。また、各下り各節の始まりの手振りがほとんど合掌からはじまっており、てをどりにおける一つの流れであるといえよう。合掌は、神と向き合うときの最初の所作であり、それは祈願の形である。

はらうてたすけたまへ

この解釈には二通りが考えられる。一つは、神のお力によって悪しきを払ってたすけてくださいという意味。さらには、最初「あしきはらひ」と教えられたおうたを明治十五年（一八八二年）に「あしきをはらうて」と変えられた経緯に注目した場合、われわれ自らも悪しきを払う努力をさせていただきますから、どうかおたすけくださいという意味にもとれる。

胸三寸を払う手振りからも、心のほこりを払い胸の掃除をするということであろう。しかし、この心のほこりも、人間の力だけで払えるものではない。神がほうきとなって働いてくださるからこそ払えるのである。

（※1）小泉村（現、大和郡山市）にあった不動院は、大和一円の禁厭祈祷《きんえんきとう》権を持っていると称されていた関係上、おやしきの動向を無視するわけにはいかなかったのであろう。『稿本天理教教祖伝』67ページ参照。

（※2）慶応元年（1865年）、針ケ別所《はりがべっしょ》村（現、山辺《やまべ》郡都祁《つげ》村）の今井助造による異端事件のこと。『稿本天理教教祖伝』64ページ参照。

（※3）秀司を中心にした動きで、当時、神道の権威であった吉田神祇管領（京都）に公許を願い出たもの。慶応3年7月23日付で認可を得ている。『稿本天理教教祖伝』97ページ参照。

「おさしづ」に、

三分の心七分の台。（明治31・10・1）

とあり、「三分はその人の心遣い七分は親神様のかげのお働きで、三と七と合《あわ》せて十分の御守護をいただける」（深谷忠政《ふかやただまさ》著『みかぐらうた講義』）との解釈もある。

信仰生活の上で、ただ親神様に祈願するだけではなく、日々常にほこりを払う努力を怠ってはならないのであろう。

てんりわうのみこと

この世人間をお創《つく》りくだされ、いまも変わらぬご守護を下さる、元の神・実の神である親神天理王命様の御名を唱える。

多くの解釈本では、神名を唱えることの重要さを強調している。

「てんりわうの」では、呼び寄せる、「さしまねく型」の手振りになっている。

これについては、

「親神を招く手振り」（山本正義《やまもとまさよし》著『みかぐらうたを讃《うた》う』）

「親神様が、我々を呼び寄せられ、それに応じる手ぶり」（諸井慶一郎《もろいけいいちろう》「みかぐらうたの思召《おぼしめし》〈その二〉──みかぐらうた通釈註解──」）

とあり、興味深い。

「みこと」では、ご守護を受け取る手になっている。

「おふでさき」にみる“あしき”

よろづよにせかいのところみハたせど　あしきのものハさらにないぞや　（一 52）

一れつにあしきとゆうてないけれど　一寸のほこりがついたゆへなり　（一 53）

だん／＼と神のゆふ事きいてくれ　あしきのことハさらにゆハんで　（一 59）

せかいぢうとこがあしきやいたみしよ　神のみちをせてびきしらすに　（二 22）

にち／＼によふほくにてわていりする　どこがあしきとさらにをもうな　（三 131）

よき事をゆうてもあしきをもふても　そのまゝすぐにかやす事なり　（五 54）

これからハよき事してもあしきでも　そのまゝすぐにかやしするなり　（六 100）

月日よりなんでこのよにくどいなら　あしきみへるがきのどくなから　（八 53）

このたびの月日のしごとしかときけ　あしきのよふな事わせんぞや　（十一 51）

このさきわなにをゆうてもとのよふな　事でもあしき事わゆハんで　（十三 111）

それしらすみなせかいぢうハ一れつに　なんとあしきのよふにをもふて　（十四 36）

それしらすみなたれにてもたん／＼と　なんどあしきのよふにをもふて　（十六 66）

たすけでもあしきなをするまてやない　めづらしたすけをもているから　（十七 52）

【備考】

◆諸井政一著『正文遺韻抄』「十二下り歌始　悪払の歌始」

「明治元年に『あしきはらい、たすけたまへ、天理王の命』ととなへて、手品をして、朝晩のつとめとすべき事を、御教へ被下《くだされ》ましたのでございます」

◆中山新治郎編『御神楽歌述義　全』

「此《こ》ノ章ハ祈祷《きとう》ノ詞ナリ凡《およ》ソ天理教教徒タルモノハ此ノ詞ヲ以《もっ》テ神ニ祷《いの》ラザルベカラズ　此ノ一章ハ祈祷ノ詞ナルノミナラズ抑《そもそ》モ又《また》序歌十一章（※4）ノ綱領ナリ」

（※4）47ページの（※11）参照。

ちよとはなし　かみのいふことをきいてくれ
あしきのことはいはんでな
このよのぢいとてんとをかたどりて
ふうふをこしらへきたるでな
これハこのよのはじめだし
——なむてんりわうのみこと——
——よしよし——

【通釈】

ちょっと話しておくが、神の言うことを聞いてくれ。
お前たちにとって、決して悪いことは言わないから。
この世の、地と天との理を象《かたど》って、
夫婦をこしらえてきた。
これが、この世の〝いのち〟の始め出しである。
——ありがとうございます。なむ天理王命様——
——よしよし——

【語釈】

ちよとはなし

改めて言っておこう。

親神様から人間に対して、優しく慈しみをもって語りかけられた言葉。軽い切り出しの言葉である。しかし、そこに込められた内容は、決して軽い話ではない。

手振りは、右手人差し指を顔前に立て、平行移動を繰り返す。対話の形での指の移動に、身近に語りかけられる親神様のお姿が実感される。

かみのいふことききいてくれ

「かみ」……神。天理王命のこと。合掌の手。

「いふこと」……（神の）言うこと。手振りは、右手人差し指で口を指す。

「きいてくれ」……（神の言うこと）聞いてくれ。口を指した手を離して耳を指し、「れ」で両手のひらを上向きに胸の前で平らにそろえる手。人間を慈しみはぐくまれる親神様の懇《ねんご》ろな要請の言葉。

あしきのことはいはんでな

「あしき」……この「あしき」は、第一節の冒頭の「あしき」（合掌）とは違う意味を持っている。手振りは、手枕をするような形。また、病の手振りと同一であることから、「悪しきこと」を病で代表してあらわされているとも考えられる。首を傾げるような、不思議に思うような、変なことは言わない。本真実を話すという意味でもあろう。

「いはんでな」……（悪いことは）言わないから。「な」は念を押す言葉。「心配することはない」と、ここにも子を思う親心が平易な言葉で表現されている。「みかぐらうた」にも、

ひとのこゝろといふものハ
うたがひぶかいものなるぞ　（六下り目　1）

とあるように、親神様のお言葉であっても容易に信ずることのできない人のために、特に念を入れておおせになっているのである。

このよのぢいとてんとをかたどりて

「このよ」……この世、この世界。

手振りが両手人差し指を立てて交互に行き来させる様子を、月日親神が談じ合いを行っている様子をあらわすものとの解釈もある（前掲諸井論文）。また、「親神様の身体《からだ》ともおきかせ下さる東西南北四方八方広い広い世界」（深谷忠政著『みかぐらうた講義』）とも。

「ぢいとてん」……地と天。
「ぢい」で両手人差し指を伸ばし、甲を上に平行に並べる手から、「てん」で右手を上に、左手は甲を下に、向かい合わせる形をとる。
諸井政一著『正文遺韻抄』には、
「ぢはぢいとしてゐるから、ぢィといふ。てんはてんじかはるもの故てんといふで」（158ページ）
「夫婦といふ理は、地と天とをかたどりてあるといふ。地があるで、天といふ。天があるで、地といふ理がある……天は高くして上、地はひくゝして下である。天地だきあはせの世界」（245ページ）
と記されている。
「おふでさき」に、

このよふのぢいと天とハぢつのをや
それよりでけたにんけんである　（十　54）

とある。「元初まりの話」にある月日、なむ（※5）、くにとこたちとをもたり、いざなぎといざなみ、月よみとくにさづちの象徴としての地と天。
「かたどりて」……（地と天とを）象りて、型どりて。

ふうふをこしらへきたるでな

（※5）「月日」「阿吽《あうん》」「天地」「陰陽」などの意味を持つ。

（※6）蔵内数太＝大阪大学

「ふうふ」……夫婦という配偶。手振りは、夫婦和合の道をあらわす。
この部分について、山本正義著『みかぐらうたを讃《うた》う』に、

名誉教授。文学博士。教外での「元の理」研究の第一人者。昭和63年（1988年）没。

易にみる“地と天”

……この泥海にはまず最初に月日の神が現われます。そして泥海を眺めると、そこにいるものは「どじょう」ばかりである。月日の神は、これではあまりにも味気ないと言い、そこで人間創造の相談がおこる。ここで、泥海に臨んでいるのは月日の神です。この点が非常に重要です。ここでいう月日とは、日と月と同じではありませんが、もともと天上的のもので、天に輝いている太陽と月になぞらえられるものであります。そして泥海は地上である。地上の水と土を一緒にしたのが泥海であります。天と地として互いに離れたものが同じ場所に出合っているという姿が、そのことばの中に表現されています。ここに興味があると思うのです。

これを易では「地天」といいます。地の卦《け》を上にし天の卦を下にしての組み合わせです。この組み合わせを易は「泰《たい》」と解しています。泰は天地というべきなのに、地天とはおかしいではないか、と普通は考えます。天は上にあり、地は下にあるからです。しかし易では天地ではいけないのです。天地は「否」と言われています。なぜかと言うと、天はもともと上にあがっているものです。地は下にさがっているものです。天地では上と下が離れていて、永久に交わらない。交わらないところからは何ものも生まれてこない。だから天地は「否」と言われるわけです。こういうのが易の思想である。これは逆説的な真理です。それではなぜ地天がよいかといえば、それは、地は下に沈もうとするもの、天は上に昇ろうとするもの、だから、下に沈もうとするものと上に昇ろうとするものとが「地天」ならば出合います。そこで天地が交わって、ものが生まれるわけです。すべて生産というものは交わりからおこる。「地天」ならば相交わり「泰」であります。その「地天泰」の思想が、「泥海古記」では月日の神が泥海を眺めて云々《うんぬん》の個所に現われています。

蔵内数太《くらうちかずた》（※6）「『元の理』にみる人間学」（『G―TEN』第14号）

「『ふうふをこしらへ』では、かぐらづとめの『みこと』の、いざなぎのみこと、いざなみのみことの手振りを一つに凝縮して、端的に象徴されている」とあり、前掲「諸井論文」には、

「ふうふを　かぐらづとめでは、ここを、くにとこたちにをもたりさまと、いざなぎ、いざなみのみことは、種・苗代の手ぶりをなさるのであって、そのことよりして、ふうふの手ぶりは、その合成の手ぶりであることがわかる」とある。

「こしらへ」……拵《こしら》え。

手振りは、手を胸前で重ねる。この時、左手首を内側に包むようになっている。左は男、右は女の理をあらわすと言われるが、これについては、桝井孝四郎著『みかぐらうた語り艸《ぐさ》』に、

「夫婦というものは、上も下もない、一つのものである。裏表のように一つのものであるとともに、女であるからあかん、男であるから偉いというようなものでない。月日抱き合わせの五分々々であるごとく、温《ぬく》み五分、水気五分との五分々々の理であるごとく、優劣上下の問題でないという理を、ことさらにこう現わしてくださされているのである、と聞かせていただいておりま
す」

と記されている。女性が上に、先になっており、女松《めまつ》男松《おまつ》の順になっている

とも理解できる

「きたるでな」……きたのである。そこからすべてが始まった。そして現在まで。手振りは、左右左と〝なげ〟の手。

これハこのよのはじめだし

これがこの世の始め出しの真実である。

手振りは、「これハ」で右手のひらを返し、「このよの」で左手のひらを返す。「はじめだし」で、両手のひらを同時に返す動作を二度繰り返す。この世の中の始め出し、世の中自体が天地陰陽ということをあらわしているとも、夫婦の、人間としての人生の始めとも理解できる。

武谷兼信《たけやかねのぶ》著『御かぐら歌解義』では、

「はじめて出されたのである（はじめであるにあらず）。はじめ出したる以上、其《そ》の出でたるものは何時《いつ》までも其の生成の道、活動の道を続くべきでありま す。即《すなわ》ち今日までも続いて、人類は蕃殖《はんしょく》に蕃殖を重ねて居《お》るのであります。更《さら》に未来永劫《えいごう》に亘《わた》つて生成の道も続き、蕃殖も重なるに相違ないのでありま す。併《しか》し其の本源は此《こ》の始め出し下されたところより外にはないのでありま す」

とあり、また、「諸井論文」では、

ようし、ようし

ある時、飯降よしゑが、「ちよとはなし、と、よろづよの終《おわ》りに、何《な》んで、ようし、ようしと言うのですか。」と、伺うと、教祖は、

「ちよとはなし、と、よろづよの仕舞《しまい》に、ようし、ようしと言うが、これは、どうでも言わなならん。ようし、ようしに、悪い事はないやろ。」

と、お聞かせ下された。

（『稿本天理教教祖伝逸話篇』一〇九「ようし、ようし」）

「この手ぶりは、最初の産みおろしと、二度、三度の産み出しをおつけ頂いているものと思う。宿し込みと三度の産み出しを以《もっ》て、此の世の人間のはじめ出しをなされたのである」

との記述がある。

なむてんりわうのみこと

はい、分かりました。ありがとうございます。なむ天理王命様。

手振りは、合掌。

よしよし

との親神様の言葉。

【備考】

◆「おさしづ」中の「ちよと」にも、大事な話を込めて言われていることが多い。

◆第二節「ちよとはなし」が教えられた、明治三年（一八七〇年）当時には、すでに、「おふでさき」によって「こふき話」が、説き明かされている。全体を通して、人間創造の理合いを教えられているもの。

◆第二節を教えられた前年に、中山秀司と小東まつゑとの結婚が整っている。このことも、これを教えられた背景になっているとみることができる。しかし、もちろん秀司夫妻だけの問題ではなく、普遍的な意味が込められていよう。

　ここでは、夫婦の理合いに重点をおいて教えられている。「みかぐらうた」では夫婦について、次のように述べられている。

　ふたりのこゝろををさめいよ
　なにかのことをもあらはれる　（四下り目　2）

　ふうふそろうてひのきしん
　これがだいゝちものだねや　（十一下り目　2）

また、中山新治郎編『御神楽歌述義　全』には、次の叙述がみられる。

朝づとめ、夕づとめ

朝づとめは、その一日中の願い、殊《こと》に借りものを何不自由なく使わして頂きたいお願いである。夕づとめは、結構に御守護頂いたその御礼であると申されました。今にしてこの言を味わう時、言いしれぬ理が湧《わ》き出て来る。人間一寸先は分からない。いつ何時どんなことが起こるやも知れない。神様もたれである。朝づとめに参拝さして頂いて、内々事のないよう、かつ大難は小難、小難は無難にのがれさして頂かねばならん。人間思案はあかん。不肖五十五年、人間で考えたことには、あまり成功していない。思わんことがどしどし現れている。人間思案はあかんものである。日々神様におすがりして、お連れとおり頂かねばならん。朝づとめ夕づとめの理、誠に有難いことである。

（高井猶久編『教祖より聞きし話・高井猶吉』）

「夫婦ノ結合ハ愛情ニ在リ自他ノ結合ハ同情ニ在リ愛情ト同情トハ私欲ヲ離レタル人間最高最美ナル精神的結合ノ主力ナリ」

◆かつて、身上・事情のお願いづとめを勤める場合に、第二節、第三節のみで勤められることがあった。しかし、その経緯について詳しいことは、明らかでない。

あしきをはらうてたすけせきこむ　いちれつすましてかんろだい

【通釈】

神は、悪《あ》しきを払って、たすけを急《せ》き込んでいる。一れつの心を澄まして、〝かんろだい〟を建設するというそのたすけを。

【語釈】

あしきをはらうて

第一節と同じであるとの解釈が主流になっている。

たすけせきこむ

親神が救済を急ぐ。

親神様に対して、救済を実現してほしいとの人間の願いと解釈することもできよう。手振りは、開いた両手をそろえて、前に少し出す。急ぐ様子をあらわすものか。

いちれつすましてかんろだい

世界一れつの心を澄まして、かんろだいが建設され、つとめの完修によって救済が成就する。

手振りは、おさえの手をそろえて右回りに平らに円を描き、「すまして」で、平らかに左右に開く。

「いちれつすまして」……世界一れつの心を澄まして。

この世の悪しきを泥水にたとえられ、それを親神様のお働きによって澄ますことを表現されている。

「かんろだい」……甘露台。

世界中の人間の心が澄んで初めて、世界が真の陽気づくめの世の中となる。そのあかつきに、石造りのかんろだいが建てられる。ここでの手振りは、かんろだいが建ち上がる姿をあらわすものと思われる。

【備考】

◆第三節は、神様の側からの言葉であり、人間に信仰生活の目標を明かされている。

◆明治十五年にかんろだいの石が取り払われたのは、人々におうた変更の意味を納得させるための思召《おぼしめし》であったのではなかろうか。これを契機に一人ひとりの信仰的成人を促しておられるのであろう。

「おさしづ」には、

つとめ一条は出けず、かんろうだいも、世界分からんから取り払われた。あれでもう仕舞やと言うた日もあった。世界どんな事あっても、付け掛けた道は、付けずに置かん。かんろだいはいつの事と思う。つとめ一条の台にも勤めて居《い》るやろ。皆、話して居るやろ。なれど、何《なん》やら彼《か》やら分からん。どうでもこうでも、かんろだい積み建てる〳〵。（明治31・7・14）

とある。必ず世界一れつの心が澄みわたって、かんろだいが建てられることを明言しておられる。

◆第三節を勤める回数については、深谷忠政著『みかぐらうた講義』では、高井猶吉の説を基に、

「三三九遍の理は目、耳、口、鼻、両手、両足及び一の道具を合《あわ》せて九つとなるが、身の内にこの九つの道具をお借りしている御恩を忘れぬ為《ため》、朝夕三三九遍のおつとめをするのである」

とし、「諸井論文」では、

「三三九遍の三遍は、三ツ身に付く理であるが、九遍は、九のどう苦を払うとも、苦を直るともいう理であると聞かせて頂く。即ち、身に添え

て貸して頂いているかけがえのない九つの道具の、苦のないように願い通る理であり、そこに不足をつけず、通らして頂くことになり、苦を払い、苦を直ることになるという理である」

としている。

◆明治八年、第三節が教示された際に併せて、「をびや」や「雨乞《あまご》い」などの十一通りのおつとめも教えられた。

◆第一節から第三節までを総合して、意義づけをしている文献も見受けられる。

武谷兼信著『御かぐら歌解義』

「第一章は祈祷《きとう》の言葉でありまして、人間から神様へ向《むか》つて捧げ奉《まつ》る願ひの声であります。第二章は天地、人間世界の根本真理をお説き下されたのであります。第三章は神様のお思召《ぼしめし》の現はれでありまして、人間の済度と甘露台の建設とをお急き遊ばされて居《お》ることをお知らせ下されたのであらうと思ひます」

堀越儀郎《ほりこしぎろう》著『おかぐらの理』

「最初の三首――は水と火と風の理でありましてお言葉に『水と火《ひい》とは一の神、風より外に神はない』とありますやうに此《こ》の三つは一切万物の根元の理であります。即ち初まりの理であります。教理の根元の意味とも

聞かして頂くのであります。或《あるい》は又《また》三は産の理、即ち物の生《うま》れる初めの
理とも教へられて居《お》るのであります」

上川米太郎《かみかわよねたろう》著『みかぐらうた私解』

「三首は火、水、風の三つ、即ち神を象徴したものでありまして火水風
は万物の根元であつて神様の御姿であります」

第四節　よろづよ八首

よろづよのせかい一れつみはらせど　むねのわかりたものはない

【通釈】

いつの代の世界をくまなく見渡してみても、だれ一人として、神の思いの分かっている者はいない

【語釈】

よろづよ　万代　万世

すべての時代。手振りの波の型は、人間世界創造から、いずれの時代もという意味をあらわしたものか。

「**よろづよ**　とは、万世であって、人類の発生以後今日までの九億年に余る(※1)永い歴史を通観しても、という意にお用いになっています」(上田=※2)

「手振りは、『よろづよの』で波をうたせ気味に、肩の高さで動かしますが、

(※1)「九億年に余る」とは、九億九万九千九百九十九年という数の年限を実数とした表現。

(※2)上田《うえだ》嘉成《よしなる》著『おかぐらのうた』。参考文献は巻末(360ページ)の一覧を参照。

有為転変の万世《よろづよ》を見事に表し、……」（山本＝※3）

せかい　世界

「よろづよ」は、主に時間をあらわすのに対して、「せかい」は空間を意味する。つまり「よろづよのせかい」で時間と空間を含む全世界となる。

「左の人差指を立て、九十度、対人空間である世界」（諸井＝※4）

一れつ　一列

世界中の人間すべて。

みはらせど　見晴らせど

見晴らしてみると。見渡してみても。

「神ノ遍《あまね》ク人類一同ヲ看給《みたま》フヲ云《い》フ」（中山＝※5）

「中に隔つるものなく、覆ふものなく、全く明《あきら》かに見徹《みとお》す意味である」（武谷＝※6）

むねのわかりたものはない　胸の分かりた者はない

神の人間世界を創造された思いが分かった者は一人もいない。

（※3）山本正義《やまもとまさよし》著『みかぐらうたを讃《うた》う』。

（※4）諸井慶一郎《もろいけいいちろう》「みかぐらうたの思召《おぼしめし》（その二）――みかぐらうた通釈注解――」（『天理教校論叢《ろんそう》』第25号）。

（※5）中山新治郎編『御神楽歌述義　全』。

（※6）武谷兼信《たけやかねのぶ》著『御かぐら歌解義』。

「『むね』は、胸、旨、心ですね。心の分かった者はない。宇宙・人生の真理を悟った者がいない」（上田）

「九下り目九ッでは上に開くのに対し、ここでは前に開く。九下り目は、人の胸の内、心が表に現われ出て、明らかになり、善悪分けられた。即《すなわ》ち澄んだという意味の手ぶりであるのに対し、前に開くのは、神の胸の内が、人々に対して開かれる。扉が開かれて内が明らかに見えるようになる如《ごと》くであって、従って、神の胸の思いのわかった、という意味であると思案される。即ち、心の澄んだではない」（諸井）

「むねのわかりた」の手振りについては、「心が澄みきる胸の開けた象《かたち》」（山本）との解釈もある。

そのはずやといてきかしたことハない　しらぬがむりでハないわいな

【通釈】

そのはずで、いままで説いて聞かしたことはないのだから、何も知らないのは無理もないことである

【語釈】

そのはずや

それも当然である。それももっともなことである。

ここでの手振り「たてナゲ」は、「みかぐらうた」の全編を通して、「よろづよ八首」の中で二カ所に用いられているだけである（もう一カ所は、五首

よろづよ八首の掲額

「（昭和）二十二年の三月であった。……真柱様の使者として、中山（為信《ためのぶ》）さんが見えた。用件は、本部礼拝殿の額に、序歌八首を書けということで、和紙二枚を与えられた。八十一才の老人にとっては、最後の幸せともいうべきことであった。入信以来六十年を幾度か危地に会いながら、教祖様に殉ずるの精神一つで、守りぬいてきたそのお歌だ。私はただ感激にみちあふれて筆を執った。それからつづいて、毎日毎日、何枚かを書きため、ついに四百枚におよんだことであろう。高安大教会創立六十周年の記念に、部内教会に一枚づつ頒布した」（『道の八十年――松村吉太郎自伝』）

それ以前は、「信徒参拝心得」が掲げられていた。これは、明治三十九年（一九〇六年）に執行された教祖二十年祭を期として、天理教一派独立請願の必要から採用されたもの。各地の教会にも掲げられていた。

そして、昭和二十二年（一九四七年）四月十八日、松村吉太郎の筆による「よろづよ八首」の額が掲げられることになった。

目の「このもとを」)。

「『立てナゲの手』は、人間世界創造の『月日親神』の象徴《シンボル》」（塩谷＝※7）

「親神の顕現の理の重大性を示す手振りと存じます」（山本）

「立てナゲ、肯首述懐。ナゲの手は主に親神様の述懐を意味する手ぶりのようであるが、立てナゲは特に強い述懐である」（諸井）

（※7）塩谷寛《しおのやひろし》「理を振るおてふり自問自答三題」（『みちのとも』昭和60年4～7月号）。

といてきかしたことハない　説いて聞かしたことはない

いままで一度も神の思いを説いて聞かしたことはない。「みかぐらうた」では、神から人間へ語りかけられるのに、「説く」と「言う」の両用がみられる。

「全世界人類ノ救済ニ関スル完全ナル天啓ノ教未《おしえいま》ダ世ニ見レザルコトヲ言ハレタルナリ」（中山）

このよふをはじめてからハなにもかも
といてきかした事ハないので　（三　123）

しらぬがむりでハないわいな　知らぬが無理ではないわいな

何も知らないのは無理もないことであると、子供の至らなさを包み込まれる温かな親心がにじみ出ている。

「わい」「な」はともに、感動、詠嘆をあらわす終助詞。

「罪悪及ビ禍害ヲ擺脱《はいだつ》スル道ト無上目的ニ向《むか》ヒテ進行スル道トヲ知ラザルモ無理ナラズトノ意ナリ」（中山）

「わいな　詠嘆の辞です。この言葉によって、親神様は人間を慰めておられます。また、現状に対して軽い嗟嘆《さたん》の気分をお洩《も》らしになっています」（上田）

このたびはかみがおもてへあらハれて　なにかいさいをときゝかす

【通釈】

このたびは、神が表へあらわれて、何もかも詳しく説いて聞かせよう

【語釈】

このたび　この度

天保九年十月二十六日、立教の時。

「人間創造の時より約束された本教立教の日『天保九年十月二十六日』を指すのであります」（深谷＝※8）

「広く解釈すれば、五十年にわたる教祖のひながたのご生涯はすべて『このたび』であるとも悟らして頂けるのみならず、この道の拡《ひろ》がっていく所、そ

（※8）深谷《ふかや》忠政《ただまさ》著『みかぐらうた講義』。

の伝道線が初めて伸び、初めて到達した時、それはその所、その人にとって『このたび』でありましょう。従って『このたび』とは、立教の天保九年十月二十六日ですが、その理は、生き生きとして今日においても、また今日以後においても、生きているところの『このたび』なのですね」（上田）

かみがおもてへ あらハれて　神が表へあらわれて

神が（教祖をやしろとして）この世の表にあらわれて。

「おもて」の時の手振りで円を描くのは、人間世界をあらわすものか。

「両平手で額前より胸前に『上下に円を描く』手振りをしますが、暁闇《ぎょうあん》を衝《つ》いて、お日様が幽《ゆう》から顕《けん》に光り輝いて出現する象《かたち》を鮮明に表現するかに伺われます」（山本）

「**おもてへ** でタテ円を描くが、天より天降《あまくだ》りである。扇の手だが、三下り目一ッの**ひのもと**に通じる手のように思われる。即ちひのもとであるこの世の表へ月日の神が」（諸井）

このたびハ神がをもていでゝるから
よろづの事をみなをしへるで　（三　136）

このたびハ神がをもていあらハれて
ぢうよぢざいにはなしするから　（十三　92）

このたびハ神がをもていでゝるから
どんな事でもみなをしゑるで　（十六　39）

なにかいさいをとき、かす　何か委細を説き聞かす

なにもかも、すべてこと細かに説いて聞かせよう。

イサミの手振りは親神の積極的なご姿勢を示されたものであろう。

「イサミの手をするのは、陽気づくめの思召《おぼしめし》であって、その神意をいさい、ということである」（諸井）

「何か『いさい』は委細（詳細）という説と、一切（いっさいの約音であると見る）の両説がありますが、要するに親神様の創造され守護されているありとあらゆる事物事象の『なぜそうあるかということ』即ち存在理由を十分人間に得心のいくように説いて聞かせるということであります」（深谷）

このところやまとのぢばのかみがたと　いうていれどももとしらぬ

【通釈】
この所を大和のぢば、かみがたと言っているけれども、その元は知るまい

【語釈】

このところ　この所

「教祖在世ノ時ニ住居セラレシ所ヲ言フ」（中山）

「本教発祥の地である大和国山辺郡庄屋敷《しょやしき》村なる『おぢば』です」（上田）

手振りについては、

「五下り目の**このところ**は、あれこれある中のこのところで、選択的此処《このところ》であるのに対し、せかいの内にある此《こ》の処で、限定的、中心的此処である。それが、手ぶりに表わされている」（諸井）

やまと　大和

「其ノ意義ヲ狭ク取レバ大和ナレドモ其ノ意義ヲ広ク取レバ日本ノコトニモナルナリ」（中山）

「大和、現在の奈良県」（上田）

ぢば

一般に地場、場所という意味（※9）。

「元来、ぢばなる語は、通常、地場の文字を当てている。これは場所、地所、地点等と同じ意味で、決して当初から天理教独自の教語ではなく、寧《むし》ろ一般

（※9）場には、「神を祭るところ」（『大漢和辞典』大修館書店）との意味もある。

語である。おふでさきでも、〝元なるぢば〟〝かんろふだいのぢば〟、〝そのぢば〟等と一般語である〝ぢば〟に、特別の意義を説明する言葉が冠されてあり、みかぐらうたでも、同様、〝やまとのぢば〟、〝かみのやかたのぢば〟等と説明が加えられてある。つまり、おふでさき、みかぐらうたでは、教祖は〝ぢば〟の言葉単独には、特殊な意味を含めて用いられたのではなく、寧ろ一般語として用いられているのである」（中山正善著『続ひとことはなし　その二』）
「この字は国語としては、場所、土地という意味の言葉です。従って、一般の通用語としては、あるいは木綿の産地を木綿の地場と言う。それと同様に一応、たすけ一条の道を説く所、この教えを立てる場所という意味にも考えられます」（上田）

かみがた

一般に「かみがた（上方）」（※10）とは、京都及びその周辺を指す。「こふき話」によると、

「これよりも九をく《億》九まん《万》と九千人　九百九十九人こかず《子数》を
このじばで三日三よ《夜》さにやど《宿》しこみ《込》　三年三月とゞ《留》まりありて
これよりな大和のくに《国》のならはせ《奈良・初瀬》の　七り《里》のあいだ《間》七日かゝりて
うみ《産》をろし《下》のこる《残》やまと《大和》ハ四日にて　うみ《産》をろし《下》ありこれでかみがた《神館》」

（※10）上方《かみがた》＝明治維新以前、京都に皇居があったため、京都及びその付近、また、広く畿内地方を呼びならわすようになった称（『広辞苑』）。

（中山正善著『こふきの研究』64ページ）

と、奈良初瀬《はせ》七里の間（七日）、残る大和（四日）の十一日間で生み下ろした場所に関して述べられている。

『おふでさき註釈』（第一号・四）では、「かみがたは、神館《かみやかた》の詰まったもの」と解釈している。

ひのもとしよやしきの
かみのやかたのぢばさだめ　（十一下り目　1）

「神館ニシテ神ノ宮殿ナリ」（中山）

「上方、神方、神館等と解せられるから、神の館又《また》は神のお住居《すまい》なさつてゐる御宅といふ意味で御座ゐます」（武谷）

「神館のつづまった言葉であると承っております」（上田）

「お手ふりでは、**かみがたと**のところは合掌するのであって、合掌する上からは、『上がた』ではなくて『神がた』でなくてはならない。そこで、ここは、両方の意をかけられたものであると解して、通釈するのが妥当であると思われる。**ぢば『の』かみがたと**を、ぢば『なる』かみがたと、と、ぢば『だ』かみがた『だ』、と、ぢば『を』かみがたと、との三様に解せるが、決めがたいので、そのままにしておく」（諸井）

いうていれどももとしらぬ　言うていれども元知らぬ

人々がそう言っているけれども、その元の意味は知るまい。元とは、元のいんねん。

「世人以上ノ称呼ヲ知レドモ更《さら》ニ其《そ》ノ由来ヲ知ラズトノ義ナリ」（中山）

このもとをくはしくきいたことならバ　いかなものでもこいしなる

【通釈】

この元を詳しく聞いたことならば、どんな者でも皆恋しくなるであろう

【語釈】

このもとを　この元を

前首の「もと」と同じ。

「この元初まり以来の由緒因縁を仰せ下されているのであります」（上田）

「地場ノ由来ニシテ即チ天啓ノ教《おしえ》ナリ」（中山）

「前章の『もとしらぬ』の『もと』であつて、即ち地場の因縁、地場の由来といふことであります」（武谷）

くはしくきいたとならバ　詳しく聞いたことならば

詳細に聞いたならば。納得のいくまで聞くということ。

「くはしく　詳細に、十分得心の行くまでといふ意味であります」（武谷）

「地場ノ由来ヲ詳《つまびらか》ニ聞キタラバト云フ意ナリ」（中山）

いかなものでも　いかな者でも

だれでも皆。

「六下り目一ッのうたがいぶかいの手と同じであることよりしても、そうした者でもの意味であって、単なるいかな者でもの意味ではない」（諸井）

こいしなる　恋しなる

慕わしくなる。

きゝたくバたづねくるならいうてきかす　よろづいさいのもとなるを

【通釈】

聞きたければ、たずねてくるがよい。そうしたならば言って聞かそう、すべ

てのことがらの根源を

【語釈】

き丶たくバ　聞きたくば
聞きたければ。

たづねくるなら　尋ね来るなら
尋（訪）ねて来るなら。個人の積極的な行動を望まれている（左コラム参照）。

自分一人で

教祖のお話を聞かせてもらうのに、「一つ、お話を聞かしてもらいに行こうやないか。」などと、居合《いあわ》せた人々が、二、三人連れを誘うて行くと、教祖は、決して快くお話し下さらないのが、常であった。

「真実に聞かしてもらう気なら、人を相手にせずに、自分一人で、本心から聞かしてもらいにおいで。」

と、仰せられ、一人で伺うと、諄々《じゅんじゅん》とお話をお聞かせ下され、尚《なお》その上に、

「何《な》んでも、分からんところがあれば、お尋ね。」

と、仰せ下され、いともねんごろにお仕込み下された。

（『稿本天理教教祖伝逸話篇』一一六「自分一人で」）

「親の声を聞きたくなり、また故郷が懐かしくなって、この元々の由来、万事の由緒を聞きたくなって、元の『ぢば』へ帰ってくるならば」（上田）
「元のぢばに教祖をたずねて帰って来るならばという意味であります」（深谷）
「手ぶりからして、訪ねではなくて尋ねである」（諸井）

いうてきかす　言うて聞かす

言って聞かせよう。自ら求めるという信仰の主体的姿勢が大事であると言われている。真に心から求める、心から聞く姿勢がなければ説いて聞かせてもらえない（左ページのコラム参照）。

「天啓ノ教《おしえ》ヲ聞カント欲スルモノニハ何人《なんぴと》ニモ之《これ》ヲ説キ聞カスベシトナリ」（中山）

よろづいさいのもとなるを　万《よろず》委細の元なるを

すべてのことがらの根源。つまり、親神が人間世界の創造神、守護神、救済神としてお働きになることの根拠。

「天啓救済ノ本原ハ宇宙万有ノ最高真理ヲ包括スト云フ義ナリ……御神楽歌ニ寓セラレタル所ハ左ノ五個条ノ真理ニ帰スルガ如シ一ニ曰《い》ハク天理大神《てんりのおおかみ》（※11）ハ我等人間ノ救済者ニマシマスコト二ニ曰ハク我等人間ハ救済ノ恩寵《おんちょう》ヲ被《こうむ》

（※11）『御神楽歌述義　全』は、明治39年に編纂《へんさん》されたもの。天理大神とは天理王命のことであって、一派独立達成に向かう経緯の中で神名変更を行ったため、このような表記になっている。

ラザレハ真正ノ発達ヲ完成シテ無上目的ニ到達スルヲ得ザルコト三ニ曰ハク此《こ》ノ世界ハ直ニ是《これ》真実楽土ナルコト四ニ曰ハク疾病ハ我等人間ノ罪悪及ビ禍

真実の者

身上や事情が起こった、困ったことが起こったならば、すぐにおやしきに飛んで行くのが例であった。それなら、いつ行っても、こちらの思い通りに教祖がお出ましくださるかといえば、必ずしもそうではなかったのである。今日もお出ましくださらない、今日もお話してくださらないといって、伊三郎父が一番長く待った時は、二十三日間おやしきに滞在して待ったともいっていました。こうも長くお出ましにならなければ、誰《だれ》しもわが家に帰って行くものであるが、その中を帰りもせずに待っている心、これどうでも教祖からお聞かせいただきたいという真実のものや。教祖からお聞かせくだされるお話は、生命の取ったか見たかの真剣の話や、真実話や。真実話なら真実の者にしか理が通じんのである、と聞かせてもらった。

母から聞いたことであるが、田植《たうえ》で百姓の忙しい時に、よく教祖は父にお仕込みくだされたということである。

「なんで、そんな百姓の忙しい時に、よりにもよってお聞かせくだされたのや」

と尋ね返すと、

「百姓の忙しい時分には（この当時百姓の詣《まい》り人が多かった）百姓が忙しいのでおやしきに来る者がない、その中から運んで来るものこそ本心の真実からや。またそんな百姓の忙しい時に限って、お父さんはよく身上にお手入れをいただいて、おやしきに帰って来ずにおられぬようになって、お仕込みいただかれたものや」

というように聞かせてもらったことがある。

道の話は、どこまでも真剣である、形ではない。本心からでなければならん。でなければ、たすけてはいただけないのであります。

（桝井孝四郎著『みかぐらうた語り艸』）

害ヲ表示スルモノナルコト五ニ曰ハク信仰ニヨリテ救済ノ恩寵ヲ被ルベキコト是ナリ」（中山）

かみがでゝなにかいさいをとくならバ　せかい一れつついさむなり

【通釈】
神が表へ出て何もかも詳しく説くならば、世界中の人間は皆心が勇み立ってくる

【語釈】
かみがでゝ、なにかいさいをとくならバ　神が出て何か委細を説くならば
前首においては、「たづねくるならいうてきかす」といわれる。しかし、この場合は、「尋ねて来た者に対して、神が説いたならば」という意味であろう。それは、信仰的に求める心があってこそ、身につくという意味を含んでいる。

むりにこいとハいはんでな
いづれだん〳〵つきくるで（十二下り目　6）

というお歌があるとおり、長い年限の間に、いずれ子供たちは皆こぞって、

この親元に帰ってくるという前提に立っている。教えは、次々と伝播して世界一列は勇んでくるという意味である。

せかい一れつ いさむなり　世界一列勇むなり

世界中の人間はその教えを聞いてみな勇んでくる（※12）。

「世界ノ人一同天啓ノ声ヲ聞キテ振興スル義ナリ」（中山）

勇むという心の働きについて、

「1、まず勇むことは本教信仰の第一歩である。
2、親神様の真意を聞かせて頂いたならば勇む。
3、胸の掃除をして心澄み切った結果として勇む。
4、勇んで陽気づとめを実行することによって、なお一層勇む。
5、陽気づとめによってよろづたすけが成就《じょうじゅ》され、陽気づくめの世界が実現して、さらに勇む。

というように、本教の信仰はまず勇むことに始まって、しまいまで勇むことであります」（上田）

にち〳〵になんでもせかい一れつを
いさめるもよふばかりするぞや　（十　81）

（※12）「勇む」＝勢いこむ。気力が奮い起る。心が進む。（『広辞苑』）

一れつにはやくたすけをいそぐから　せかいのこゝろもいさめかけ

【通釈】
神は一れつ人間のたすけを急いでいるから、世界中の人々の心も勇めかけよう

【語釈】
一れつにはやくたすけをいそぐから　一列に早くたすけを急ぐから
神は世界中のたすけを急いでいるのだから。「たすけ」とは、究極的には、かんろだい世界、理想世界の実現。

せかいのこゝろもいさめかけ　世界の心も勇めかけ
皆の心も勇めるようにしかけよう。究極の救済にあずかるためには「いさむ」ことが大切とされる。「つとめ」の勤修《ごんしゅう》。
このお歌には、二通りの解釈がみられる。①「神が勇めかける」、②「人間が勇めかかれ」「勇むようにしかけよ」、との意味。
「我等人間振興シテ天啓ノ声ニ応ゼントスルヲ言フナリ」（中山）

「せかいのこゝろ　世界一列の心といふ意。いさめかけ　勇め、かゝれの意味であります」（武谷）
「世界の人々の心も皆一斉に勇めてかかるという意味であります」（深谷）
「第八歌は、立教の宣言、神意の偉大を述べたもうて、たすけ一条の大理想を表すために、いよいよ今より世界を勇めかけると、たすけ一条の活動の開始、具体的にはかぐらづとめの開始を仰せ出されているのであります」（上田）

——なむてんりわうのみこと——

【通釈】
ありがとうございます。なむ天理王命様。

——よしよし——

【備考】

◆「つとめ」の地歌である「よろづよ八首」には、〝つとめ〟と〝よふぼくの使命〟が歌い込まれている。

たすけの根本として教えられたのが、「つとめ」であり、その「つとめ」の理合いを分かりやすく、「元初まりの話」によって説き明かされた。「たすけをいそぐから」と、「つとめ」を勤めることによって、世界の人々の心も勇めかけようとおおせられる。

みなそろてはやくつとめをするならバ
そばがいさめバ神もいさむる　（一　11）

人が勇めば神も勇むのであって、神が勇みかけるから、そこで人がより勇んでくる。それに応じて、神も一層勇む。それによって全体が勇み立つ、ということである。

「よろづよ八首」は、つとめによる陽気ぐらし世界の到来が集約的に歌われており、それが十二下りの〝だし〟と言われたゆえんではなかろうか。

◆十二下りのお歌は、慶応三年（一八六七年）に教えられた。明治二年（一八六九年）には、「おふでさき」の執筆が始まっている。翌三年には、

第二節を教示されるとともに、「よろづよ八首」を十二下りの前に加えられた。

◆「よろづよ八首」は、十二下りの歌の基調に合わせるために、意味内容はそのままに、歌詞の一部を改め、五七五七七の「おふでさき」を、五七五七五へと変更されたものと思われる。そこに、唱えやすさと踊りやすさへの周到な配慮が感じられる。

◆教祖は、「この歌は、理の歌やから、理に合わして踊るのや」とおおせられたという。しかし、手振りそのものは同じ手振りの型でも、違う意味に用いられている個所もあり、手振りから直接に一定の意味を引き出

おふでさき

よろつよのせかい一れつみはらせど　むねのハかりたものハないから　（一 1）
そのはづやといてきかした事ハない　なにもしらんがむりでないそや　（一 2）
このたびハ神がをもていあらハれて　なにかいさいをといてきかする　（一 3）
このところやまとのしバのかみがたと　ゆうていれども元ハしろまい　（一 4）
このもとをくハしくきいた事ならバ　いかなものでもみなこいしなる　（一 5）
きゝたくバたつねくるならゆてきかそ　よろづいさいのもとのいんねん　（一 6）
かみがでてなにかいさいをとくならバ　せかい一れつ心いさむる　（一 7）
いちれつにはやくたすけをいそぐから　せかいの心いさめかゝりて　（一 8）

すのはむずかしい。いずれの解釈本も手振りについては、個々の悟りによるところが多くみられる。

「（よろづよ八首最初の）三章は、神の出現と本教の出現とを宣し給《たま》へるものであつて、更《さら》に次の三章は、地場の出現を示し給へるものであり、終《おわ》りの二章は、神と地場との出現が、人間と世界とに及ぼす結果を説き給へるもので、甘露台の竣成《しゅんせい》を予言し給へるものであります」（武谷）

「この第四節は、第二節について言われたように、第五節（一下り目〜十二下り目）の『だし』と言われている（『正文遺韻抄』七十四ページ参照）。すなわち、『かんろだい』（第三節）を唱えるときには、まず『ちよとはなし』（第二節）を唱え、そして『十二下り』（第五節）を唱えるときには、そのはじめに『よろづよ』（第四節）を唱えよ、ということである。それは、第二節が人間世界の成り立ちの根源が、第四節が立教の根本義がうたわれているからであると拝察できる」（山本）

「よろづよ八首は、一列の子供可愛い親心から世界一列のたすけと平和世界の実現を急き込みたまう親神様の大理想を、最も生き生きと如実に表《せ》された部分なればこそ、第二次世界大戦中、当時の頑迷なる軍閥官僚によって禁止せられ、世界に一陽来復の平和来ると共に復元せられたのであるこ

とを思う時、吾人は今さらながら神意の深遠偉大なるに目を見張らずにはおられません」（上田）

◆序歌、八社様《はっしゃさま》ということについて

「八柱の神様が、世界の人間に万委細《よろずいさい》を説聞《ときき》かして、何適《かな》わんと云ふ事ない様に、御守護下さる事を、一柱の神に、一下《さが》り宛《ずつ》納め下さる事を八社様と云《いう》なり」（安江明《やすえあきら》編『御神楽歌解釈』）

「よろづよ八首　は八社さまとも云《い》ひ国常立命《くにとこたちのみこと》より大戸辺命迄《おおとのべのみことまで》の八社八方の神様が順次に一首づゝ詠《よ》まれたお歌であるとも聞かして頂くのであります」（堀越儀郎《ほりこしぎろう》著『おかぐらの理』）

「〝十二下リ〟のおうたに対して、第四節の八首を、〝序歌〟〝八社様〟等の通称があるが、〝十二下リ〟お歌の序歌として特に製作されたか否《いな》かに、尚《なお》研究の余地があり、いわんや〝八社様〟に到《いた》っては、牽強附会《けんきょうふかい》の俗説として、意義を見出《みいだ》し得ない」（『続ひとことはなし　その二』）

第五節　一下り目

一ッ　正月こゑのさづけは　やれめづらしい

【通釈】

すべてが改まる年の初めの正月。肥《こえ》のさづけは、何とめずらしいことか

【語釈】

正月

すべてが改まる年の初め。心改まる年の初めの正月。

正月は、肥のさづけにかかるとも、一下り目全体にかかるとも考えられる。「おふでさき」も十二下りの「てをどり」のお歌も正月から教え始められている。

「正月」の手振りは、扇の形をあらわし、末広がりを意味しているし、新たな展開への期待を与えるお働きを感じる。

「正月　と申しますと、人間の生活でこれほどめでたい時はありません。……めでたい、と言えば正月、陽気な、と言えば正月」（上田）
「歳ノ始《はじめ》ニシテ此《ここ》ニハ教祖立教ノ初《はじめ》ニ喩《たと》ヘラレタルナリ」（中山）

こゑのさづけはやれめづらしい　肥のさづけ（授け）（※1）はやれ珍しい

肥のさづけを頂く、ああ、ありがたいことである。親神様のご守護は、何とめずらしく結構なことよ。

年の初めには、その年の作柄が気にかかる。したがって、豊年満作を約束くださる「肥のさづけ」は、本当にめずらしいことである。立毛《りゅうけ》の豊饒《ほうじょう》は救済の根本であり、社会の治まりの基本であったから、肥のさづけは社会生活の安定と繁栄の象徴といえよう。

「肥のさづけ」が、めずらしいのか、「肥のさづけ」を頂くことが、めずらしいのか。

一般に年中行事としての豊年祈願は、稲作が自然から受ける影響が大きいために、神仏に対してお願いをする。しかし、肥については人間の努力によるものとして、特に祈願の行事はない。それゆえに、正月に肥のさづけのつとめを勤めるということが、めずらしいという意味であろうか。

史実としては、正月に肥のさづけを頂いた人は、はっきりとしない（※2）。

（※1）「肥のさづけ」は、糠《ぬか》3合、灰3合、土3合を神前に供え、肥のさづけを頂いた人がこのさづけを取り次いで田畑に置くと、肥1駄《だ》に相当する効果があるというもの。「肥のつとめ」は、糠3斗、灰3斗、土3斗を合わせてこれを100駄の肥として、かんろだいに供えて祈願をするもの。特定の個人に対して授けられた「肥のさづけ」と、「肥のつとめ」による肥そのものの「肥のさづけ」（授け物）とがある。

（※2）実際に肥のさづけを頂いた人は、山中忠七と仲田儀三郎が元治元年春以降、村田幸右衛門と辻忠作が元治元年12月26日。『稿本天理教教祖伝』47～48ページ参照。

こへやとてなにがきくとハをもうなよ
心のまことしんぢつがきく　（四 51）
大一わりゆうけつくるをたすけたさ
こゑ一ぢよふをしへたいから　（十三 60）
このさきハりゆけのこへをちがハんよ
どふぞしいかりしよちしてくれ　（十三 72）

「長の道中、路金《ろぎん》なくては通られようまい。路金として肥授けよう」（『稿本天理教教祖伝』48ページ）

「我等人間救済ノ要求ニ応ズル天啓ノ声（※3）ナリ」（中山）

「神様が人間に或《あ》る神秘力をお授け下さる、これを『お授《さづけ》』と申します。……『こゑのさづけ』は肥料の授けでありまして、……いろんな授けがありますが、茲《ここ》に申しました『こゑのさづけ』は、凡《すべ》ての授けを代表したものだらうと思はれます」（武谷）

やれ　何と

「踊りの掛け声ですね。……歓喜、雀躍《じゃくやく》の叫び声をお歌い下さっていると拝します」（上田）

めづらしい　珍しい

「やれとは、感嘆の言葉でありまして」（深谷）

（※3）声…明治39年の『御神楽歌述義　全』編纂《へんさん》当時は、「さづけ」のことを公に出すことがはばかられたので、このような解釈になっているのであろう。

神様御話　十八年旧三月四日十二時頃ヨリ

……早々と、なにのたすけも皆つとめ。

一番さいしよふに、こい《肥》のさづけ。此《この》こい《肥》ハ、はい《灰》三合に土三合にぬか《糠》三合。此三、三、九合一駄トシテ、是《これ》に本づとめをかけて此こ《肥》へに水お《を》入《いれ》て、ハら《薬》のすべにて田地へうち、夫《そ》レヨリ　はいでのつとめ。虫払《むしはらい》のつとめ雨がふらねハ雨こひ《乞》つとめ。雨がふりすげ《ぎれ》バ、雨あづけのつとめ。又夫レヨリみのりのつとめ。

此つとめにかけてつくりたら、一反ニ付《つき》、米六石迄《まで》つくりとらせ被下《くださる》。是を内からためしにかゝりたら、六石迄の豊作ヲとらせくださるゝ。

そふしたならバ村方ハ、さいしよふに、でてくる。再度くる者ハ申スニあらす。此たすけにかゝりたら、世界中、程なくひろまるで。

又、世界中の百姓をさいしよふにたすけたら、世界ゆたかになる。人間も皆一れつ、よふきになる程に。

是レヨリ七十年つれて通りたら、にんしゆふの心すむ、すまざらんの心わかる。夫《それ》迄にすんだ心さきにして、国のほんぞを初メかけ。

それを見て世界中人間け*なるなる故、一れつ人間心すみわたる。

夫レ故、日々に神のせき込《こみ》とゆふハ、ほかの事でハない程に。いちに百姓のたすけ。又国のほんぞふをこしらいて、いくつ何百歳迄いたるも、やます、よわらず、いつも十七八歳心にて、よふきゆさん遊びさしたいとの神のせき込。……

（『山田伊八郎文書』から抜粋）

*けなるなる＝うらやましくなる。

「不思議なたすけ、珍しい守護」（上田）

「此《こ》の効験の非常なのには驚かないものはあるまいとの意を仰せられたものであります」（武谷）

「此ノ天啓ノ声ハ未曾有《みぞう》ナリト云《い》フ義ナリ」（中山）

二三　につこりさづけもろたら　やれたのもしや

【通釈】

心うれしくにっこり……、このさづけを頂いたら、何と頼もしいことか

【語釈】

につこり　にっこり

思いがけない頂き物に対する喜びの表現。「につこり」の後に続く「たのもしや」は、先の楽しみ、安心という意味を含んでいる。「母親なるいざなみのみことは、『これまでに成人すれば、いずれ五尺の人間になるであろう』と仰せられ、につこり笑《わろ》うて身を隠された」（『天理教教典』「第三章　元の理」）とあるような「につこり」と重ね合わせてみたい。

「心中ノ歓欣《かんきん》自《おのずか》ラ貌《かお》ニ溢《あふ》ル、ナリ」（中山）
「さづけをお渡し下さる方の教祖について、たとえば、教祖がお菓子などを下された時のことを、教祖がにんまりなすって、と子供の時の思い出を語られているのをはじめ、教祖がにんまりなすって、とよく伝えられるにんまりは、まさしく、ニニ**につこり**であり、この教祖の親の御心に触れる際の表情がニニ**につこり**である」（諸井）

肥のさづけのエピソード

「辻先生は、この理（肥のさづけ）を頂いておきながら、他の田に比べて、色目も伸びも悪いところから、或《あ》る夜ひそかに、改めて金肥《きんぴ》を施し、何食わぬ顔をしておやしきへ帰つて来られると、突然教祖様は
『辻さん！　あんたは藁《わら》がほしいて田を作ってんのか』
とおつしやつたということであります」（田代澤治著『講話みかぐらうた』）

「肥のさづけを戴《いただ》かれて、辻先生が最初、こんなものが一駄の効き目があるのやろうか、と思って、わが田に置かれた。その収穫の結果は、虫がついたりして、さっぱり穫《と》れなかった。これは神様の仰せを疑った、申し訳のないことであった、とさんげされ、次の年には心通りこの肥のさづけのご守護をいただかれた、という話を聞かせていただいたことがあります」

（桝井孝四郎著『みかぐらうた語り艸』）

さづけもろたら　授け貰《もろ》たら

さづけを頂いたら。肥のさづけと肥のつとめによるさづけ（授け物）。

「さづけを貰《もら》ったら、**じぶんものをつくりとり**（十一下り目十）ということになるからやれたのもしや、という人間の側の言葉と、ニッコリさづけを貰ってくれたらやれたのもしやと仰せられる、親神様の方の御心と両様の解釈が成り立つ」（諸井）

「天啓ノ声ヲ聞キテ信受シタラバト云フ義ナリ」（中山）

やれたのもしや　やれ頼もしや

何と心強いことか。安心なことか。

「**やれ**　感謝感激の『やれ』ですね。……**たのもしや**　喜ばしい、将来が楽しみである、安心である」（上田）

「救済ノ恩寵《おんちょう》ヲ被《こうむ》ランコト必定ニシテ其《そ》ノ人前途《ぜんと》頼ミアルヲ言フナリ」（中山）

三　さんざいこゝろをさだめ

【通釈】

「三二」から「五ッ」までは、A、Bの二様の解釈ができよう。
A…欲のない三つ子の心を定めよ
B…さんざいてをどりの心を定めて、たすけ一条につとめるならば（道の路金として肥のさづけを頂いて）

【語釈】

さんざいこゝろをさだめ　A…三歳心を定め　B…さんざい心を定め

A　欲のない親にすっかりもたれきった心を定め。

B　「さんざいてをどりのさづけ」を頂いた心を定め。
「さんざいてをどりのさづけ」とは、辻忠作が、明治七年十二月に教祖から頂いたさづけ（※4）のことで、あしきはらいのさづけ。

たすけ人衆としての心が要点になる。たすけ人衆の心を定めるから、「肥のさづけ」を頂ける。純真無垢《むく》、たすけ一条の心に授けられた。

「三歳小児ノ心ヲ守リテ失ハザルベシトノ義ナリ」（中山）
「どうしても三つ子の心にならねばなりません。……一切の人間心から離脱して、罪を知らぬ、汚れを知らぬ、純粋無垢の神の子に生《うま》れ変《かわ》らなければなりません」（武谷）
「三才の童心の喜び勇んだ心を、信仰する者の常に定めて揺るがぬ心とせよ、

（※4）元治元年12月に肥のさづけを頂いた辻忠作が、「三に、さんざいてをどり辻」と教祖から授けられた。『稿本天理教教祖伝』124ページ参照。

忠作は、後年になって肥一条のことについて、おさしづを伺っている。

「年々に通り来た心だけ、心だけのさづけである。……成《なる》程《ほど》効く。どんな肥えを置けど、心だけの理＊はっちゃ効かんで」（明治23・7・17）
＊はっちゃ＝〜しか（でない）

「さんざいこゝろ」について

「さんざいこゝろ」の濁点と、それに伴う解釈の問題でありますが、初期にはいかに解したものであろうか、ということに関連して、濁点の有無を調べますと、清音で「さんさい」となっているものは、№5・№6・№8・№10（※5）であって、一下り目のこのおうたを記した記録は、公刊本に至るまで全部濁音で記されているのであります。濁音を清音で書くことはあっても、清音は濁音では書かれないと考えるとき、前記四写本の清音は、濁点の略したものであるとすれば別問題となりますが、清音で歌ったものであるとすれば、通常現在解釈されている「三才心」に通じるのであります。一方、漢字で「三才心」と書いたとき、通常は濁点がない発音になるのではないかと、辞書に当《あた》ると思われるのであります。「さんざい心」の濁点が上記以外の全みかぐらうた本にあることにつき、心にかかる点なきにしもあらずとなります。

おさしづに、「生《うま》れ三才」（明治40・1・20）とか、「小人三才の心というものは」（明治22・11・7）などを拝しますが、あるいは、この濁点から「散財」という意味にも通じて——それがまた、ひながたの初めの頃《ころ》の道すがらにも拝され、欲を忘れ執着を去るところにも意が通じて——少し解釈上気になります。みかぐらうたの解釈も、時の経過と共に「理」に徹していった点もあると推測できるのですが、一つの参考として頂けたら結構です。

（永尾廣海「みかぐらうた本研究の諸問題について〈上〉」）

とお歌い下されています」（上田）

「二首目を受けての三首目『さんざい心』とは、『さんざいてをどりの心』『さんざいあしきはらひの心』というふうに解釈しては少しうがち過ぎでしょうか。もし、それが許されるとすれば、『さんざいこゝろをさだめ』とは、『あしきほこりをすっきり払った澄みきった心を定めよ』の意と悟れます」（山本）

（※5）永尾廣海が著した、みかぐらうた本の分類番号。34ページの「主なるみかぐらうた本一覧表」参照。

「さんざいてをどりの『さんざい』は、どういう意味かということだが、これは材料不足で確定できぬが、あえて推察すると、辻忠作先生のいただかれたさづけは、『あしきはらいたすけたまへてんりわうのみこと』三三九へんのてをどりさづけ、即ち、あしきはらいのさづけであった。とすると、さんざいてをどりは、あしきはらいてをどりと同様の意味になるのではないか。……そのてをどりをする、あしきを払《はろ》うての心を定め、乃至《ないし》は、あしきはらいのつとめをする心を定め、ということが、さんざいこゝろをさだめであるように思わして頂く」（諸井）

「三才心、散財心の両説があるが、手振りより思案すれば、おさづけをいただいて、手の舞い足のふむところを知らずというような、喜び勇んだ陽気な心をいわれたものと思われます。大和地方では散財ということが、必ずしも放蕩《ほうとう》を意味しないようで、心にくったくなく愉快にあそぶという意味が多いようであります」（深谷）

四ッ　よのなか

【通釈】

A…そうしたならば世界に　B…豊年満作の

【語釈】

よのなか　世の中

A　世界に。　B　豊饒《ほうじょう》の。

「よのなかトハ世界ナリ」（中山）

「〃よのなか〃とは大和の方言で、〃よんなか〃とも言い、五穀豊作を言うのであります。農作物の上にお与え下される親神様の豊かなお恵みを讃《たた》える言葉であると思いますが、広く考えますと、人生全般にわたって親神様の無限に大きなお恵みを感謝する表現である、と悟らせて頂きます」（平野＝※6）

（※6）平野知一著『みかぐらうた叙説』。

五ッ　りをふく

【通釈】

A…利（理）をふいて　B…理（利）がふいてきて

【語釈】

りをふく　利（理）を吹く

A　守護、恵みがあらわれて。　B　（豊年満作の）理が吹いて。

「利ヲ吹クニシテ利息倍殖ノ意義ナリ」（中山）

「親神様のご守護の現われること、それが理がふくのである」（桝井＝※7）

「ここに『ふく』と仰せられていますが、私はこの『ふく』と仰せられているお言葉に、思わず心が勇むのを感ずるのであります。なぜなら『ふく』という言葉は、概して勢いのよい状態を指していうので、たとえば『水がふく』『火がふく』『風がふく』『芽がふく』『ご飯がふく』等々、いずれも爆発的勢い、精力的な力を指していうのであります」（小野＝※8）

「〝り〟とは、天の理、即ち親神様の思召《おぼしめし》であると悟らせて頂きます。……教祖の伏せ込んで下された大きな深い真実が、いよいよ時旬《ときしゅん》が熟して、表に現れ、ふしぎなたすけが次々に現れて来たのであります。そして教祖を慕って信仰する人が、だんだんと増えて来たのでありまして、これが、理を吹いて来た姿と言えると思います」（平野）

「初期写本は、№7が『り』を『里』と記した以外は、全部『利』であります。これから推察すれば、初期にあっては、文字通り『世の中に御りやくが芽をふくように現われる』意と受けとられており、それが、大和方言の『よんなか』（豊年）なり『理』（親神様のご摂理）なりの意に解されてきたもの

（※7）桝井孝四郎著『みかぐらうた語り艸』。

（※8）小野清一著『みかぐらうた入門』。

と考えられます」（永尾＝※9）

六ッ　むしやうにでけまわす

【通釈】

いたるところに限りなく豊かな実りがあらわれる

【語釈】

むしやうに　無性に

無際限。無尽蔵。

「非常ニシテ驚クベキ義ナリ」（中山）

「無際限であり、又《また》無所で場所の無い程、生《は》へ茂るといふ意味にもなります」（武谷）

「無性に、滅多《めった》やたらに、一切無制限に、無尽蔵に」（上田）

でけまわす　出来回す

次々に多く実りがあらわれる。

（※9）永尾廣海「みかぐらうた本研究の諸問題について」（『天理教校論叢』第16～18号）。

「まわす　一れつの廻《まわ》ル手をおつけ頂くのであって、一れつにいたるところ、いたる隈《くま》なく作物ができる、稔《みの》ってくるの意味である」（諸井）

「豊熟盛大ノ義ナリ」（中山）

「あちらもこちらも、見渡す限り、神寵《しんちょう》の及ぶ限り、世界一列どこを見ても豊年満作ならざる所はない。至る所、皆豊年満作を寿《ことほ》ぐ声、天地に充《み》つる、の謂《いい》である」（上田）

「親神様の御教《みおしえ》が、世界各地に伝えられ弘《ひろ》められ発展して行く事を、立毛作物の生長に譬《たと》えて歌われていると悟らせて頂きます」（平野）

七ッ　なにかにつくりとるなら

【通釈】

何もかも、たっぷり収穫できたなら

【語釈】

なにかに　何かに

何もかも。豊かに実ったすべての作物。

手振りに関する逸話

明治十一年の夏のこと、当時おやしきでは警察の干渉が厳しく、神楽勤めのお稽古《けいこ》などはとても出来なかつたのであります。そこで前栽《せんざい》の村田の家で、かくれて神楽勤めの稽古をさせて貰《もろ》うて居たことが御座います。その時の先生は中田左衛門(仲田儀三郎)先生で、稽古人は松尾市兵衛様、山本利三郎様、村田長平、幸助、かじ、すまの六人でありました。

其《そ》の手ならい中に、一下り目の七ツの手を中田左衛門先生が振り上げようとなされましたら、俄《にわ》かに左衛門先生がエライ腹痛を起されたのであります。そこで直ぐ稽古をやめられまして、お屋敷へ教祖様に伺いに帰えられましたら、教祖様には

『一下り目七ツ』

と仰せになつて、直ぐ教祖様御自らお手を御振り下さつた、其の御手が今日のお手であります。それまでは一下り目の七ツは、四ツのお手と同じお手であつたのでありますが、此の時にこのお手に御改めになつたのである、と聞かして頂いて居ります。

(『みちのだい叢書　第二集』「村田すま」)

「何もかも、あらゆるものを、ということですね」(上田)

つくりとるなら　作り取るなら

収穫できたならば。

「つくりとる」（※10）という人間の主体的努力が求められている。

「豊熟シタル物ヲ収ムルナラバト言フ義ナリ」（中山）

「耕作して取り入れるという意味であります」（深谷）

「作り取らる丶穀物の種類の種々雑多なるを仰せられたものと思はれます。……人材輩出の比喩《ひゆ》かと思はれます」（武谷）

（※10）つくりどり【作取】全収穫物を地主・耕作者のものとすること。江戸時代、新田開発などの際、開発直後からある一定期間は鍬下《くわした》年季といって免税措置がとられていた。（『日本国語大辞典』小学館）

八ッ　やまとハほうねんや

【通釈】

大和は、豊年

【語釈】

やまとはほうねんや　大和は豊年や

大和は豊年である。

「ほうねんや」で向きを変える所作は、大和のみならず、日本、全世界をも指すともみられる。また、手を丸くする手振りは、米俵《こめだわら》を表現するとの伝承もあり、丸ごと十分という豊かさを象徴しているのであろう。最後に頭を軽く下げるのは、豊年への感謝の心か。

をもしろやをふくの人があつまりて
天のあたゑとゆうてくるそや　（四 12）

このひがらいつころなるとゆうならば
たあのしゆりをしまいしだいに　（十 16）

それからハなにかめづらしみちになる
つとめのにんぢうみなよりてくる　（十 17）

たん／＼とにち／＼心いさむでな
なんとやまとハゑらいほふねん　（十 18）

「序歌第七章ニ説ケルガ如《ごと》ク大和ノ地場ハ救済恩寵《おんちょう》初降ノ地ニシテ真実楽土ノ起点ナリ是《これ》ヲ以《もっ》テ我ガ天理教本部ハ天長地久ニ此《こ》ノ地ヲ離ル、ヲ得ズ然《しか》レバ教祖ノ教《おしえ》他日全世界ニ伝播シタラン暁《あかつき》ニハ万国ノ教徒ハ此ノ土ヲ中心トシテ輻輳《ふくそう》スベシ是《これ》大和ヲ万国教会ノ中心トシテノ説ナリ」（中山）（※11）

「単に大和だけでなく、日本だけでなく、世界的な大豊作、しかも農産に限らず、ありとあらゆる神恩を豊かに溢《あふ》るるごとくお与え下さる意であります」（上田）

「肥のさづけの肥料で、不思議なご守護もいただかねばならぬ。おさづけの理で、身上の倒れるのもたすけ上げてもらわねばならん。おさづけの戴《いただ》ける

（※11）当時の国家神道体制のもとで、しかも、一派独立運動が大詰めを迎えるという極限の状況の中で、〃ぢば〃を強調した内容は、思い切った発言といえよう。

心の入れ替えで、これまた一家の豊年も見せてもらわねばならん。一村、一国の、世界の豊年までやらせてもらわねばならんのである」（桝井）

「ほうねんや　たっぷり丸ごとを有難く戴く手ぶりをするように、まさに収穫感謝の喜びを云われた言葉である」（諸井）

「〝やまと〟とは、親里ぢばの在る土地であり、世界たすけの根源地であります。……親神様のお恵みを讃《たた》えて、大和のぢばに世界各地から大勢の人々が続々と帰って来るのでありまして、その賑《にぎ》やかな姿を、教祖が御覧下されて、〝やれ面白い〟とお勇み下されるのであります。これを農作物の豊作に例えて、〝大和は豊年〟とお歌い下されていると悟らせて頂きます」（平野）

「（初期の写本）№1は、ただ四文字「大和豊年」とのみ記しています。……№1山中本には、現在のおうたに定まっているものとは異なった歌詞がほかにも見受けられますので、あるいは、現行への原型であったのではないかとも思われます」（永尾）

九ッ　こゝまでついてこい

【通釈】

こうした恵みを受けられるまで、ついてこい

【語釈】

こゝまでついてこい　ここまでついて来い

こうした恵みの受けられるまで、心定めて神について来るように。

三段階に上がっていく手振りは、成人の歩みを分かりやすく示すものと思われる。

しやんして心さためてついてこい
すゑハたのもしみちがあるぞや　（五 24）

こんものにむりにこいとハゆうでなし
つきくるならばいつまでもよし　（三 6）

「こゝまでついてこい　三ニさんざいこゝろを『さだめ』の手とあい応じているように思われる」（諸井）

「こゝまでトハ外界一定ノ場所ヲ指スニ非《あら》ズ即チ神意ニ合フ精神ヲ指シテ言ハレタルナリついてこいトハ教祖ノ導キ給フ所ニ来《きた》レヨトノ義ナリ……やまとノ豊年ヲ目撃シテ信仰ノ効ヲ見ル迄《まで》就《つ》キ来レヨトノ意義亦《また》通ズルナリ」（中山）

十ド　とりめがさだまりた

【通釈】
とうとう毎年豊かな収穫が定まった

【語釈】
とりめがさだまりた　取り目が定まりた
（なるほど）とうとう豊かに収穫が安定したと喜べるようになるであろう。
「十ド」「とうど」は、終《つい》に。終《しま》いに。「到頭《とうとう》」（※12）。懸詞《かけことば》になっているのであろうか。

（※12）到頭《とうとう》＝（トウドウとも）ついに。結局。最後に。（『広辞苑』）

「収穫即チ幸福ノ愈《いよいよ》定マリタリトノ義ナリ」（中山）
「収穫の量が一定したという意味であります。即ち凶作不作がなく毎年豊作の御守護をいただけるという意味であります」（深谷）
「〃とりめ〃とは、作物の結実であり、収穫量であります。教祖のひながたの道をひたすら求め、御恩報じの上に、たすけ一条の道の上に誠真実を尽くし運んだ理は、親神様が皆受け取って下され、陽気ぐらしという結実を与えて下されるのであります。これが〃とりめ〃であると思います。……〃定まり

た〟というのは、陽気ぐらしの結実が、年々歳々、間違いなく確実にお与え下されるという事であると悟らせて頂きます」（平野）

【備考】

◆慶応三年正月にご制作。一下り目は、はれやかな正月気分の中で、当時の人々が最も率直に求めた幸せを端的に歌われている。しかし、その前年の慶応二年は凶作であった。それゆえに、豊かな実りを約束されたこの一連のお歌は、人々の胸に強い印象を与えたことであろう。

◆肥のさづけという極めて具体的な救済の話題をきっかけに、世界一れつをたすける筋道を明確に示されている。解説書の多くが、拡大解釈として説明を施しているが、教祖自らが、そうした部分までを説かれている。それは、『山田伊八郎文書』からも明らかである。

◆「こゑ」を〝声〟として解釈したのは、初代真柱。「声は肥なり」の教理展開の典拠となっているのではないだろうか。おさしづには、「言葉は道の肥」（明治34・6・14）とのお言葉がある。

◆おさしづには、「三才」の言葉が、多数見受けられる。

三才児《みつご》、生《うま》れ三才《さい》の心に成って、明日は楽しみ。一つ定め何《なん》にも無い、三才児穏やかに暮らす。何よりそこで結構々々。こうして行かねばならん。まあ〳〵三才児三才心に成りて、三才の心に成って何も要らん、機嫌好《よ》う遊んで結構々々。心心配《こころしんぱい》無いよう改め替え。

（明治20・3月）

◆「さんざい」は「さんさい」であったとすると、なぜ「さんざい」と濁音で伝えられたのであろうか。一つには、千歳（せんざい）、万歳（まんざい）など、撥音《はつおん》に続く音が濁るという用語例がみられるので、「さんさい」も同じく「さんざい」と濁ったとも考えられるが、課題として残る。

◆四ッから五ッへの手振りは、合唱の手なのだろうか。「四ッ五ッが、世の中に理を吹くですぐ続くためで、四ッだけで独立した言葉の句にならないことを、示されているから」（諸井）との指摘もある。

「一下り目の御歌《おうた》は……第一義的には肥のさづけを土台にして、信仰の境地を、順を追うて述べられているのではありますが、第二義的にはおさづけを代表して肥のさづけといわれたのであって、おさづけをいただき、それに心勇み、それを取次がせていただくことによって、どんどん不思議なおたすけがあがり、陽気ぐらしの世界が出来て来ることを意味していられるのであるというように理解して行くことも亦《また》結構と思います」（深谷）

第五節　二下り目

とん／＼とんと正月をどりはじめハ　やれおもしろい

【通釈】

年改まる正月、とんとんとんと踊り初めは、何と明るく晴れやかなことか

【語釈】

とん／＼とんと　トントントンと

鳴物の響きか。それとも、踊りの所作の擬態語か。ただ、お手振りには「トン」と音をたてて踏む足拍子はないので、軽やかな陽気なリズムを表現したものと思われる。

鳴物では、威勢よく響く締め太鼓の音を連想させる。当時、おやしきでは、締め太鼓が用いられていたようである（※1）。たとえば、元治元年（一八六四年）の大和《おおやまと》神社のふしの際に太鼓を携帯している（※2）。また慶応元年（一

（※1）鳴物の太鼓は明治21年に、締め太鼓から台付きの現行のものに改められている（『ひとことはなし　その三』209～210ページ参照）。

（※2）『稿本天理教教祖伝』56～57ページ参照。

八六五年）六月には、おやしきに乗り込んだ二人の僧侶が「理に詰《つま》った揚句《あげく》、畳《たたみ》を切り破り、太鼓を切り裂くなど、暴れ散らして出て行った」り（※3）、翌二年の秋には、小泉村不動院の山伏《やまぶし》たちが、おやしきに論難にやって来て、揚げ句の果てに抜刀し、神前に置いてあった太鼓二個を引き裂いたという史実（※4）があるが、これらはいずれも締め太鼓と思われる。

「おふでさき」では、

とん〳〵ととびてる事をみたとても
心あんちハするやないぞや　（十二　56）

と、神が飛び出るという意味で使われている。

「陽気に、てをどりの手を振り足を踏む時の調子のよい拍子」（山本）

「とん〳〵とんと、という拍子の中に、既に今日の陽気づとめ全体の賑《にぎ》やかさ、陽気さが十分拝察されます」（上田）

「舞蹈《ぶとう》ノ響《ひびき》ナリ」（中山）

「てをどりの足拍子の軽やかな様子をうたわれているようだが、おてふりの手ぶり、足どりは、そういうことではなくて、身にお障りを頂いて手引かれる様であって、左へトン〳〵と、また右へトン〳〵とで、おてびき下さる神のお働きを仰せられている」（諸井）

（※3）『稿本天理教教祖伝』62〜63ページ参照。

（※4）『稿本天理教教祖伝』67〜68ページ参照。

正月

年の初め。一下り目の第一首と同じ。

をどりはじめハ　踊り初めは

正月の踊り初め。年改まって初の。

「十二下り」は、慶応三年の正月から教えられており、まさに踊り初めは、正月であったとも考えられるが、ここでは「正月」に初めての踊りのことであろう。

現在の元旦祭。正月の命日（二十六日）のつとめ。あるいは一年の事始めとしての踊り初めの三通りが考えられる。

「一年中の踊り初め、神々しい中にも嬉《うれ》しさのこもる踊り初《ぞ》めです」（上田）

「踊り始めでありますが、この踊りといわれるのは、普通の踊りではなく、おつとめのをどりを意味されたものと思います」（深谷）

やれおもしろい　やれ面白い（※5）

何と明るく心晴れやかなことよ。

ここでの主体は、神とも考えられるし、人間とも考えられるが、「おふでさき」に、

（※5）面白い＝（一説に、目の前が明るくなる感じを表すのが原義で、もと、美しい景色を形容する語）目の前が広々とひらける感じ。①気持ちが晴れるようだ。愉快である。楽しい。②心をひかれるさまである。興趣がある。また、趣向がこらされている。③一風変わっている。滑稽だ。おかしい。④思うとおりで好ましい。（『広辞苑』）

せかいぢうみな一れつハすみきりて
よふきづくめにくらす事なら

（七 109）

風格のにじむ手振り

よく母が聞かせてくれたが、当時（母の信仰しはじめた明治十六、七年ごろのことらしい）誰《だれ》か危篤の人があると、講中の者が何名かその家へ行って、臥《ね》ている病人の枕辺で手踊りのおつとめをしたものだそうである。たすけづとめとも仰せ下されたし、また「命ノ切換《きりかえ》スルノデアル」とも誌《しる》されているのでも分かるように、このつとめによって無い生命でも切り継いでいただけるのだという信仰が、人々の心に深く刻み込まれていたためだろうと想像される。

今はこういうことは全然行われていないが、当時の人はいろいろな意味において、たすけづとめと仰せ下されたお言葉を、ナマにそのまま受け取って、それを実行に移したものであろう。それゆえ、足なんかも、トンと音のするような踏み方をするのではない。手踊りの運びを狂わさぬような足取りで、しかも音のしないように徐《しず》かな踏み方をせにゃいかんと、やかましく言われたものである。

ところが今では、そんなことはおかまいなしとでもいおうか、とにかくそれぞれに、身のこなしなどにはあまり気を配っていないように見える。もちろんお手には間違いなくとも、それは単にお手に間違いないというだけのことで、身のこなし方や足の踏み方なども大切である。みながみなまで、そうだとは言わないが、大方の人はこういう点にあまり関心を払わないように思える。

そこへゆくと昔の先生方のお手は実にキチンとしていて、そこから言いしれない風格がにじみ出ていた。おつとめについてきびしくお仕込みを受けられていた結果であろう。

（今村英太郎著『おぢば今昔ばなし』「初代真柱様のおつとめのお手」）

月日にもたしか心がいさむなら
にんけんなるもみなをなし事　（七　110）
このよふのせかいの心いさむなら
月日にんけんをなじ事やで　（七　111）

とあり、究極においては、両者の呼応した状況が考えられる。

をもしろやをふくの人があつまりて
天のあたゑとゆうてくるそや　（四　12）

「神人交和シテ共ニ楽《たのし》ムナリ」（中山）

「一下り目一ッ二ッ、二下り目一ッ二ッの**やれ**……の中で唯一、イサミの手ぶりをする。それは、**をどりはじめ八**からそのまま続いて、をどる人間の感慨であると共に、そばが勇めば神も勇むるとの仰せ通り、勇み立たれる親神様の御心を手ぶりにつけられているものである。**おもしろい**　は、をどる者もそうだが、神が勇まれるのであって」（諸井）

「人は気が勇んでくれば踊りたくなります。そして、踊っていれば気が勇んでまいります。……勇むから立って踊るのですが、同時にまた、立って踊っていると、自《おの》ずから勇んでくるのです。これが即ち本歌の『おもしろい』です。……『おもしろい』とは、陽気な勇んだ気分ですね」（上田）

二ツ　ふしぎなふしんかゝれバ　やれにぎはしや

【通釈】

不思議なふしんに掛かれば、何とにぎわしいことよ

【語釈】

ふしぎなふしん　不思議な普請

つとめ場所の不思議なふしん。さらには、その後の神の館《やかた》の不思議なふしん。ひいては、不思議な守護の現れるふしん。世界たすけの不思議ふしん。

「普請とは建築のことでありますが、この際はつとめ場所の普請をさされたものでありましょう。更《さら》に転じて、心の普請、陽気ぐらしの世界の普請、教会建築をさされたものというようにも悟らせていただくことも出来ましょう」（深谷）

「心のふしん、身のふしん、これがおやしきのふしん、教会のふしん、神一条のふしんである。……お道のふしんは、いわゆる世界の形の普請でないごとく、不思議たすけふしんである。……不思議ふしん、陽気ふしんが始まったら皆の心は、いかにも陽気遊びのような気持ちをもってかかってもらわにゃならん。

これが親神様のお受け取りくだされるものであって、ここに不思議なおたすけをいただいてふしんが出来上がるのである」（桝井）

「凡《およ》ソ御神楽歌ニふしん即チ造営トイフ語ヲ用ヰラレタル処《ところ》多シ皆譬喩《ひゆ》ニシテ其《そ》ノ意義二アリ一ニハ心ノ改造ヲ意味シ二ニハ教会ノ結成ヲ意味ス而《しこう》シテ此《こ》ノ二者内外本末ノ別アリ即チ心ノ改造ハ内ニシテ教会ノ結成ハ外ナリ心ノ改造ハ本ニシテ教会ノ結成ハ末ナリ……本章ノふしんハ第一ノ義ニシテ即チ心ノ改造ナリ」（中山）

やれにぎはしや　やれ賑《にぎ》わしや

なんとにぎやかである。形の普請と心のふしんのにぎわいの意味であろう（※6）。

このよふハにぎハしくらしいるけれど
もとをしりたるものハないので　（三　92）

「やれ　踊りの掛け声。歓喜の声ですね。にぎはしや　大勢の人が寄り集まって、親神様のお館《やかた》の普請に取り掛かる。大勢の人が勇んでいるのですから、当然賑やかですね」（上田）

（※6）嘉永《かえい》6年（1853年）、母屋取りこぼちの際に教祖は、「これから、世界のふしんに掛《かか》る。祝《いお》うて下され」と仰せになった。元治元年（1864年）、つとめ場所の普請始まる。きりなしふしんと仰せられる。

（※7）倉田百三（1891～1943）大正・昭和期の劇作家・評論家。代表作に『出家とその弟子』。

文学者と「みかぐらうた」

劇作家で評論家の倉田百三《くらたひゃくぞう》（※7）が『みちのとも』昭和八年十一月五日号、同十二月二十日号に「みかぐら歌を読む」と題して一文を物している。

「自分は最近或《あ》る機縁によつて天理教祖の事に就《つ》いて色々と研究する事になつた。いや研究と言ふやうな態度ではなく、ずつと身に近く触れ親しんで教祖の人格が今では一人の尊き母らしきものとして感じられるやうになつた。初めは或る天理教の教役《ママ》者が訪ねて来て自分はさしたる興味もなしに聞き流してゐたのであるが、次第に引き入れられた。自分は特に今日の教養ある人々のために、この人に就《つい》て語る事が必要であるのを感ずる。我々は一体教養と言ふもの、価値を重んじ過ぎてはゐないだらうか。

……『みかぐらうた』は殆《はとん》ど全部仮名を以《もつ》て数へ歌風に書かれた教祖の教へであり、信仰個条であり、又《また》宗教的経験の告白である。自分は之《こ》れを読んで近頃稀《まれ》な強い感動をうけた。粗朴《そぼく》な、土についた、なんとも言へない切々たる響《ひびき》がこもつてゐる。……粗朴な哀切なひゞきを以て我々の心に訴へつゝ、然《しか》も尊き信仰の本質を印銘するのである。自分は天理教祖中山みき子の伝記を人々が読まれん事を心からすゝめる。

……二下り目の

とん〳〵とんと正月おどりはじめはやれおもしろい

二ッふしぎなふしんかゝればやれにぎはしや

之《こ》れなども宗教的な悦《よろこ》びをよく現はしてゐる。自分が感心するのはあれ程貧苦と困難の間に生きてゐたみき子が唯《ただ》苦しみやかなしみを忍受すると言ふだけでなく之れだけの快活を保持し生々として居るところである。子供に食はせる米なくして水を与え掘立《ほったて》小屋に住み、牢屋から帰れば子供は死んで居るやうな困苦の中で之れだけの快活を保ち得た事は尊い事である。神秘な宗教的法悦なくして夫《そ》れは決して出来る事でない。全体を通じて『みかぐらうた』には勝利の響がある」

三ッ　みにつく

【通釈】

（そして）幸せが身につき

【語釈】

みにつく　身に付く

喜びの種が身について、幸せになるということ。つまり、無病息災、家内安全、一家の治まり。

　しやハせをよきよふにとてじうぶんに
みについてくるこれをたのしめ　（二　42）

「身心霊化セラル、義ナリ」（中山）

「効能の理が身につくという意味であります」（深谷）

「**みにつく**　の手ぶりは、**よく**の手ぶり、眼前の特定のものを腹にかきよせ、身に付けるのと対照的に、前にあることごとくが、自《おの》ずと、心に付いてくる様子の手ぶりであって、**つくりとり**の手ぶりに通じ、しかも、つくりとるのではなくて、自ずと身についてくることを表わす手ぶりである。……身に付くのは、善きことばかりではなくて、むしろ悪《あ》しきが身につく、即ち、身に障り付くことにもなるのであって、寿命薬をいただく前段階の、この善悪共に身に付く、かやしのことをも仰せられているとも思われる」（諸井）

四ッ　よなほり

【通釈】

この世は立て替わる

【語釈】

よなほり　世直り

陽気ぐらしの世に直る。おのずと、立て替わる。

「世が直ると云《い》ふ意味で、すべて立てが変《かわ》る、即ち改まると云《い》ふ意味を示されたのであります」（武谷）

「世直り、世が直る、この世が陽気づくめの世に直る」（諸井）

「世直しではなく、世直りと仰せられたところに、千万無量の親心を感ぜずにはいられません。いかなる知者、学者、政治家も世直しを計るが、その理想が成功した験《ため》しのないのが現実の歴史でしょう。理想の社会は人間の知恵や力だけではとうてい実現は不可能なのでしょう。はなはだ遠回りで、トロクサク見えても、一人ひとりの自覚によって人間の心の入れ替えが進み、個人も家庭も社会も、自然に無理なく、真実の陽気ぐらしに向かうようになることを教えてくださっていると存じます」（山本）

五ッ　いづれもつきくるならば

【通釈】

どちらの者も皆この道について来るならば

【語釈】

いづれも　何《いず》れも

第六首の「むほん」（謀反）に結び付けて解釈すれば、「いずれ」の立場・側《がわ》の者も。

つきくるならば　随《つ》き来るならば

この教えを聞き分けて、ついて来るならば。

「来《きた》リテ我ニ従フモノハト言フ義ナリ我トハ教祖自ラ言ハレタルナリ」（中山）

「誰《だれ》も彼もが、ただ親神様のお心に凭《もた》れ切って信心してきたならば、ということで、信仰は理屈もなければ手柄もない、ただ絶対至純な帰依随順あるのみです」（上田）

「皆つとめの人衆たるべき者として、誰であっても、がつとめにつきくるならば、と解釈される」（諸井）

六ッ　むほんのねえをきらふ

【通釈】

争いの根を切ろう

【語釈】

むほん　謀反（※8）

背き合うこと。争い。手振りは、剣、竹槍《やり》、鉄砲などを表すとの伝承もある。

「（親神様の）ご理想を擾《みだ》し、神意に刃向かって互いに殺し合い傷つけ合うと

（※8）謀反＝①国家・朝廷、また主君にそむくこと。②ひそかにはかって事を挙げること。（『広辞苑』）

ころの戦争は、これ皆謀叛《むほん》でなくして何でしょう」（上田）
「謀反とは、天理、親神様の思召《おぼしめし》に背き逆らい、反抗する事であります」（平野）
「剣を突きつける手ぶりをする。……身上のあしきは、身の内のむほんであると申すことができる」（諸井）

ねをきらふ　根を切ろう

争いの根元を切ってやろう。
「親神様の仰せにさえもたれ切って、仰せのままにつきくるならば、このむほんの根を切ってやろうとおっしゃるのである」（桝井）
「切る手はたいしよく天のみことの切る手ぶり（※9）である」（諸井）

七ッ　なんじふをすくひあぐれバ

【通釈】
難渋な者をたすけあげるならば

【語釈】

（※9）かぐらづとめ第一節21回の手振りの内、最後の3回のみに振られる手のこと。

なんじふ　難渋

難儀不自由な者。

「有《あ》らゆる難渋者でありまして、苦《くるし》んでゐる人一切をお指し遊ばされたのであります。即ち、病気、災難、不自由、煩悶《はんもん》等に陥つた一切の人々を指されたのであります」（武谷）

すくひあぐれバ　救い上ぐれば

たすけ上げるよう努めるならば。

「救ひ上げる様な心と行《おこない》とが出来るならばの意」（武谷）

「（手振りは）さながら、水底から腰を落として何かをすくいあげるかのように伺われます。……我が身どうなってもという真実誠の決心を『あぐれバ』にこめられていると存じます」（山本）

「教祖救済ノ恩寵《おんちょう》ヲ万民ニ伝ヘテ之《これ》ヲ救ヒ給ヘバト言フ意ナリ」（中山）

八ッ　やまひのねをきらふ

【通釈】

病の根を切ろう

【語釈】

やまひ　病

疾病、身上の患い。

ねをきらふ　根を切ろう

病になる根元を切ってやろう。

「疾病ノ根本ヲ断除スルヲ言フナリ」（中山）

「病《やま》いの根を切ることは正に医者の手あまりでありまして、それは全く信仰の賜物《たまもの》として可能となるのであります。医療と信仰とは決して矛盾するものではありません。医療の限界を越えたところに信仰の世界は無限に展開されているのであります」（深谷）

「『人を助けて我身《わがみ》助かる』の理を説かれたものであります」（武谷）

「なんじゅうな者をたすけ上げさせていただくことができれば、わが身もたすけていただくことができる。病の根を切ってくだされる。……病の根を切っていただいて初めて、この珍しい不思議ふしんというものが、ここにできるのであります」（桝井）

九ッ　こゝろをさだめゐやうなら

【通釈】
神一条の心を定めて通るなら

【語釈】
こゝろ　心

おつとめの心。ふしんの心。この道についていく心。難渋を救い上げる心。つまり、神一条の心。

さだめゐやうなら　定め居ようなら

しっかり心を定めて変わらないならば。神一条の心をしっかりと定めるならば。

「一筋に心を定め、誠心《まごころ》を以《もっ》て神様に凭《もた》れ、御教理を実行して通る様になったならば」（武谷）

「ここの手振りにお示し下されてあるごとく、定める心とは根ざす心、低い心、大地に届く心、動かぬ心で、末代不易の安心の基礎となり、人類の福祉

を保証する心です」（上田）

「ゐやうなら　は、居ようなら、動じず、そのまゝにしている、変わらず居ることとならの意味である」（諸井）

十デ　ところのをさまりや

【通釈】

ついには土地所の治まりとなるのだ

【語釈】

ところ　処、所

神一条の心をしっかりと定めて通る人のいる所。やがては、世界隅から隅まで。

「『ところ』とは決して場所の決《きま》つた意味でなく、其《そ》の心の定め方と、実行の如何《いかん》によつて、『ところ』が一身となり、一国となるので御座ゐます」（武谷）

「〝ところ〟とは、人間の生活して居る場所であります。即ち、各自の家庭であり、職場であり、国々であり、そして世界であると思います」（平野）

をさまりや　治まりや

陽気ぐらしの世界と治まるのだ。

「一家の治まり、所の治まり、国の治まり、世界の治まりである」（桝井）

「おふでさきでは、をさまりは、この世のをさまりであり、にほんのをさまりであり、末代のをさまりである。即ち、

めつらしいこのよはじめのかんろたい

第十首について

第十首は「十デ」で始まりますが、この呼び方も一貫していなかった時期があるように思われます。すなわち、通常「十デ」「十テ」「十ヲテ」と記され、「テ」は「で」と発音したと考えられますが、異なったものが発見され、それが一書や二書でないことであります。

すなわち、№3が「十ど」、№4も「十ど」、№10「十ヲト」、№11「十ど」、№12「十ヲト」、№28「十ヲト」となっています。№28は自筆でないので一応除外して考えるとすれば、明治七年頃から同十四、五年頃に及んで、二つの称え方が、おぢばに直結した方々の中にあったものと思われます。これが、明治十五年のふし、毎日のつとめを経て、現在の歌い方に徹底されたものと思われます。明治十五年のふしで、思いを新たに一手一つにつとめをつとめるよう教えられているように思われてなりません。

（永尾廣海「みかぐらうた本研究の諸問題について〈上〉」）

これがにほんのをさまりとなる　二39

だん／＼とせかいの心いさむなら
これがにほんのをさまりとなる　三4

はしらさいしいかりいれた事ならば
このよたしかにをさまりがつく　三13

はしらさいはやくいれたる事ならば
まつたいしかとをさまりがつく　三67」（諸井）

【備考】

◆「歌態について」

「第五節の一下リ目、二下リ目は和歌態調を破つている点等も和歌調を用いられる以前の作としての名残《なごり》であると云える」（中山正善著『続 ひとことはなし その二』）

◆一下り目は、立毛《りゅうけ》の安定が社会の治まりの根源であることについて述べられている。それに対し、二下り目では、争いや病のない世界、社会生活の安定について述べられている。

◆「世直し」（※10）と「世直り」は同じなのか。一般の辞書には「世直

（※10）世直し＝①縁起なおし。②地震や雷鳴の時に唱える呪文。③社会の改革。江戸中期以降に現れた、貧富の差の平均を望む風潮。豪農・豪商に対する打ちこわしや世直し一揆《いっき》に発展。（『広辞苑』）

し」はあるが「世直り」はない。しかし、『大々豊年満々作——世直り米の数え歌』といった文献もある。ここで用いられている「世直り」は、

一・二下り目の表現形式について

問題の一下り目と二下り目を、三下り目以下と比較すると、大分その趣きが違うのであって、これを解《わか》り易《やす》く言えば、一下り目と二下り目は、三下り目以下全下りの角目《かどめ》だけを綴《つづ》った点線的素描、またはその集約図だと思えば大体間違いないと思う。但《ただ》し、一下り目は経済的・物質的生活面、二下り目は社会的・精神的生活面においてである。

三下り目以下全下りというと、一下り目・二下り目と比較して、分量的には断然多量であり、内容的にも比較にならぬほど、多種多様であって遥《はる》かに複雑である。

しかし質的には、どれ一つ取り上げてみても、だめの教えの信仰生活にとっては、必要欠くべからざるものばかりであるから、最後まで一つ漏らさず、聴かしたい、教えたいのが、親神様の親心である。

ついては、先《ま》ず予《あらかじ》め、一れつ子供たちの心の準備をさせておかねば、との温かい思召《おぼしめし》からお教え頂いた一下り目・二下り目であるように悟らせて頂くのである。

心の準備とはいっても、それは単なる予備知識を与えるということではない。そうすることによって、彼らの未来に、明るい希望、大きな喜びと期待とを抱かせ、さらには、そこへ達するためには絶対必要な親神様の、これから先の御教《みおし》えに、感激して耳を傾け得られるように、彼らの心を勇ましてやることでなければならないのである。

かかる目的をもってお教え下さったのが、あの簡潔・素朴にして印象的・魅力的な表現をもって、あっと言う間に、われわれ人間を陽気ぐらしへの佳境《かきょう》へと引き込まずにはおかない、ふしぎな迫力をもつ一下り目・二下り目なのである。

（塩谷寛「みかぐらうた自問自答七題・その5」〈『みちのとも』昭和55年2月号〉）

不作が豊作に立ち替わる、よんなか（豊年）が来るという意味であろうか。

◆「むほんについて」

慶応年間は、尊王攘夷《そんのうじょうい》派の中心として朝廷側の支配的立場にあった長州藩が一転朝敵として征伐されるかと思うと、同三年には、幕府軍が朝敵になるという形勢が逆転するような状況であった。村の中の無足人もこれに参加し、また動乱による物価の急騰によって全国的な打ちこわし（世直し一揆《いっき》）を続発させ、一般民衆の生活にも直接影響を与えていた。

また、幕府にはフランスが、薩長連合にはイギリスが関与しており、国内戦争だけでなく国際戦争としての要素も含まれていた。

このような緊迫した状況の中でのお歌は、人々に強い衝撃を与えたと思われる。

◆明治八年には、肥、萌え出など十一通りのつとめの一つとして、「むほんづとめ」を教えられている（※11）。

◆一・二・三・四では、おつとめをすれば、また不思議なふしんに励むならば、幸せが身につき、明るい陽気な世界が実現すると述べられている。そこにいわば、世界たすけの端的な提言をみる。五・六・七・八では、それならばどうすればよいのか、の問題に対する答えが示されてい

（※11）むほんづとめ
「あしきを払うて　どうぞ
むほん
すつきり　早く
おさめたすけたまへ
天理王命
南無天理王命
南無天理王命
（七回繰り返す）」
（『続ひとことはなし　その二』）

るように思われる。「いづれもつきくるならば」「なんじふをすくひあぐれバ」、むほんの根も、病の根も切れてしまうのである。九・十においては、その結果として見せられる、所の治まりというご守護のすがたを示して結ばれているように思う。

◆二下り目に関連する「おふでさき」。

これからハこのよはじめてないつとめ
だん／＼をしへてをつけるなり　（四 90）

このつとめなにの事やとをもている
せかいをさめてたすけばかりを　（四 93）

このみちがたしかみゑたる事ならば
やまいのねゑわきれてしまうで　（四 94）

これさいかたしかにしよちしたならば
むほんのねへわきれてしまうに　（十三 49）

このたびハどんなためしをするやらな
これでしいかり心さだめよ　（十五 6）

しやんして心さためてついてこい
すゑハたのもしみちがあるぞや　（五 24）

第五節　三下り目

一ッ　ひのもとしよやしきの　つとめのばしよハよのもとや

【通釈】

日の本庄屋敷《しょやしき》の、つとめする場所こそ、この世の元である

【語釈】

ひのもとしよやしきの　日の本庄屋敷の

「みかぐらうた」「おふでさき」には次のような用例がある。

ひのもとしよやしきの
かみのやかたのぢばさだめ　（十一下り目　1）

このよふのはじまりたしハやまとにて
やまべこふりのしよやしきなり　（十一　69）

ひのもと（※1）

（※1）日の本＝（「日の出る本」の意）日本の異称。（『広辞苑』）

①日の本。日本のこと。日本の美称。②月日親神が人間を創《つく》られた元、とも考えられる。

一般的には、日本の国のこと。慶応二年（一八六六年）には外国人の居留地が出来ており、諸外国はすでに身近な存在となっていたし、世界を視野に入れての自覚的な日本を指しているとも考えられる。

「ひのもとハ日本ヲ指スナリ……大和《やまと》ト言ハズシテ日本ト称セラレタルモノハ暗ニ我ガ日本ハ世界ノ根本ニシテ……（※2）」（中山）

「『ひ』とはお日様、そして月日両神は一つの理ですから、即ち親神様であります。そして『もと』は即ち元であって、月日両神が人間をご創造下されたぢばのある所を『ひのもと』とお歌い下されていると悟らして頂きます」（上田）

「日の本であり、日本のことであります」（深谷）

「扇で立てに円を描いてすくう形を手ぶるが、扇の日の丸、即ち月日のもと（下）であって、月日の御守護下を示している。そのために、この下りで扇を持つ手をあえておつけ下されたのだと思わずにおれぬくらい、鮮やかな手ぶりである」（諸井）

（※2）（中山）の記述には、当局に対する配慮が感じられる。

しよやしきの　庄屋敷の

庄屋敷村（※3）。村名。直接的には、大和国山辺郡庄屋敷村の中山家の屋敷であろう。現在の天理市三島町東部にあたる。天理教教会本部のあるとこ

（※3）立教（1838年）当時の戸数は20数戸、人口は110人から120人ぐらいか。寛延年間（1748～50年）の戸数30、人口124人（宗国史）。明治10年（1877年）の三島村との合併時には、31戸、155人（三島村は31戸、167人）。

ろ。

「教祖は、庄屋敷のことを『しょうのあるやしきやから、しょうやしきというのやで』とお聞かせくだされた」（桝井）という。（桝井）は、この「しょう」を「正」、または「生」と解釈しているが、証拠の「証」、あるいは〝実〟のあるという意味での「性」（※4）のようにも思われる。そうした意味を含めての「しよやしき」である。

「元ノ地場ト云《いう》ノハナ、大和国ノ山辺ノ郡庄屋鋪《敷》ノ中山氏ト云屋鋪《敷》、コレハコノヨノ元初リノ地場ナリ」（※5）

「しよやしきハ本部勤場所在《しょざい》ノ地名ナリ」（中山）

「教祖は、庄屋敷のことを『しょうのあるやしきやから、しょうやしきというのやで』とお聞かせくだされたのであります。これは、なんと大きな、深い意味のあるお言葉ではありませんか。しょうというのは、もちろん正味という意味のあることは、いうまでもない。……また、生というように、生まれるというようなことにも悟らせていただくことができる。……

『わたしや人間は連れて行くことはできても、中山五番屋敷はどうすることもできまいやろうがな、そこに大きな台を建てるのやで』と、かように教祖が仰せくだされまして、ぢばの理こそは人間の力でどうすることもできない、絶対なものであることを、よくわかるように、おさとしくだされたのであります」

（※4）しょう【性】①生まれつき。性質。②表面を覆われてわからなくなっているが、本来の性質や考え。もともとのもの。③物の性質。もちまえ。また、ありのままの性状。④習性。ならい。⑤たましい。こんじょう。精神。性根。⑥仏語。本来そなえている性質としての本性・自性など、外からの影響によって変わらない本質。（『日本国語大辞典』）

（※5）中山正善著『こふきの研究』97ページ参照。

（桝井）

つとめのばしよハ　つとめの場所は

「おふでさき」には、次のお歌がある。

このところつとめばしよハにんけんを
はじめだしたるところなるそや　（八　36）

①人間創造の場所。世の元。かんろだいのぢば。つとめ勤修《ごんしゅう》の中心であるぢば。
②つとめを勤修すべきその場所。真座《しんざ》。
③広義のつとめ場所。現在の神殿、礼拝場（将来的発展をも含めた意味）。
④いわゆる「つとめ場所」（元治元年〈一八六四年〉建築）。「一坪四方のもの建てるのやで」との教祖の言葉に基づいて建築が開始された天理教初の普請。後に「ぢば」を取り込む形の増築が行われている。

よのもとや　世の元や

この世人間の創造と救済の元なる所である。

「たすけづとめをさせて頂く場所、即ち、かんろだいを中心にして現在ご本部神殿の建てられている所は、天地人間ご創造の所、即ち世界万物の生命の根源であります。この理により、この度親神様がここにお顕《あらわ》れ下されて世界一列をお救《たす》け下さる所、即ちたすけの源泉であります。世の元とは、まさしくこの理を仰せ下されたものと拝します」(上田)

「世界改新ノ原始地ナリトノ義ナリ」(中山)

「つとめのばしよと、三ッにうたわれているつとめ場所の建物と、同じかどうかということは、実際に建てられたつとめ場所の建物は、ぢば、かんろだいのぢばを内にとりこんでいなかったが、それなればこそ、ぢば定めもできたのであって、ものの順序として、取りこまれるべきものとして建ったのであり、それが、現今の神殿になってきてあるのだから、同じであると考えてよい」(諸井)

二ッ　ふしぎなつとめばしよハ　たれにたのみはかけねども

【通釈】
不思議なつとめ場所の普請は、誰に頼みはかけないけれども

【語釈】
ふしぎな　不思議な

「ふしぎな」は、つとめ場所にかかるのか、普請にかかるのか。三ッの「これふしぎ」からすると、普請にかかるのであろう。

「不思議な御守護をお現わし下さるおつとめを行う場所という意味でありま す」（深谷）

「おふでさきでは、ふしぎ合図、見えるふしぎ、といわれるが、みかぐらうたでは、手ぶりからしても、首をかしげて考え込む、妙な、常識を超えたお働きに接して、思議を超えたという意味が濃厚である。めざましい驚くべきというのではなくて。ここでは扇の手でもあり、不思議なという意味の手ぶりではなくて、廻《まわ》ル手ぶりをするが、これは、**やしき**（七下り目八ッ、十一下り目八ッ）の意味であって、ふしぎなたすけばしょであるやしきのつとめばしょは、という意味にとる」（諸井）

つとめばしよハ　つとめ場所は

元治元年の「つとめ場所」に限るものではなく、礼拝場をも含んだ神殿について言われたものと思われる。

「時代に従つて、神様がそれ相応の勤め場所をお建てになつて人心を教へ導き、良い方に連れて行つて下さるのでありますが」（武谷）

たれにたのみはかけねども　誰に頼みはかけねども

つとめ場所の普請は、神からだれに頼んでするというものではないが。

「おさしづ」には、普請について次のように述べられている。

たすけふしぎふしん、真実の心を受け取るためのふしぎふしん。

（明治23・6・15）

三ッ　みなせかいがよりあうて　でけたちきたるがこれふしぎ

【通釈】

世界の人々が皆、寄り合って、出来上がってくるのが、まことに不思議なことである

【語釈】

みなせかいがよりあうて　皆世界が寄り合《お》うて

元治元年のつとめ場所の普請（※6）の時は、瓦《かわら》、畳、手間などと真実の心を寄せて始まっているが、そのように、という意味であろう。

「勤め場所を建てる事に就《つ》いては、人には頼まないけれども時が来れば、人が

（※6）中山正善著『ひとことはなし』40～56ページに詳しい。

遠近より集《あつま》つて、自然建てられるものであると仰せられたのであります」（武谷）

でけたちきたるがこれふしぎ　出来たち来るがこれ不思議

おのずから出来上がってくるのは、何とも不思議なことである。

「理が集り刻限が来たならば、ひとりでに出来立つて来ると仰せられたのであります。……世界は理詰めであつて、どんな事でも理を追うて来れば、自然に出来ると仰せられたものであります」（武谷）

四ッ　よう〳〵こゝまでついてきた　じつのたすけハこれからや

【通釈】

ようやくここまで随《つ》いて来た。真実のたすけはこれからである

【語釈】

よう〳〵こゝまでついてきた　ようよう此処《ここ》まで随いて来た

むずかしい中、やっと今日まで、をやの言葉に従ってきた。

「よう〳〵ハ教祖我等教徒ノ信仰堅固ニシテ艱難《かんなん》ニ堪《た》ヘタルコトヲ慰《なぐさ》メラレタル語ナリついてきたハヨク従ヒ来《きた》レリトノ意ナリ」（中山）

「史実に基づいて拝察いたしますと、つとめ場所の建築まで成人し、進んで来た本教の発達をお歌い下されていると拝します」（上田）

じつのたすけハこれからや　実のたすけはこれからや

真実のたすけは、これからはじまるのである。

「真実のたすけとは、一列の心を澄まして陽気ぐらしの世界を実現して下さることであります。かんろだい建設の理想社会の実現であります」（上田）

「実の神の実のたすけ、実のあるたすけ、真実のたすけ」（諸井）

「実のたすけとは、単に一時的なたすけではなく、心の入れ替えにより、謀反《むほん》の根を切って頂き、病の根を切って頂いて、いんねんを切り換えて頂くことでありまして、そこに真の陽気ぐらしが実現されるのであります」（平野）

五ッ　いつもわらはれそしられて　めづらしたすけをするほどに

【通釈】

何時《いつ》も笑われそしられて、珍しいたすけをするであろう

【語釈】

いつもわらはれそしられて　いつも笑われ謗《そし》られて

本当のたすかりとは

大和国倉橋《くらはし》村の山本与平《よへい》妻いさ（註、当時四十才）は、明治十五年、ふしぎなたすけを頂いて、足腰がブキブキと音を立てて立ち上がり、年来の足の悩みをすっきり御守護頂いた。

が、そのあと手が少しふるえて、なかなかよくならない。少しのことではあったが、当人はこれを苦にしていた。それで、明治十七年夏、おぢばへ帰り、教祖にお目にかかって、そのふるえる手を出して、「お息をかけて頂きとうございます。」と、願った。すると、教祖は、

「息をかけるは、いと易《やす》い事やが、あんたは、足を救《たす》けて頂いたのやから、手の少しふるえるぐらいは、何も差し支えはしない。すっきり救けてもらうよりは、少しぐらい残っている方が、前生《ぜんしょう》のいんねんもよく悟れるし、いつまでも忘れなくて、それが本当のたすかりやで。人、皆、すっきり救かる事ばかり願うが、真実救かる理が大事やで。息をかける代わりに、この本を貸してやろ。これを写してもろて、たえず読むのやで。」

と、お諭し下されて、おふでさき十七号全冊をお貸し下された。この時以来、手のふるえは、一寸《ちょっと》も苦にならないようになった。そして生家の父に写してもらったおふでさきを、生涯、いつも読ませて頂いていた。

そして、誰《だれ》を見ても、熱心ににをいをかけさせて頂き、八十九才まで長生きさせて頂いた。

（『稿本天理教教祖伝逸話篇』一四七「本当のたすかり」）

いつも笑われそしられている中を連れて通って、
「教祖時代は実に、このお歌のような道すがらであった」（桝井）

めづらしたすけをするほどに　珍したすけをするほどに

比べるもののない、珍しいたすけをして見せるであろう。

「親神様の自由《じゅうよう》自在のご守護をお見せ頂けるのです」（上田）

「珍しい救《たす》けとはこの世人間を御創造下さった親神様にしてはじめてなし得る類例のない救けという意味であります。更《さら》に具体的にいうならば、おつとめによって行われるたすけのことでありまして、……人間の更生、世の立替《たてかえ》を云《い》われたものであります」（深谷）

「此《こ》の道を通る人々は専ら神の心に凭《もた》れて、世間のそしり、わらひなどに頓着《とんちゃく》してはならんと仰せられたものであります。……心の普請が出来上り、御教理が修まると真実のお助けをする様になります。真実のお助けをする様になると、世間の笑ひ誹《そし》りが起《おこ》つて来ます。しかし此の誹笑《ひしょう》に挫《くじ》けず、心変らず通り抜けたら、神様は其《そ》の誠によつて珍らし助けをして下さるのであります」（武谷）

六ッ　むりなねがひはしてくれな　ひとすぢごゝろになりてこい

【通釈】

無理な願いはしてくれるな。一すじ心になって随《つ》いて来い

【語釈】

むりなねがひはしてくれな　無理な願いはしてくれな

無理な願いはしてくれるな。それよりも……、

「無理な願いとは、種を播《ま》かずに実りを得たいとか、悪い種を播きながら善い実りを得たいとか、或いは、今日播いた種を早速明日にでも実りを得たいというもので、これは自分勝手な願いであります」（平野）

ひとすぢごゝろになりてこい　一すじ心になりて来い

混じりっ気のない真っすぐな心になって随いて来るように。

なんぎするのもこゝろから
わがみうらみであるほどに　（十下り目　7）

と諭されているが、あえて言えば、人間が願うことは、すべて無理な願いで

ある。したがって人間思案を捨てて、ただひたすら素直な心になって、ついて来いということであろう。

また、二股《ふたまた》や三股《みまた》をかけるのではなく、「またがりのない心」で一すじに願って来いとの意も含まれているように思われる。

心に曇り跨《また》がりの理ありてはならん。日々互い〳〵の心を集めてくれるよう。（明治29・12・18）

「一条心《ひとすじごころ》とは、親神様の思召《おぼしめし》に、一条に素直に無条件に添い切る心であります。即ち、つとめ一条、たすけ一条のために、自分の都合が良かろうが悪かろうが、苦労が有ろうが無かろうが、どんな中も唯《ただ》一条に勤め切る精神であります」（平野）

「**なりてこい** は、なってくれ、より、なって願いにこい。手ぶりが、胸にもってこずナゲだから、おぢばへ来い、帰って来いという意味は強くないが、神に願いにこいである」（諸井）

七ッ　なんでもこれからひとすぢに　かみにもたれてゆきまする

【通釈】

何でもこれから一すじ心で、神にもたれてまいります

【語釈】

なんでもこれからひとすぢに　何でもこれから一条（筋）に

何としてでも、これから迷うことなく素直に。

なんでも

どんなことでも、どんなことが起こってきても、何としてでもという堅い決意。

これから

入信の時から、とも言えるが、信仰が一段階進み、教えが胸に治まった時、つまり信仰的に目覚めた時から。受動的な信仰から積極的な信仰への転換。

「この一すじ心とは、人間初めてお造りくだされました時、人間の雛型《ひながた》として、いざなぎ、いざなみのみこと様をお呼び寄せになりました時、真一文字に、わき目も振らずに月日親神様の所へ来られたその心、その心こそ親神様の思わくの人間の心であると仰せくだされております」（桝井）

かみにもたれてゆきまする　神に凭《もた》れてゆきまする

人間思案を捨てすべてを神様にお任せして、信心の道を歩んでまいります

何でもというて子供が親のために

私のおばあさんにあたるおきくのおばあさんが身上になられた。そこで、夜の明けるのを待って、伊三郎お父さんがおやしきに教祖の所へお目通りに出さして頂いた。これこれの母親が身上でございます、どうかおたすけ頂きたい、とお願いをすると、教祖がおっしゃるのには、

「伊三郎さん、せっかくやけれども、身上たすからんで」

……かようお聞かせ下さるものであるから、ほかならぬこの神様のことである。さようでございますかと言って、そのまま引かして頂いて、家に帰って来るのであるけれども、我が家へ帰るとまた心が変わる。

あのように教祖がたすからんとおっしゃったのやけれども、我が目の前で悩んでいる母親を見た時には、父も人間、子供として、ああ、どうでもたすけてもらいたいなあ、この気持ちで一杯になるのである。たすからんと言われたおやしきであるけれども、どうかたすけて頂きたい。再びおやしきに運んで、教祖に、どうかお願い、ならん中たすけて頂きたいと、かように願われるのである。

けれども、やっぱり、伊三郎さん、気の毒やけれどもたすからん、とおっしゃる。教祖にお接しして、こう言われた時には心では得心する。が、そう思うて我が家に帰って来るが、さっきのように苦しんでいる母親の身上を見ると、また子供としてじっとしておられない。

……またとぼとぼと五十町の道を運んで、寝《やす》んでおられる教祖に、ああ、ならん中ではございましょうが、おたすけを頂きたいと願われる。そうしますと、三度目に教祖は何とおっしゃったか。

「たすからんものを、何でもというて子供が親のために運ぶ心、これ真実やがな。真実なら神様が受け取るとおっしゃるで」

とおっしゃった。この有難いお言葉を頂戴《ちょうだい》されまして、たすからんというおばあさんの身上も、八十八まで命を頂戴いたされたのである。

（桝井孝四郎著『おさしづ語り草』）

（人間の決意が述べられている）。

十二下りのてをどりの中で唯一この個所だけが、神にもたれた姿で左回りの方向転換をする足運びになっている。①あちら向いたりこちら向いたりをせずに神にもたれて思召《おぼしめし》どおりに。②神にもたれることによって、いままでの逆境も元に戻るというご守護の姿。

神にもたれて

安政五年（一八五八年）、庄屋敷村の清水ゆきが懐妊し、をびや許しを願い出ている。教祖から、

「人間思案は一切要らぬ。親神様に凭《もた》れ安心して産ませて頂くよう」

と、お言葉を頂いた。しかし、十分にもたれきることができず、毒忌《どくい》み、凭れ物など、昔からの習慣に従うと、産後の熱で伏せってしまった。この時、教祖は、「疑いの心があったからや」とおおせになっている。

出産は女性にとって大役であり、現在でも様々な慣習が見受けられる。医療技術の未熟だった当時に、より重視されたことは、火を見るよりも明らかであろう。妊婦自身で判断できる事柄ではなく、家族や親族にまでも関係する問題であった。そのために、ゆき自身が教祖のおおせに従おうとしても、同意を得るのはむずかしかったと思われる。

翌年に、再びをびや許しを願い出ているが、この時は、鮮やかなご守護を頂いた。

（『稿本天理教教祖伝』36～38ページ参照）

「神ノ恩寵《おんちょう》ニ依頼スト言フ義ナリ」（中山）

「総《す》べての事を神様にお任せすると云《い》ふ一筋心になる事であります。人間が日々苦しんでゐるのは自分で出来ない事を無理にしやうと、我慢の心を出すからであります」（武谷）

「おてふりで、回る時はすべて右に回転するのに、『かみにもたれて』のただ一カ所だけ、左に回ります。『神一条を貫き通す決心は、常識や人間思案を超えぬとできない。神一条に全身全霊をゆだねることは、人間思案と逆であることを身にわかるように、教導されていると思う』とよく聞かされたところです」（山本）

「**ゆきまする**　ここで勇みの手になって欣喜雀躍《きんきじゃくやく》、陽気に勇んで信仰の道に進むことをお歌い下されています」（上田）

八ッ　やむほどつらいことハない　わしもこれからひのきしん

【通釈】

病むほど辛《つら》いことはない。私もこれからひのきしん（をさせていただきます）

【語釈】

やむほどつらいことハない　病むほど辛いことはない

何が辛いといって、病むということほど辛く苦しいことはない。

「世ノ苦患多ケレドモ疾病ニ過グル苦患ナシトノ義ナリ……疾病ヲ最大苦患ナリト示サレタルハ……疾病ガ総《す》ベテノ禍害ヲ代表スルヲ以《もっ》テナリ」（中山）

わしもこれからひのきしん　私もこれからひのきしん

私もこれから心を入れ替えて、ひのきしんに励ませていただきます。

また、身上かりもののありがたさを身に感じて私もこれからひのきしんに励ませていただく、といった理解もできる。

「ひのきしん」については、『天理教教典』に次のように述べられている。

「日々常々、何事につけ、親神の恵《めぐみ》を切に身に感じる時、感謝の喜びは、自《おのずか》らその態度や行為《おこない》にあらわれる。これを、ひのきしんと教えられる」（76ページ）

「身の苦しみを去るには『ひのきしん』によるより外はないと云《い》ふ意を仰せられたもので御座ゐます」（武谷）

「ここで〝わし〟と仰せられているのは、教祖が私達信仰者の身になって仰せ下されたお言葉であって、このお歌を歌わせて頂く事を通して、私達が自ら親神様のお心に溶け込ませて頂けるように、とのお心づくしであると悟ら

せて頂きます」（平野）

九ッ　こゝまでしんぐ〵したけれど　もとのかみとハしらなんだ

【通釈】

ここまで信心してきたけれども、元の神とは知らなかった

【語釈】

こゝまでしんぐ〵したけれど　ここまで信心したけれど

今日まで神にもたれて信心の道を歩んできたけれど。

「こゝまで」は、信仰をたどる者の成人の歩みの段階。

「今日までの意でありまして、実の神元の神を認める事の出来た時以前を示されたものであります。ツマリ夜が明けて真実の神を認むるに至るまでの、艱難《かんなん》苦労の長い道中をお指しになつたので御座ゐます」（武谷）

もとのかみとハしらなんだ　元の神（※7）とは知らなんだ

この神様が、いままで人々が信仰してきた神々と異なり、この世、人間を

（※7）「元の神」とは、おふでさきには、「このよふのにんけんはじめもとの神　たれもしりたるものハあるまい」（三　15）とあり、このほか、「このよはじめた神」や「もとこしらえた神」などの表現で多く歌われている。

創《はじ》めた元の神であったとは、まったく知りませんでした。

「祖母は、この神様を信心させていただくまでに、大変にあっちこっちと参り信心に熱心な人でありました。ついてはおやしきに初めて帰らせていただいて、教祖にお会いし、『今日まであちら、こちらと参り信心をしておりました』と申しあげると、『あっち、こっちとえらい遠回りをしておいでたなあ、おかしいなあ、ここへおいでたなら、皆おいでになるのに』と仰せくだされたのであります」（桝井）

十ド　このたびあらはれた　じつのかみにはさうゐない

【通釈】
ついに、この度、表に現れた、この神こそ、実の神に相違ない

【語釈】
このたびあらはれた　この度現れた
ついに天保九年十月二十六日、この世の表に現れ出られたとお聞かせいただくこの神こそ……、

「人類の歴史において、まさしく天保九年に初めて、そしてただ一回到来したこの度であると共に、たすけ一条の上に、各人々の救済においてその後引き続き、そしてまた今日まで生きているこの度であります。即ち、これは簡単に完全な過去であると片付けてしまうべきこの度ではありません」（上田）「立教のこのたびではなくて、ご守護の現われるこのたびである」（諸井）

じつのかみにはさうゐない　実の神（※8）には相違ない

私たちをご守護くだされている真実の神様に間違いない。

【備考】

◆一下り目が「農作物（立毛《りゅうけ》）の安定」について、二下り目は「社会生活の安定」について、三下り目では「真実のたすけ」について、それぞれ述べられていると言えよう。この、三つの下りの中に、教えの要諦《ようてい》が集約されているように思われる。慶応三年正月に一下り目から三下り目までを、まとめて教示された点は、非常に関心を引く。

◆三下り目の内容「真実のたすけ」が、一つの流れを持って語られ、完結しているように思われる。信仰者の歩むべき姿が簡潔に歌い込まれて

（※8）「実の神」について、おふでさきでは、「ぢつのをや」と表現されている。「このよふのぢいと天とハぢつのをや　それよりでけたにんけんである」（十　54）

いる。

◆一下り目から三下り目までは、歌や手振りが変化に富んでおり、十二下り目までの基本的要素がみられる。

◆三下り目の手振りは、冒頭から五ッまで扇を使用する。なぜ五ッまで扇を使用するのか、その意味は定かではないが、「みかぐらうた」の中に親神と人との対話の形態が見られるなかで、この扇を手にした部分は、親神直接のお言葉となっている。それは四下り目においても同じである。すると、扇の手振りは、一つには、そのお言葉の強調とも受けとられる。

◆扇について（※9）。

明治二十年代には、月と日を描いた黒骨の扇が使用されていたようである。

◆三下り目では、特に親神と人間との対話の形態がはっきりとうかがえる。一ッから六ッまでは、親神の立場から。七ッ以降は人間側に立った応答の言葉となっている。

◆三下り目は、その内容が当時の国家思想に抵触するところから、やむなく、よろづよ八首、五下り目と共に削除、新たに『新修御神楽歌』本として公刊されることになる（29ページ参照）。

（※9）「扇の起源についてそれが人の手を模倣するものではないかと考えた。扇は何としても人の手に似ている。踊りに扇をつかう時、手の動きをそれによって強調する場合も大へん多い……扇の五本骨も指の数にならっているのではなかろうか。十本骨はそれを倍加したに過ぎない」「日本国中の神社の神事と、扇との間には切っても切り離せない関係がみられる」（吉野裕子『扇　性と古代信仰』）

「扇は風を作るばかりでなく神威を発揚させる目的があったとは団扇《うちわ》も同じだった。……舞いや踊りの扇ももとはマジックであり、神聖な信仰行事に必要な物忌《ものいみ》のしるし、祭具の一種だったろう。……儀式・礼装用には欠かせぬ物でもあり、ハレの日の贈答品・棟上式の扇などにも信仰上の名残りをとどめている」（大塚民俗学会編『日本民俗事典』）

第五節　四下り目

一ッ　ひとがなにごといはうとも　かみがみているきをしずめ

【通釈】
人がどんなことを言おうとも、神が見抜き見通している。気を鎮めよ

【語釈】
ひとがなにごといはうとも　人が何事言おうとも
たとえ人がどんなことを言っても。どのような悪口を言われようが。
　せかいにハなに事するとゆうであろ
　人のハらいを神がたのしむ　　（一　72）
「ひと」とは、自分以外の他人、自分を取り巻く周囲の人、教えに反対する人、世間一般の人など、広範に考えられよう。
「おふでさき」の「ひと」の用例を見ると、一般の人の意味で用いられる場

合、これから道についてくる人を指して使われている。

「なにごと」には、ほめ言葉と悪口のいずれも含まれるであろうが、「きをしずめ」ということからすれば、悪口、雑言という意味が強い。

「世間ノ人ガ如何《いか》ナルコトヲ言フトモ捨テ置ケトノ意ナリ」（中山）
「人とは他人のことであります。更《さら》に詳しく申しますとそれは自分以外の人でもあり、又《また》自分達以外の人でもあります。即ち狭義に於《おい》ては信仰の道にひたぶるに進む自分以外の者の全《すべ》てであり、又夫婦が共に信仰に心をよせているならば夫婦以外の者であり、更に広義に於ては、おつとめをつとめる同信の人々以外の人々であるということが出来ます。何事言おうともとは、どんな悪口雑言、反対嘲笑《ちょうしょう》をいおうともという意味であります」（深谷）

かみがみているきをしずめ　神が見ている気を鎮め

神が見守っているから気を鎮めよ。気にかけず、神にもたれて平静にしていよ。

「おふでさき」には、「きをしずめ」という用例はなく、「心しづめて」とあらわされている。しかし、「きをしずめ」と「心しづめて」では、若干のニュアンスの違いが感じられる（※1）。

「かみがみている」という表現には、親神の積極的な姿勢が感じられる。さ

（※1）
●「心しづめて」
よろづよのせかいの事をみはらして　心しづめてしやんしてみよ　（一 69）
しんぢつにをもてゞよふとをもうなら　心しづめてしんをたづねよ　（四 84）
にち〳〵につとめのにんぢうしかとせよ　心しづめてはやくてをつけ　（四 92）
たん〳〵とどのよな事もゆてきかす　心しづめてしかときくなり　（五 35）
●「きがいさむ」
このさきのみちハなんてもきがいさむ　どんなめつらしみちがあるやら　（十二 55）
それからわせかいぢうゝハきがいさむ　よふきづくめにひとりなるぞや　（十三 25）

> ### 人が何事言おうとも
>
> 教祖は、入信後間もない梅谷四郎兵衛《うめたにしろべえ》に、
> 「やさしい心になりなされや。人を救《たす》けなされや。癖《くせ》、性分を取りなされや。」
> と、お諭し下された。生来、四郎兵衛は気の短い方であった。
> 明治十六年、折から普請中の御休息所の壁塗りひのきしんをさせて頂いていたが、「大阪の食い詰め左官が、大和三界《やまとさんがい》まで仕事に来て。」との陰口を聞いて、激しい憤りから、深夜、ひそかに荷物を取りまとめて、大阪へもどろうとした。
> 足音をしのばせて、中南《なかみなみ》の門屋を出ようとした時、教祖の咳払《せきばら》いが聞《きこ》えた。
> 「あ、教祖が。」と思ったとたんに足は止まり、腹立ちも消え去ってしまった。
> 翌朝、お屋敷の人々と共に、御飯を頂戴《ちょうだい》しているところへ、教祖がお出ましになり、
> 「四郎兵衛さん、人がめどか、神がめどか。神さんめどやで。」
> と、仰せ下された。
> （『稿本天理教教祖伝逸話篇』一二三「人がめどか」）

らに、扇の表と裏を見せる手振りは、見抜き見通すという姿をあらわしているのではなかろうか。

「神ノ照鑑《しょうかん》アレバ心ヲ静定シテ動クコト勿《なか》レト云《い》フ義ナリ」（中山）

「かみがみている」　見定めている、見守っているの両意がある。……**きをしずめ**　気を荒立てず、落ちつかせて通れ。おふでさきでは、『心しずめて』とい

う言葉は再々出てくる」（諸井）

二ッ　ふたりのこゝろをゝさめいよ　なにかのことをもあらはれる

【通釈】

ふたりの心を治めて通れよ。何事もみな神の守護があらわれてくる

【語釈】

ふたりのこゝろをゝさめいよ　二人の心を治めいよ

従来の解釈本では、「ふたり」を夫婦の意味に解釈していることが多いが、かかわり合っている二人との意味ではなかろうか。複数（夫婦、親子、兄弟姉妹、共に道を歩む者、相対する者など）と解釈すれば、それが社会の基本となる表現として考えられる。

また、飯降伊蔵夫妻のこととして解釈しているものもある。

「おふでさき」で、「二人」（※2）は別々の個人を指し、夫婦については、「ふう〳〵」（※3）と記されている。

「夫婦両人ノ心ヲ教《おしえ》ニ於《お》イテ修ムベシトノ意ナリ」（中山）

（※2）

「二人」

月日よりやしろとなるを二人とも　べつまへだてゝをいてもろたら　（九　5）

このものハとこにあるやとをもうなよ　としわ十一二人いるぞや　（十二　148）

（※3）

「ふう〳〵」

をやこでもふう〳〵のなかもきよたいも　みなめへ〳〵に心ちがうで　（五　8）

このもとハどろうみなかにうをとみと　それひきだしてふう〳〵はちめた　（六　32）

ことしから七十ねんハふう〳〵とも　やまずよハらすくらす事なら　（十一　59）

「二人の心を治めることは、一人の時でもちょっとも変わりません。否《いな》、むしろ一人の時こそ二人分の心を治めるべき時です。もし片方が旅行中だったら、彼《か》の人が留守だから、もし居《い》るとこう言うだろうと思えば、居《お》った時と同様に物事が決まるでしょう。出直しはちょっと永い留守に過ぎません。彼の人が生きておったらと思って、諸事万般、生前の遺志を忘れず、生前同様、生きていたらこう言うに違いないということを思い定め、常に二人分の心を治めることが肝心であります」（上田）

「二人とは夫婦を意味されたものと思います。直接には人々の嘲笑《ちょうしょう》のまっただ中に立たれた飯降様夫妻への言葉ではなかったかと理解されるのでありますが、一般的には、世人の嘲笑雑言をものともせずに、信仰にはげむ夫婦の和合について述べられていると悟らせていただいてもよいでしょう」（深谷）

「二人とは、この道におてびき頂き、共に親神様のたすけ一条の御用に使って頂くよふぼく同士、即ち、よふぼくの夫婦、親子、兄弟姉妹、という意味に悟らせて頂きます」（平野）

「ふたりの心は、夫婦の心である。おさしづのお諭しに、『内に一つの台を拵《こしら》え』（明治二十一年補遺）と仰せられる」（諸井）

なにかのことをもあらはれる　何かの事をも現れる

「なにかのこと」とは、あらゆる事柄で、よいことも悪いことも含んでいる。どんなことがあっても、すべては神の守護。手振りには、親神の守護があらわれる姿を感じる。

「霊化自ラ現ルベシト言フ義ナリ」（中山）
「どんな不思議な親神様の御守護も現われて来るという意味であります」（深谷）

「だん／＼になにかの事もみへてくる
いかなるみちもみなたのしめよ　四　22

なぜ廻《まわ》ルのかまだわからぬが、あらゆること、どんなことも。なにかので廻って、ことをもでタテに円を描いてすくい受ける手ぶりをするが、この手ぶりよりしても結構なこと万般である。どんな喜びの事も、楽しみの事も。即ち、そうすれば、どんな楽しみのことも。ということは、そうでなければ、どんな難渋のことも現われる、という意味も含む」（諸井）

三ッ　みなみてゐよそばなもの　かみのするぅことなすぅことを

【通釈】

皆、見ていよ、側《そば》の者よ。神のすることなすことすべてを

【語釈】

みなみてゐよそばなもの　皆見ていよ側な者

「そばなもの」は、教祖の側な者。あるいは、教えに反対する周囲の者。

「そば」は、次の四ッの歌にもあるが、この場合は、近隣の人であろう。このことから、三ッでは内部に対して、四ッでは外部に対してのお言葉とも考えられる。

「教《おしえ》ヲ信ゼザル傍観ノ徒ヲ言ハレタルナリ」（中山）

「ここのお手をご覧下さい。『みな』と歌いつつ月日様のお姿を表した扇は目よりも高くさしかざされます。そして『みてゐよ』で、内側に見えていた月日様のお姿が、くるっと回転して表へお顕《あらわ》れになる。……このように裏から表と顕れ、見えていなかったお働きが鮮やかに目の前に見えてくる。この月日親神のお働きをしっかり見ていよ、と仰せ下さっているのです」（上田）

「傍《そば》の者とは近くにいる者という意味であります。その中には家族の方も、又信仰している人もしていない人もはいります」（深谷）

「**そばなもの**　とは、教祖のそばにいる者、おやしき内に詰めている者達、常《じょう》詰《づめ》である。そのなかでおやしきに住居している者、中山家の者、乃至《ないし》家内同様

の者は、これを内の者と仰せられる。内は外に対する内であるのに対し、そばな者は信者みなの中のそばな者である。八下り目五ッではうちを仰せられる」（諸井）

かみのすることなすことを　神のすることなすことを

これからあらわれる、神の働きのすべてを。「おふでさき」に見える「かやし」「ざんねん」「りいふく」などをも含んだ意味であると思われる。

このよふをはじめた神のゆう事に
せんに一つもちがう事なし　（一　43）

「かみのすることなすこと」、このお言葉に接する時、次のような歴史状況が浮かんでくる。

お屋敷の中では、一つの方便として、秀司が吉田神祇《じんぎ》管領の公許を得ていた。これに対して教祖は、「吉田家も偉いようなれども、一の枝の如《ごと》きものや。枯れる時ある」（『稿本天理教教祖伝』98ページ）と、おおせになっている。

また、「慶応三年八月頃《ごろ》、世間では、お祓《はら》いさんが降る、と、騒いだが、教祖は、『人間の身体《からだ》に譬《たと》えて言えば、あげ下しと同じようなもの、あげ下しも念入ったら肉が下るように成る程に。神が心配。』と、仰せられた」（同）とあるように、当時、世間ではお祓い札の降下を理由として「ええじゃないか」

という「打ちこわし」と複合した民衆運動が盛んに行われ、世直しを期待する風潮が高まっていた。

そんな中で、つとめの段取りを急《せ》き込まれているのである。

親神は、世間の耳目を集めている討幕の動きや民衆運動では、真の世直しはできないことを教えられ、つとめによる救済こそ真実のたすけであり、世直しであることを宣言されている。ここに、教祖の強い姿勢が読み取れる。

にち／＼に神のしんぢつはたらきを
しりたるものハさらにあるまい　（五　78）

なに、ても神のぢうよとゆうものハ
めづらし事をしてみせるでな　（五　79）

とのよふなめつらし事とゆうたとて
神のする事なす事はかり　（五　80）

「ここ（第三歌）は前歌の『あらはれる』と、後の第四歌の『つとめする』との双方にかかるように拝されるところですね」（上田）

四ッ　よるひるどんちやんつとめする　そばもやかましうたてかろ

【通釈】

夜昼なくどんちゃん鳴物を入れてつとめする。側《そば》にいる者（周り）も、喧《やかま》しく煩わしいと思うであろう

【語釈】

よるひるどんちゃんつとめする　夜昼どんちゃん勤めする

朝夕のつとめとも解せるが、夜となく昼となく勤められるつとめのことであろう。

「どんちゃん」は、太鼓や鉦《かね》などの擬音。どんちゃん騒ぎ（＝うるさいもの）などの表現もある。

「朝夕勤行《ごんぎょう》スルヲ言フナリ」（中山）

「よるひる　夜となく昼となく、夜も昼も。どんちゃん　どんは太鼓、ちゃんは鉦鼓《すりがね》かちゃんぽんの擬音。つとめする　神のさしづでする、神がさしているのを」（諸井）

そばもやかましうたてかろ　側も喧しうたてかろ

側にいる者は、やかましく煩わしく思うであろう。

「うたてかろ」は、形容詞「うたてい」（※4）の活用形。大和地方では、「わ

（※4）「うたてい」＝①いやだ。情けない。ひどい。困った。②気に入らない。変だ。よくない。③心が痛むさま。気の毒だ。気がかりだ。④気味が悪い。感じがよくない。異様だ。（『日本国語大辞典』）

ずらわしい。めんどうな」などの意味で用いられることが多い。

「教《おしえ》ヲ信ゼザルモノハ喧囂《けんごう》ヲ厭《いと》フナラントノ意ナリ」（中山）

「おつとめの意味が未《ま》だ理解されない傍《そば》の者にとっては喧《やかま》しくうるさいであろうが、このおつとめこそよろづたすけの根本であるという意味であります」（深谷）

五ッ　いつもたすけがせくからに　はやくやうきになりてこい

【通釈】

いつもたすけを急《せ》き込んでいるから、早く陽気な心になるように

【語釈】

いつもたすけがせくからに　いつもたすけが急くからに

神が表へあらわれて以来、いついかなる時にもたすけを急いているということ。神は、たすけの急き込みを一時《いっとき》も心から放したことはない。いつも子供のたすけを急いている。

はやくやうきになりてこい　早く陽気になりてこい

早く陽気（※5）な心になるように、陽気ぐらしができるように、つとめを勤めることを望まれている。

なにもかもよふきとゆうハみなつとめ
めづらし事をみなをしゑるで　（七　94）

「鼓舞《こぶ》歓欣《かんきん》シテ来《きた》レトノ意ナリ」（中山）

「陰気な心は早く捨てゝしまつて、親の家へ帰る時の様な、陽気な晴々した心になつて、一時も早く神の処《ところ》へ帰つて来いと仰せになるのであります。神様はそれをお待ち遊ばしてゐるのであります」（武谷）

「人々が一手一つにおつとめをつとめて、一日も早く、陽気ぐらしが出来るように成って来いという意味であります」（深谷）

六ッ　むらかたはやくにたすけたい　なれどこゝろがわからいで

【通釈】

むらかたを早くたすけたい。それなのに、その心が分かっていないので

（※5）陽気＝①陽の気。万物が動き、または生じようとする気。②心がはればれしいこと。ほがらかなこと。気分がうきうきすること。③時候。季節。（『広辞苑』）

【語釈】

むらかたはやくにたすけたい　村方早くにたすけたい

まず村方の者を早くたすけたいと思う。

「むらかた」（※6）とは、ここでは地元庄屋敷村の人々。

「〝むらかた〟とは、地元の村人、村民の事であります。教祖のおたすけは、内から外へ、近くから遠くへと順次弘《ひろ》められてゆくのですが、それだけに、地元の人から早く救《たす》けたい、と思召《おぼしめ》し下されているのであります」（平野）

なれどこゝろがわからいで　なれど心が分からいで

その神の心が分からないので。

いまゝでハ上たる心ハからいで
せかいなみやとをもていたなり　（二　35）

いまゝでハ月日いかほどをもふても
そばの心にわかりないので　（七　104）

いまゝてもあくどいほともといてある
なれと心にわかりないから　（八　71）

月日よりにち〳〵心せきこめど
そばの心にわかりないので　（十三　100）

（※6）「村方」＝①江戸時代、山方（山村）、浦方（漁村）を含めた一般農村をいう。在方《ざいかた》。②むらかたさんやく（村方三役）の略。「村方三役」＝江戸時代、一村の民政をつかさどった名主・組頭・百姓代の総称。高持百姓で、百姓代のほかは、おおむね世襲の有給職であった。地方《じかた》三役。（『日本国語大辞典』）

「このこゝろは、神の心が分からぬのか、村方の心が分からぬ、この場合二様あって、村方の心が澄まぬからと、村方の心に分かりないから、この三様の解釈が成り立つが、これらをまとめて、神の心が村方の心に分かりないので、とするのがよいと思う」（諸井）

「然《しか》レドモ村人ノ心頑硬《がんこう》ナレバ奈何《いかん》トモシ難シトノ義ナリ」（中山）

「近くの者は、親元に近いため却《かえ》って日頃《ひごろ》の心安さに馴《な》れて、親心に甘えるばかりで、感謝の念が薄く、報恩の実行もできず、そのため心の成人がおくれてゆく事があるのです。又《また》、遠くの者は、親元から離れているため、親を慕う心が強く、親元へ帰るのも旅費が掛かり、日数を費やして苦労して帰るのですから、苦労しただけ親元へ帰った感激は深く大きいのです。感激の深く大きいところに、心の成人は早くなると思います。斯《か》くて、近くの者の成人がおくれ、遠くの者の成人が早い、というような結果も、事実起こってくるのであります」（平野）

七ッ　なにかよろづのたすけあい　むねのうちよりしあんせよ

【通釈】

何事であれ、すべてがたすけ合いによって成り立っている。そのことを胸の内よりよく思案してみよ

【語釈】

なにかよろづのたすけあい　何か万《よろず》の助け合い

人間は一人で生きて行くことはできず、すべて、人とのかかわりの中で生活をしている。

「たすけあい」の扇の手振りは、たすけたり、たすけられたりするという、お互いがたすけ合う存在であることを表現しているものと思われる。

「万事ニ就《つ》キテ相互協同スルヲ言フナリ」（中山）

「何もかも人間生活は万事互い立て合い助け合いの原理によって成り立っている。そしてその元は月日親神様の理にあります。これを夫婦についてお歌い下されたのが第二歌であり、社会全般、人間生活のすべてにわたってお歌い下されているのが本歌であると推察されます」（上田）

「右、左と交互に上下になる手振りをすることによって、人間は全く平等で、互いにたすけ合う存在であることが、実感されると存じます」（山本）

むねのうちよりしあんせよ　胸の内より思案せよ

心の底から深く思案して、真実のたすけ合いをするように。互い扶《たす》け合いというは、これは諭す理。人を救《たす》ける心は真の誠一つの理で、救ける理が救かるという。

（おかきさげ）

このみちハどふゆう事にをもうかな
よろづたがいにたすけばかりを

（十三　37）

せかいぢうたがいにたすけするならば
月日も心みなひきうける

（十三　38）

「深ク思フベシトノ義ナリ」（中山）

「我《われ》と我が身でよく考えてみよという意味であります」（深谷）

「なぜ廻《まわ》ルのか。一れつの廻り方とは手が違うので、特別な意味はないかもしれぬが、しっかりと。何を思案せよと仰《おっ》しゃるのかといえば、たすけあいの相に鑑《かんが》みる以上、たすけあいということ、自らにとっては、人をたすける心をである。……思案して心定めよということで、人をたすける心を定めよと仰しゃっているようであるが、手ぶりからは、思案して心定めよではなくて、思案さんげせよ、の意味である」（諸井）

「世の中をぐるりと見渡してよく胸に手を当てて思案せよ、という親心が身の動きとともにわからせていただけます」（山本）

八ッ　やまひのすつきりねはぬける　こゝろハだん〳〵いさみくる

【通釈】

病の根はすっきり抜けて、心は一段と勇んでくる

【語釈】

やまひのすつきりねはぬける　病のすっきり根は抜ける

病の根が抜ける。病気の平癒《へいゆ》、治癒という意味ではない。

「人間を創造下された親神様の思召《おぼしめし》のままに人々が欲を忘れて扶《たす》けあいの信仰に進む時、病の根は完全に抜けるのであります。病の根といっていられる点に特に注意する必要があります。病の根というのは悪いいんねんであります。『いんねんというは心の道』（明治40・4・8）と教えられています。従って病の根をきる即ちいんねんの納消は心を入れかえることによって出来るのであります。八つのほこりに例えて教えられる我身勝手な思案を捨てて、一列兄弟の自覚に立ち、互い立て合い扶け合いの人類愛に生きる時、身上の悩みはなくなるのであります」（深谷）

「ここの手振りをお考え下さい。ちょうど木の根をすっきり抜くように、己

の腹の底から病の根を抜く形ですね」（上田）

いうこと。

こゝろハだん／＼いさみくる　心は段々勇みくる

病の根が抜ければ、心はさらに一段と勇んでくるのだということ。真のたすけ合いに目覚めれば、病の根はすっきりと抜ける。人をたすけて我が身たすかるという真実のたすけの中に、自分自身の病の根が抜けるようになるということ。

「心を掃除すれば身上は救《たす》かる、身上救かれば心はさらに一層勇みます。その勇むのも酒を飲んで勇むのとは違います。から元気ではない、つけ元気ではない、心の底からの陽気です。心身双方の健康体であり、神人一如《いちにょ》の悦楽境です。……このように心も身も清浄になり、陽気になってきた喜びこそは、誠の陽気づくめでありまして、人生無上の幸福は、まさにここにあると言ってよいでしょう」（上田）

九ツ　こゝはこのよのごくらくや　わしもはや／＼まゐりたい

【通釈】

ここは、この世の極楽である。私も一時も早くお参りがしたい

【語釈】

こ、はこのよのごくらくや　ここはこの世の極楽や

ここはこの世の極楽（※7）やとお聞かせいただく（おぢばに参りたい）。また、どこにいても心澄み切った状況は極楽である、とも解せる。

皆心を合わせ、このやしき勤め何と思うて居る。心真《ま》ぁ直《す》ぐ極楽やしき、陽気やしき、
（明治31・9・25）

「信仰が各人の胸に確かに治まった時、我々の住んでいるこの世が、即ち極楽世界となるのであります。……地上における理想世界の実現を、無病息災、豊年満作、健全経済、世界平和と詳しくお説き下され、その実現をお急《せ》き込み下されているのであります」（上田）

「此処《ここ》とは、元のぢばのある元のやしきを意味します。元のやしきこそは紋型ないところから人間世界を創造された理をおつとめに再現して、真実の人間を創造下され、又《また》教祖がたすけ一条のために存命のままお留《とど》まり下さってあるところでありまして、親神様の不思議な御守護をいただいた人々が、その思召さながらに、日々陽気ぐらしをいとなむところであります」（深谷）

（※7）極楽＝①仏語。阿弥《あみ》陀仏《だぶつ》の浄土。この世界の西方、一〇万億の仏土を経たかなたにあるという、一切の苦患を離れた、諸事が円満具足している安楽の世界。ただし、この浄土の、仏土としての類別には諸説がある。心配や悩みなどがなく安楽であること、非常におちついた楽しい境遇であること。また、この上もなく楽しい状態や場所などのたとえにも用いられる。（『日本国語大辞典』）

わしもはや〳〵まゐりたい　私も早々参りたい

私も、そんな、おぢばに早く参りたい。

十ド　このたびむねのうち　すみきりましたがありがたい

【通釈】ついにこの度は胸の内がすっきりと澄み切った。こんなにありがたいことはない

【語釈】

陽気あふれる屋敷

教祖が、桝井キクにお聞かせ下された話に、

「お屋敷に居《お》る者は、よいもの食べたい、よいもの着たい、よい家に住みたい、と思うたら、居られん屋敷やで。

よいもの食べたい、よいもの着たい、よい家に住みたい、とさえ思わなかったら、何不自由ない屋敷やで。これが、世界の長者屋敷やで。」

と。


（『稿本天理教教祖伝逸話篇』七八「長者屋敷」）

このたびむねのうち　この度胸の内

このようにして、心が。

「**このたび**　親神様のおてびきを頂き、初めて教理を聞いて、信仰するようになった時、夜昼、おてふりと鳴物練習に励み、つとめ一条に陽気に勤めさせて頂くようになった時、世界たすけをお急《せ》き込み下される思召《おぼしめし》にお応《こた》えして、たすけ一条の御用に丹精させて頂くようになった時」（平野）

すみきりましたがありがたい　澄み切りましたが有り難い

おぢばに帰って、心がすっきり澄み切った。本当にありがたいことである。

「我等ノ心清浄ニナリタルハ神ノ恩寵《おんちょう》ナレバ之《これ》ヲ謝シ奉ルトノ意ナリ」（中山）

「心が澄み切つた時には、其処《そこ》にはもはや慾《よく》もなければ、怨《うらみ》もない。却《かえ》つて此《こ》の世を無上の楽土と考へられる様になるのであります。此の御歌は此の状態に達した時の心底（胸）からの喜びを云《い》ひ現はされたものであります」（武谷）

「**ありがたい**　有難《ありがた》くこぼさず戴《いただ》く手ぶりで、しかも幾重にも押し戴く。有形の物ではなく、また、無形のさづけでもなく、心の境地について、こうした手ぶりをおつけ頂いていることは、何よりも一番の有難さ、結構さが、心のたすかり、これであるということだと思う。**ありがたや**（十一下り目十）」（諸井）

【備考】

◆四下り目は、おつとめによる世界たすけを教えられているように感じられる。世間の助け合いの姿を通して、一れつ兄弟姉妹《きょうだい》の教えに基づく真のたすけ合いのあり方を悟ることの大切さが強調される。

「僅《わず》か五文字で表された『たすけあい』の一句こそ、実にこの第七歌の眼目であり、四下り目全体の生命であるばかりでなく、人間生活の真髄であり、本教信仰の大原理であります」（上田）

◆扇を使用する一ッから七ッまでのお歌は親神の立場からのお言葉で、扇を置いた後の八ッから十までは、人間の立場に立ってのお歌の表現となっている。

◆八ッ、九ッ、十のお歌は、信仰の歩みの中でのたすかりの姿を具体的に歌われているように思われる。

病の根はすっきり抜けて、心がだんだん勇んできて、「このよのごくらく」と聞かせていただくおぢばに、わしも早々参りたい、となる。その結果、心がさらに澄み切り、信心のありがたさが実感されるということか。

第五節　五下り目

一ッ　ひろいせかいのうちなれバ　たすけるところがまゝあらう

【通釈】

広い世界のことであるから、救《たす》ける所があちこちにあるであろう

【語釈】

ひろいせかいのうちなれバ　広い世界の内なれば

広い世界のことであるから。

「広キ世界ノ中ナレバナリ」(中山)

「広い世界の中のことであるから、いわゆる霊地・霊場といわれて人をたすけるところは、あちこちにままあるであろう」(山本)

たすけるところがまゝあらう　救ける所がままあろう

①世間には、救けると言っている所は、あちらこちらにあるであろう。
②たすけを必要としている所が、あちらこちらにあるであろう。拝み祈祷《きとう》などのそれとはまったく違う、不思議なたすけを言われたもの。

たすけでもをかみきとふでいくでなし
うかがいたてゝいくでなけれど　（三　45）
この事をしらしたいからたん／＼と
しゆりやこゑにいしやくすりを　（九　11）

「まゝ」は、一般的に、時々、折々、所々という意味。「おふでさき」では、しばしば、再三という意味で用いられている（※1）。

「救済ヲ主張スルモノ之《これ》アラント言フ意ナリ」（中山）

「救けさして頂こうと思って周囲を見渡すと、おたすけをさして頂かねばならぬ所も幾多ありましょう。救けてほしいと思って見回すと、救けてくれるところも少なくありません。親神様はこれらの人間の苦悩を解き、人間生活を歩一歩理想の生活に近付けさせるために、それぞれの時代に応じて聖賢を現し、医薬を教えて人間の心を修理し、また肥《こ》やして次第々々に育ててきて下さいました。ですから、世界中ありとあらゆる神様は皆、親神様のお心の部分的な現れでないものはなく、あらゆる医薬ことごとく親神様の造りたまわぬものはありません。……『たすけるところ』は修理肥やしの助け場所をお歌い下さってい

（※1）
これまでハぢうよじざいと
まゝとけど　なにもみへたる
事わなけれど　（三　111）
いまゝでハぎうばとゆうハ
まゝあれど　あとさきしれた
事ハあるまい　（五　1）

る」（上田）

二ッ　ふしぎなたすけハこのところ　おびやはうそのゆるしだす

【通釈】

不思議なたすけ場所は、この所である。そこで、をびや（帯屋）許しや疱瘡《ほうそう》の許しを出すのである

【語釈】

ふしぎなたすけハこのところ　不思議なたすけはこの所

不思議なたすけは、この元なるぢばからあらわれる。

「人間の考えでは及ばない親神様直き直《じ》きの自由自在《じゅうようじざい》のたすけをして下さるのは、人間創造の元の親里である、此《こ》の所であるという意味で、左右の手をそれぞれ横へ出す『このところ』という手振りは、親神様がたすけを求めて来る子供達に救いの手をさしのべて下さる動作とさとらせていただけます」（深谷）

おびやはうそのゆるしだす　帯屋疱瘡の許し出す

だからこそまず、をびや許し（安産の守護）や子供の病気の代表とみられていた疱瘡（※2）にかからぬ許し（守護）を出す。

をびや許しについては、諸井政一著『正文遺韻抄』の「帯屋《おびや》許《ゆるし》之理《のり》」に、教祖のお言葉として、

「神のいふ事うたがふて、うそと思へばうそになる。真実に、親に許して貰《もろ》ふたと思ふて、神のいふ通りにする事なら、常の心のよし、あしをいふやない、常の悪《あ》しきは別にあらはれる。産に付《つい》ては疑《うたぐ》りの心さへなくして、神の教へ通りにすれば、速かに安産さす。常の心に違ひなくとも、疑つてあんじた事なら、あんじの理がまはるで」

と記されている。

また、「おさしづ」には、次のようにある。

元始めたをやの証拠……元の神、元のをやの理に、人間生《うま》れる処《ところ》、人間生れ代々続く。そうしてどうじゃ、人間生れるをびや許し。それはどうじゃ〳〵、さあどうじゃ。をびやさんしき許す、（明治22・9・23）

疱瘡の許しとは、お守《まも》りのことと思われる。

当時は、疱瘡、麻疹《はしか》などは、子供が必ずかかる病気とされていた。それで、なるべく軽くすませていただきたいというのが、当時の人々の願いであった

（※2）疱瘡＝天然痘。法定伝染病の一つ。種痘による予防が進み、１９８０年にはＷＨＯ（世界保健機関）が根絶を宣言した。

ろう。

澤井《さわい》勇一《ゆういち》「『おまもり』考」（『あらきとうりよう』64号）には、「とにかく、『をびや』に続いて、疱瘡に対する『おまもり』は、文久年間には、出されたようである。（「辻忠作手記」参照）」とある。

むまれこふほふそはしかもせんよふに
やますしなすにくらす事なら　（六　110）
いま丶でもをびやほふそのこのゆるし
なんとをもふてみながいたやら　（七　78）
このつとめどふゆう事にをもうかな
をびやほふそのたすけ一ぢよふ　（七　97）

「この元なるぢばから安産の許しである『をびや許し』と『ほふその守り』を出す。『おびや』に強いて漢字を当てると『帯屋』となるが、これは『うぶや（産屋）』の訛《なま》った言葉である。産屋とは、出産のために新たに建てた室のことであるが、『おびや』は出産に関すること全般を指して使われている」（山本）

「〝はうそのゆるし〟疱瘡の許しとは、十五歳までの子供が、疱瘡（天然痘）にかからぬように下されるお守りで、存命の教祖がお召しになった赤衣《あかき》を、親里に帰らせて頂いた時に願い出て頂くのであります。現在、これは子供のお守りとしてお渡し下されています」（平野）

三ッ　みづとかみとはおなじこと　こゝろのよごれをあらひきる

【通釈】

神は流れる水と同じこと、心の汚れを洗い切る

【語釈】

みづとかみとはおなじこと　水と神とは同じこと

たとえば、水と神とは同じ働きをする。

この水とは、手振りからすると、流れる川の水のことであろう。

「手振りより思案しますと、水といっても流れている水であります。川の流れであります。水がそのまま親神というのではありません。流れる水の働き、それが親神様の御守護と同じことであるという意味であります」（深谷）

こゝろのよごれをあらひきる　心の汚れを洗い切る

神が水のように（身上・事情を通して）人間の心の汚れを洗い切る。

おやしきのある庄屋敷近辺の井戸の水は、金気《かなけ》が多く、水嚢《すいのう》（※3）と砂で漉《こ》して使っていた（次ページのコラム参照）。

（※3）水嚢＝底を馬尾毛《ばす》または針金の網で張った篩《ふるい》。竹を編んだものにもいい、食品をすくって水を切るのに用いる。みずふるい。みずこし。羅斗《らと》。（『広辞苑』）

金気水

染物は、後にかんろだいのぢばと定められた場所の艮《うしとら》（註、東北）にあった井戸の水で、お染めになった。教祖が、

「井戸水を汲《く》み置け。」

と、仰せになると、井戸水を汲んで置く。そして、布《きれ》に泥土《どろつち》を塗って、その水に浸し、浸しては乾かし、乾かしては浸す。二、三回そうしているうちに、綺麗《きれい》なビンロージ色に染まった。この井戸の水は、金気水であった。

註——大和には、金気井戸が多い。

（『稿本天理教教祖伝逸話篇』一四「染物」参照）

この水をはやくすまするもよふだて
すいのとすなにかけてすませよ　（三 10）

「こゝろのよごれトハ神ニヨリテ滌《あら》ハルベキ我等ガ心ノ汚垢《おこう》ヲ言フナリ」（中山）

「神様の此《こ》の不思議なお力によつて、汚れた心を浄《きよ》くし、弱き心を強くし、不道徳の心を切り破つて神の心と同じ様にして下さるのであります。前の章では肉体の助けを現はされて、物質上の救済を示され、茲《ここ》には心の病ひを治して下さる事をお示しになつたのであります」（武谷）

四ッ　よくのないものなけれども　かみのまへにハよくはない

【通釈】

欲の無い者は無いけれど、神を前にして、おのずから欲は無くなる

【語釈】

よくのないものなけれども　欲の無い者無けれども

欲の無い者は無いけれども。

「我等人間ガ正当ノ意欲ヲ言フニアラズシテ欲塵《よくじん》ヲ言フナリ」（中山）

「みかぐらうたでのよくは、八ッのほこりの一つとして説き分けられるよくというより、我さえよくば人はどうでもよいといった、気儘《きまま》勝手な我身思案の心遣い、即ちほこりの心遣いの代表として仰せられている。よく　の手ぶりは、眼前のものを腹にかきよせる手ぶりをするが、そこに、強欲貪欲《どんよく》の姿をおつけ頂いているように思う」（諸井）

かみのまへにハよくはない　神の前には欲は無い

心の汚れを洗い切る神を前にすれば、欲の心は無くなる。

「かみのまへ」とは、神の前にぬかずくとき、また、教えにそって生きるとき、のことであろう。教祖の逸話には、

「教祖にお目に掛《かか》る迄《まで》は、あれも尋ね、これも伺おうと思うて心積《こころづも》りして居た人々も、さてお目に掛ってみると、一言も承わらないうちに、一切の疑問も不平も皆跡方《あとかた》もなく解け去り、たゞ限りない喜びと明るい感激が胸に溢《あふ》れ、言い尽《つく》せぬ安らかさに浸った」（『稿本天理教教祖伝』166ページ）

とある。

「神の前と申されてゐますが、是《これ》は形ばかり神様のお前に参詣《さんけい》する意ではなくて心の中で神様の存在を認め、神様に接すると云《い》ふ意味であらうと思ひます」（武谷）

「『よく』の手振りは、斜め左前から腹前に両平手でものをかきよせるような手振りです。神の前の時は正面からで、趣が違います」（山本）

五ッ　いつまでしん〴〵したとても　やうきづくめであるほどに

【通釈】
いつまで信心しても陽気ずくめで通るように

【語釈】

いつまでしん〴〵したとても　いつまで信心したとても

いつまで信心したとしても。いくら長く信心していても、いくら形ばかりの道を歩んでいても。

信心とは、ただ単に年限や形ばかりの道ではない、ということが含意されている。

「**いつまで**　いかほどの意であつて、どんなに長くと云《い》ふ意味にもとれます。**しん〴〵したとても**　信仰を続けてもと云ふ事で、信仰の程度が進んで深くなればなる程と云ふ意味であります」（武谷）

「この道はいつまで信心していっても常に陽気づくめで、心の底から楽しく、うれしい日々であるほどに」（山本）

やうきづくめであるほどに　陽気尽くめであるほどに

この道は、常に陽気ずくめで通ることが大切である。

「この道信心させていただいている以上は、場所・時・形は、なんであっても、心に結構と味わわせていただくとき、ここにこそ陽気がある。これがこの道の信心の生活である」（桝井）

結構と思うてすれば

教祖は、明治十七年三月二十四日から四月五日まで奈良監獄署へ御苦労下された。鴻田忠三郎《こうだちゅうざぶろう》も十日間入牢拘禁《にゅうろうこうきん》された。その間、忠三郎は、獄吏《ごくり》から便所掃除を命ぜられた。忠三郎が掃除を終えて、教祖の御前《おんまえ》にもどると、教祖は、

「鴻田はん、こんな所へ連れて来て、便所のようなむさい所の掃除をさされて、あんたは、どう思うたかえ。」

と、お尋ね下されたので、「何をさせて頂いても、神様の御用向きを勤めさせて頂くと思えば、実に結構でございます。」と申し上げると、教祖の仰せ下さるには、

「そうそう、どんな辛《つら》い事や嫌な事でも、結構と思うてすれば、天に届く理、神様受け取り下さる理は、結構に変えて下さる。なれども、えらい仕事、しんどい仕事を何《な》んぼしても、ああ辛いなあ、ああ嫌やなあ、と、不足々々でしては、天に届く理は不足になるのやで。」

と、お諭し下された。（『稿本天理教教祖伝逸話篇』一四四「天に届く理」）

六ッ　むごいこゝろをうちわすれ　やさしきこゝろになりてこい

【通釈】

酷《むご》い心を忘れ去って、やさしい心になるように

【語釈】

むごいこゝろをうちわすれ　酷い心を打ち忘れ

人を押さえ付けるような冷酷な心をすっかりと忘れて。

「むごい」には、「①残酷である。無慈悲である。②ひどい。甚だしい。悲惨だ」（『広辞苑』）といった意味がある。

「両手で押《おさ》えつける手振りをよく思案すると、酷《むご》い心とは強い者が弱い者を押さえつけるというような非道な心、情知《なさけし》らずの心、温《ぬく》みのない心、我さえよくば他《ほか》はどうでもよいという利己主義の心であることが解《わか》りましょう」（深谷）

「われさえよければ、ひとはどうでもよいというような、ひとの痛みを感じぬ、無慈悲な酷い心をうち忘れて」（山本）

やさしきこゝろになりてこい　優しき心になりて来い

人を包み込むような、思いやりのある、温かい心になりなさい（※4）。

「むごい」ならびに「やさしい」は、「おふでさき」に見られない表現である。

「手を平《たいら》にして円を描き、両側から抱きかかえて押しいただく形の手振りより思案すると、優しい心とは人を抱きかかえる思いやりのある心、即ちたすけ一条の心ということが解《わか》ります」（深谷）

（※4）『稿本天理教教祖伝逸話篇』一二三「人がめどか」参照。

「やさしきこゝろ　素直で思いやりのある心。手ぶりは、皆丸く受けとる心」（諸井）

七ッ　なんでもなんぎハさゝぬぞへ　たすけいちじよのこのところ

【通釈】

どんなことがあっても決して難儀をさせるようなことはしない。ここは、たすけ一条の元なるところであるから

【語釈】

なんでもなんぎハさゝぬぞへ　何でも難儀はささぬぞえ

　どんなことがあっても、難儀苦労はさせない。また、四ッ、五ッ、六ッの歌を受けて、欲はなく、陽気ずくめで、やさしい心になるということが、難儀（※5）のないご守護を頂いた姿であるとも考えられる。

　神というものは、難儀さそう、困らそうという神は出て居んで。

（明治20・3・25）

　どんな事情も理によって分かる。難儀なをやの通りた理が分かれば皆分

（※5）難儀　なんぎ　原典の用語。物質的にも精神的にも不自由し苦しむこと。苦しみ。貧乏。苦しくむかつくこと。（『改訂天理教事典』）

（※6）内海月杖（1872〜1935年）、神奈川県生まれ、東京大学国文科卒。歌人として活躍。明治大学教授を務め、『方丈記』などの多くの評釈書を著した国文学者。

文学者と「みかぐらうた」②

『みちのとも』明治四十三年七月号に、内海月杖《うつみげつじょう》（※6）が「みかぐら歌を読む」との一文を寄せている。

「……自分は、天理教については、全くの門外漢である。御教祖の上については、まるで何にも知らないのである。しかし、今、天理教での用語や何やを観《み》ると御教祖のその国語の趣の、いかにも高く、また、この上に、いかにも深い御用意があつたといふことがわかるやうにおもふ。

ことに、自分の感心するのは、あの一篇の『みかぐら歌』である。

……その蕪雑《ぶざつ》なことばづかひの中《うち》に躍々として、人にせまる、一道の生気の、抑へむとして抑ふべからざるものがあるではないか。ことに見給へ、全篇を通じて、容与たる趣の、たとへば、大海の洋々たるが如《ごと》く、われらをひたみちに、ゆかしい、尊い、神の庭へと導いていくものがあるではないか。

試みに、その一二を挙げて見よう。

人が何ごといはうとも、神が見てゐる気をしづめ。（四下り目一つ）

むごい心をうち忘れ、やさしいこゝろになりてこい。（五下り目六つ）

どうでも信神するならば、講を結ばうやないかいな。（五下り目十）

……見給へ、ゆゝしい信念と、容与たる安心と、そして大いなる慈悲と、歴々として、われらの眼に映じ躍々として、われらの胸にせまるものがあるではないか。

……『どうでも』、『やつぱり』、『なんぼ』の類、副詞の用例において、また、御教祖の国語の御力の非凡なのがうかゞはれる。平明である、通俗である、何等の奇もない。しかし見給へ。いかにその自然にしていかによく生気の躍動してゐるかを。

要するに、全体を通じて、生きた国語のすぐれた用例である。死んだ擬古のやり方ではない。

……『みかぐら歌』は、たしかに、天理教のほこりである、ゆゝしいまもりである」

かる。（明治22・8・4）

「おふでさき」の中には、「なんぎ」の言葉はなく、「なんぢう」という表現が見受けられる（※7）。

「人間一切ノ苦患ヲ救フト言フ義ナリ」（中山）

「何事によらず難儀、不自由はさせぬとの意であります」（武谷）

たすけいちじよのこのところ　たすけ一条のこの所

たすけ一条の元のぢば（元の屋敷）であるから（難儀苦労はさせない）。

「人間心を捨てて一条《ひとすじ》に親神様におすがりし、親神様のお鎮まり下さいます元のぢばを慕《しと》うて行くならば、どうあってもこうあっても――必ず――絶対に――難儀不自由はさせないという意味であります」（深谷）

八ッ　やまとばかりやないほどに　くに〳〵までへもたすけゆく

【通釈】

しかし、大和《やまと》ばかりではない。国々どこまでも、たすけに回って行く

（※7）
これまでのみちのすがらとゆうものハ　まことなんぢうなみちであれとも　（十二　54）
いま、でハどんななんぢうなみちすちも　ことわりばかり　みへてあるから　（十三　2）
このみちハ四十三ねんいせんから　まことなんぢうなみちをとふりた　（十五　83）

【語釈】

やまとばかりやないほどに　大和ばかりやないほどに

大和だけに限ったことではない。

この大和を日本ととれば、国々は世界中と意味が広がってくる。

「救済ノ教《おしえ》ハやまとノミニ限ラズト言フ義ナリやまとハ狭義ニ解釈スレバ大和一国ノ事トナリ広義ニ解釈スレバ日本全国ノ事トナルナリ」（中山）

くに〳〵までへもたすけゆく　国々までへもたすけ行く

世界隅から隅まで、国々どこまでへも、よふぼくを通してたすけに回る。

神の望まれるよふぼくの姿、使命について、『天理教教典』には、

「身上を病んで苦しむ者に、さづけを取り次ぎ、せんすべない事情に悩む者に、教《おしえ》の理を取り次ぐのが、よふぼくの進む道である。それは単に、あの痛み、この憂いを除くだけではなく、寧《むし》ろ、かかる苦しみを見せて頂いている、その人の心を、しんからたすけさせて貰《もら》うのである」（88～89ページ）

と記されている。

「救済ノ教《おしえ》ハ大和ヨリ言フトキハ日本全国ニ拡張セラレ日本ヨリ言フトキハ全世界ニ拡張セラルト言フ意ナリ」（中山）

九ッ　こゝはこのよのもとのぢば　めづらしところがあらはれた

【通釈】

ここはこの世の元のぢば。なんと、めずらしいところがあらわれた

【語釈】

こゝはこのよのもとのぢば　ここはこの世の元のぢば

ここ（元の屋敷）は、この世の元のぢばである。ない世界ない人間を造り出した、この人間世界創造の元のぢばである。

めづらしところがあらはれた　珍し所が現れた

ここはこの世の元のぢば、と教えられている、めずらしい所があらわれたものだ。

「**めづらしところ**　ふしぎなたすけをする、又《また》とないめづらしいところ（二ッ）、めづらしいたすけをするところ（三下り目五ッ）の両様の意味に解せる。

めづらし　で小さい円を描くのは（六下り目五ッ）完結を表わし、結構な、そして小さい円は、珍重すべき。**ところが**　でナゲの手、めづらしところな

のであって、その理を現われ出してまわる。**あらはれた**　で廻《まわ》るのは、八ッの**たすけゆく**と同じく、これにより、世界中に知れわたる意味を含み、世界中に又とない珍しい所が現われたという意味であると思われる」（諸井）

どうでもしん〴〵するならバ　かうをむすぼやないかいな

【通釈】
ここでどうでも信心を続けていくのなら、講を結ぼうではないか

【語釈】
どうでもしん〴〵するならバ　どうでも信心するならば
　どうでも信心をするのであるならば。
　ここでは、「十ド」「十デ」の形態ではなく、「どうでも」と始まっており、「十《とお》」の音を取っているものと思われる。それに伴って、表拍子（拍子木）が重なり、みかぐらうたの全般を通してもめずらしく太鼓が重ね打ちになる（※8）。手振りが、合掌の手から始まらない点も特徴的である。前に出ようとする勇み立つ印象を与え、特別な強調がなされているように感じられる。

（※8）太鼓の重ね打ちは、第五節の中では、ほかに十一下り目に二カ所あるのみ。

「合掌せぬのは、一下り目五ッと違って、そのあとに合掌があるための省略か、あるいはまた、九ッと一連の歌であることのため。即ち、現われたと云《い》って、どうでも。なんでもどうでもの精神で、信心をするならば、その時は」（諸井）

かうをむすぼやないかいな　講を結ぼやないかいな

講を結ばしてもらおうではないか。

教祖は、文久のころから「講を結べ」とおおせになっていた（※９）。

「教会ヲ結ブベシトノ義ナリかうハ講社即チ教会ナリ」（中山）

「どうでもこうでも熱心に信仰するからには、互いに立て合い助け合って、講を結成さして頂きましょう」（上田）

【備考】

◆五下り目は、「ぢば」を強調した下りといえよう。

まず、二ッで「ふしぎなたすけハこのところ」と、ぢば・たすけ場所のことについて触れられている。七ッで「たすけいちじよのこのところ」と言及され、九ッ「めづらしところ」ぢばが、救済発動の原点であると

（※９）「『講を結べ。』と、お急込《せきこ》み頂いたのは、文久、元治の頃《ころ》に始まり、早くもその萌《きざ》しはあったが……」（『稿本天理教教祖伝』142ページ）

確認するような展開になっている。
◆一ッと二ッ、七ッと八ッは、神からの不思議なたすけという点でつながる。二ッはたすけの道あけとして、三ッから六ッは、真のたすかりの道。人間側の心の問題。心遣いや信仰のあり方を諭しておられるということか。九ッと十は、人間の側に立っての言葉とも、神の側に立っての言葉ともとれる。
◆救済の発動は「ぢば」にあり、自分のたすかりから他者へのたすけ、そしてさらに講への歩みを諭されている。
◆九ッに「ぢば」が初出（※10）。
この時点（慶応三年の段階）で、お屋敷（元の屋敷）を指して「ぢば」と呼ばれていたのか。あるいは、明治八年のぢば定めを指して、やがてその日が訪れるという、未来のことを言われた予言的なお言葉なのか。どちらとも考えられる。あるいは、ただ場所をあらわす言葉であったのか。当時の人々にとって「ぢば」はどのように映っていたのだろうか。
◆五下り目は、よろづよ八首、三下り目とともに、〝革新〟時代の応法《おうぼう》の処置として削除を余儀なくされた（※11）。

（※10）第四節よろづよ八首に、「ぢば」があるが、第四節は明治3年に十二下りの前に加えられたもので、ここが初出とみられる。82ページ参照。

（※11）29ページ参照。

第五節　六下り目

一ッ　ひとのこゝろといふものハ　うたがひぶかいものなるぞ

【通釈】

人の心というものは、まことに疑い深いものである

【語釈】

ひとのこゝろといふものハ　人の心というものは

人間の心というものは。六下り目全体の流れからみると、教えを聞いて、すでに信仰している人を指して言われている。

「人間の心というものは。いささか概嘆の趣《おもむき》を含んで仰せになっていますね」（上田）

うたがひぶかいものなるぞ　疑い深いものなるぞ

なんと疑い深いものであろうか。神の守護を素直に信じることのできない人間に対する言葉。信仰の道を歩みながらも、時には心迷い、心いずませる、人の心を言われたものか。「ぞ」は強調。

いまゝでハ神のゆう事うたこふて
なにもうそやとゆうていたなり　（一 42）

何程言うても分かる者は無い。これが残念。疑《うたご》うて暮らし居るがよく思案せよ。さあ神が言う事嘘《うそ》なら、四十九年前《ぜん》より今までこの道続きはせまい。今までに言うた事見えてある。　（明治20・1・4）

「如何《いか》にひたむきに信ずることの出来ない疑い深いものであるという意味であります」（深谷）

「**うたがひ**　の手は、秘めた思いより、ずらして見るといった形をおつけ頂いている。おふでさきでは、疑うな、嘘《うそ》と思うな、ということを再々に仰せられる」（諸井）

二ッ　ふしぎなたすけをするからに　いかなることもみさだめる

【通釈】

不思議なたすけをするうえからは、どのようなことも見極める

【語釈】

ふしぎなたすけをするからに　不思議なたすけをするからにこれから神が不思議なたすけをするのであるから。人々が不思議と受け止めるようなたすけ全般の意味。

「不可思議ナル救済ノ恩寵《おんちょう》ヲ与へ給フガ故ニト言フ意ナリ」（中山）

「**ふしぎ**　この道は、世間でとても救《たす》からぬという重病、難病が、すきやかにお救け頂けます。しかも、今まで世間で思いも及ばなかった方法で救かる。たすけづとめと教えられるごとく、陽気づとめで救かる。息、てをどりといって、おさづけで救かる。人様を救けさして頂いたら、我が身が救かる。まじないでもなければ祈祷《きとう》でもありません。心一つの使い方の理によって救かる。ですから、親神様を知らない人が見たら、実に『ふしぎ』です。**たすけ**　親神様は病気も救けて下さる。豊年満作のご守護も下さる。すべての苦しみや悩みを救けて、陽気な世界にして下さいます」（上田）

いかなることもみさだめる　いかなることも見定める

どのようなことも見極める。

「ふしぎなたすけ」は、五下り目において、たすけの道あけとしての「をびや」「はうそ」を通して述べられ、素直に信じることの大切さを教えられていた。ここではさらに進んで、親神が、不思議なたすけをするについて、一人ひとりの心の真実を見定める、と述べられる。

「みさだめる」は、「見てそれときめる。それと確かめる。見きわめる」（『広辞苑』）。

しんぢつの心みさだめついたなら
いかなしゆこふもするとをもゑよ　（四 52）
月日よりしんぢつ心みさためて
いかなしゆこふもするとをもゑよ　（六 109）
月日よりみなそれ〳〵とみさだめて
善とあくとをみハけするぞや　（八 52）
このたびハとのよな心いるものも
みさだめつけてすぐにはたらく　（十五 15）

「人間心内ノ秘密尽《ことごと》ク之《これ》ヲ照鑑《しょうかん》シ給フトノ義ナリ」（中山）

「**いかなることも　はうたがひぶかい**と同じ手ぶりであることは、特にその方面の心の真実、疑う心があるかないか、を見定められることを仰《おっ》しゃっているのだと思う。**みさだめる**　真実の心を見定められるのである」（諸井）

三ッ　みなせかいのむねのうち　かゞみのごとくにうつるなり

【通釈】

世界中すべての人の心の内は、合わせ鏡に映るようにみな見えるのである

【語釈】

みなせかいのむねのうち　みな世界の胸の内

目に見えない人間の心の中も。

かゞみのごとくにうつるなり　鏡のごとくに映るなり

合わせ鏡にものが映るように、神の目にはみな見える。手振りでも表現されている。

「合わせ鏡のように、裏も表もすべて親神に鮮やかに映るのである」（山本）

「人間心内ノ秘密神ノ御心ニ現ル、コト物ノ明鏡ニ映ズルガ如《ごと》クナリトノ義ナリ」（中山）

「合《あわ》せ鏡のように、親神様の御心に人々の心の中が寸分の違いなくよく映るという意味であります。おふでさきにも、

このよふをはじめだしたる月日なら
どんな事でもしらぬ事なし　八 11
せかいぢう一れつなるのむねのうち
月日のほふゑみなうつるなり　八 12
それしらすみなにんけんの心とて
わがみしやんをばかりをもふて　八 13

と仰せられてあります」（深谷）

四ッ　ようこそつとめについてきた　これがたすけのもとだてや

【通釈】
よくぞ教え通り、つとめを勤めて来た。これこそがたすけの根本である

【語釈】
ようこそつとめについてきた　ようこそつとめに随《つ》いて来た
「つとめ」とは、合掌の手振りからすれば、おつとめのことであろう（次ページのコラム参照）。

ようこそつとめについてきた

「このおうたご製作のころに思いを返せば、当時（慶応三年正月―八月）は『あしきはらい』の地歌とてをどりは教えていただいていても、他の地歌とてをどりは、まだ教えていただいておらず、鳴物も全部は、まだ教えていただいてませんでしたから、『ようこそつとめについてきた』と、ねぎらいのお言葉をもって仰せくださるこのおうたは、やがて旬の切迫と共に、いかなる困難な状況下にあろうとも、たすけ一条の道が啓《ひら》かれてゆくためには、どうでもこうでもつとめを勤めなければならない将来《さき》を見越されての、親心あふれる励ましのお言葉とも悟らせていただけるのではないかとも思います」（小野清一著『みかぐらうた入門』）

「このつとめを広くとって身の勤めがたすけの元となるのである、とも悟らせてもらわねばならんのである。

『勤めが第一身の勤め、……心の勤め身の勤め、……』（明治21・8・31）

と仰せくだされるように、身の勤めは実に肝心なのである。ところで、その身の勤めも、心の添わない身の勤めではなんにもならないのである。身も心も一つになった、わが身わが心の勝手を押《おさ》えて、心の真実からの勤めこそ、お受け取りくださる勤めである」（桝井孝四郎著『みかぐらうた語り艸』）

「教祖ニ随従シテ信仰修行ノ堅固ナル信徒ヲ感賞セラレタルナリ」（中山）

「世間の嘲笑《ちょうしょう》反対攻撃の中をものともせず、ようこそおつとめをつとめて来たという意味であります」（深谷）

これがたすけのもとだてや

「もとだて」は、「根本。起源。基。起こり。原因。種」（『日本国語大辞典』）や「口実。根拠。種」（『広辞苑』）。

「本立（モトダテ）とは草や木の根に近い方の幹をいいます。基幹根本の意味であります」（深谷）

「元だては根本の手だてである。またそれは、元、根本を立てるので元立てでもある」（諸井）

五ッ　いつもかぐらやてをどりや　するではめづらしたすけする

【通釈】

いつも、かぐらやてをどりを。末では珍しいたすけをする

【語釈】

いつもかぐらやてをどりや

「いつも」は、①毎日（※1）、②毎月の二十六日（御命日）（※2）、③怠りなく、などと解せよう。

（※1）「かんろだいの石取払《とりはら》い以後、官憲の圧迫は尚《なお》も強化される一方であったが、それには少しの頓着《とんちやく》もなく、教祖は、依然としてたゞ一条《ひとすじ》に、たすけづとめを急込《せきこ》まれ、十月十二日から十月二十六日まで、教祖自ら北の上段の間にお出ましの上、毎日々々つとめが行われた」（『稿本天理教教祖伝』240ページ）

「（明治二十年）一月十八日夜から始まった、かぐら・てをどりは、二月十七日夜まで続けられ、人々は寒中も物かは、連日水行《すいぎょう》して、真心こめて御《ご》平癒《へいゆ》を祈った」（同324ページ）

（※2）「かぐら面は出来た。お屋敷では月の二十六日には、お面をつけてかぐら、次にてをどりと、賑《にぎ》やかに本勤めを行い、毎日毎夜つとめの後では、お手振りの稽古《けいこ》を行った」（『稿本天理教教祖伝』113ページ）（次ページのコラム参照）

二十六日の理

教祖は二十六日の理について、

「まつりというのは、待つ理であるから、二十六日の日は、朝から他《ほか》の用は、何もするのやないで。この日は、結構や、結構や、と、をや様の御恩を喜ばして頂いておればよいのやで」

と、お聞かせ下されていた。

明治十一年四月二十八日（陰暦三月二十六日）の朝のこと。山中こいそは、教祖に向かって、「教祖、朝早くから何もせずにいるのは余り勿体《もったい》のう存じますから、赤衣《あかき》を縫わして頂きとうございます」とお願いした。お許しいただいて早速縫いはじめたが、突如として黒白《こくびゃく》も分からない真の闇《やみ》になってしまった。こいそが、「勿体ないと思うたのは、かえって理に添わなかったのです。赤衣を縫わして頂くのは、明日の事にさして頂きます」と、心に定めると、たちまち元の白昼に還《かえ》って、何《な》んの異状もなくなった。教祖は、

「朝から何もせずにいるのは、あまり勿体ない、と言いなはるから、裁ちましたが、やはり二十六日の日は、掃《は》き掃除と拭《ふ》き掃除だけすれば、おつとめの他は何もする事要らんのやで。してはならんのやで」

と、仰せ下さった。

（『稿本天理教教祖伝逸話篇』五九「まつり」参照）

「いつもハ毎日ナリかぐらやてをどりやトハ御神楽歌及ビ御神楽舞（※3）ヲ言フナリ」（中山）

（※3）明治39年当時の、時代の影響を受けた表現がなされている。

すゑではめづらしたすけする　末では珍したすけする

「すゑ」は、時間的な意味だと思われる。

その、ちハやまずしなすによハらすに

心したいにいつまでもいよ　（四 37）

またさきハねんけんたち事ならば

としをよるめハさらにないぞや　（四 38）

また、空間として解釈できなくもない。ぢばを元とすれば、教会（地方）を末と見ることもできる。

「終末ニ至リテ不可思議ナル救済ノ効験ヲ現ス可《べ》シトノ意ナリ」（中山）

「将来は人間の常識では解《わか》らないような珍しい不思議なたすけを親神様がなさるという意味であります」（深谷）

「元のぢばに対して、国々処々《ところどころ》が末であります。元のぢばと国々処々とは、一本の木の根と枝との関係でありまして、枝は、常に根から養分を供給して貰《もら》って、成長してゆくのであります」（平野）

六ッ　むしやうやたらにねがひでる　うけとるすぢもせんすぢや

【通釈】

むやみやたらに、たすけを願って来るが、受け取り方もいろいろとなる

【語釈】

むしやうやたらにねがひでる　無性やたらに願い出る

人々はむやみやたらにたすけを願い出ているが。

また、世間一般の神仏に願い出ているが、とも考えられる。

「むしやうやたら」は、「(同じ意のことばを重ねたもの)むしょう〈=その行為・状態が前後の脈絡もなく激しく行なわれるさま〉を強めていう語」(『日本国語大辞典』)。

「人間というものは、わが身の上から考えて皆、それぞれわが身の都合のよいように願うものである」(桝井)

「祈祷《きとう》スル者ノ極《きわ》メテ多クシテ千差万別ナルヲ言フ」(中山)

うけとるすぢもせんすぢや　受け取る筋も千筋や

神が受け取ってあらわす守護は、いろいろ(千差万別)である。願う人の心に応じて、受け取る側も千筋になるということ。

「お受け取りくだされる親神様の方にも、それぞれ、その人その人によって、受け取っていただく筋は千筋に違っているのである。十人十色、百人百色に、その人の心通りに、皆違うのである」(桝井)

「親神様がお受取《うけと》り下さる願《ねがい》の筋も千差万別(多種多様)であるという意味

であります。……

月日にハなにかなハんとゆハんてな
みなめへ〳〵の心したいや　一三　120
月日にハどんなところにいるものも
心しだいにみなうけとるで　一七　13」（深谷）

七ッ　なんぼしん〴〵したとても　こゝろえちがひはならんぞへ

【通釈】

どれほど信心したとしても、（神の心に添わぬ）心得違いがあってはならんぞ

【語釈】

なんぼしん〴〵したとても　なんぼ信心したとても
いくら長く熱心に信心したとしても。

「しん〴〵」の表現は、「おふでさき」にはない。

「なんぼ」は、「なにほど（何程）」の変化したもので、「①程度の限定しがたいさま、また不明、不定なさまを表わす。どれほどか。どの程度か。②程度

がはなはだしくて、限定しがたいさまを表わす。ずいぶん。いくらでも」（『日本国語大辞典』）。

「信仰如何程《いかほど》深厚ナレバトテト言フ意ナリ」（中山）

「手振りで示されるように、どれ程合掌をして、形だけは如何《いか》にも信仰しているようなかっこうをしてもという意味であります」（深谷）

「なんぼ　どれほどということは、どれほど力こめて一生懸命に、ということと、どれほど長い年限かけて、ということとである」（諸井）

こゝろえちがひはならんぞへ　心得違いはならんぞへ

自分に都合のよい、自分流の信仰や形だけに陥った信仰を戒められている。「おふでさき」には、「心ちがい」との表現がある（※4）。「こころえちがい」は、「①心得を誤ること。道理にはずれた行為や考え方をすること。②思い違い。考え違い。誤解」（『日本国語大辞典』）。「ぞへ」は、念押しの強調。

ちかみちもよくもこふまんないよふに
たゞ一すぢのほんみちにでよ　（五　30）

しんぢつが神の心にかなハねば
いかほど心つくしたるとも　（十二　134）

月日にハこらほどくどきつめるから

（※4）

をや〳〵の心ちがいのないよふに　はやくしやんをするがよいぞや　（三　31）

なにゝてもやまいとゆうてさらになし　心ちがいのみちがあるから　（三　95）

にち〳〵にみにさハりつくとくしんせ　心ちがいを神がしらする　（四　42）

これからハよろづの事をみなとくで　心ちがいのないよふにせよ　（四　134）

いまゝでハ心ちがいわありたとて　ひがきたらんてみゆるしていた　（五　25）

心ちがゐばすぐにしりぞく　（十三　70）

「**こゝろえちがひ**　根本の心の持ち方。入信の元一日には緊張していても、それが年月と共に緩んで、次第に欲や高慢がついてくると、神人共に許さざる曲解、ないしは邪説という場合も起こりかねません。……**ならんぞへ**　信心の道について来て後の心得違いは、まことに恐ろしいものです」（上田）

「**こゝろえちがひは**　の手は、神の御心に対し、こちらの心が悉《ことごと》くはずれている、何をやっても添うところが全くないということを、お示し頂いているのだと思う」（諸井）

八ッ　やっぱりしんぐ〵せにやならん　こゝろえちがひはでなほしや

【通釈】

やっぱり信心しなければならない。心得違いは、（一から）出直しである

【語釈】

やっぱりしんぐ〵せにやならん　やっぱり信心せにゃならん

ここでの信心は、親神の思召《おぼしめし》にかなった、添ったものでなければならない。

「信仰ノ止ム可《や》《べ》カラザルヲ言フナリ」（中山）
「信仰の道すがらにはいろいろの日がありますが、いんねんあって一旦《いったん》お道に引きよせられた者は、仮令《たとえ》一時はお道を踏み違い、お道より遠ざかっても、結局は矢張《やっぱ》りお道にかえって、信心せなければならないという意味であります」（深谷）

こゝろえちがひはでなほしや　心得違いは出直しや

心得違いがあれば、やり直してでも（信心を続けるように）。
この「でなほし」（出直し）を、死ととらえた解釈もある。
「道徳ニ悖戻《はいれい》スル行為アレバ即刻悔改《かいかい》スベシトノ義ナリ」（中山）
「『でなほしや』のお歌を、生命を失うこととの解釈もありますが、ここでは、一般用語としての『最初から改めてやり直す』意味の『出直し』と解するがよいと思います。手振りからみてもその方が自然と存じます」（山本）
「近道や欲や高慢のため、お道より遠ざかりお道の正しい信仰を踏み間違えた者は、終《つい》には身上をおかえしせねばならぬという意味であります」（深谷）
「長年信仰して居ても、自己反省を怠り、心得違いを繰り返して居るだけでは、遂に親神様に身上をお返しせねばならぬようになるでありましょう」（平野）

九ッ　こゝまでしん〴〵してから八　ひとつのかうをもみにやならぬ

【通釈】

ここまで信心したからには、一つの効能も見なければならないであろう

【語釈】

こゝまでしん〴〵してから八　ここまで信心してからは

ここまで信心を続けて来ているのであるから。

「信仰此《ここ》ニ至レルカラハト言フ義ナリ蓋《けだ》シ教祖我等教徒ニ代《かわ》リテ言ハレタル詞ナリ」（中山）

「極く初歩の御《ご》利益《りやく》信心といわれるようなところより、次第に本教の信仰即ち真実の信仰に目ざめて精進をつづけ、四下り目で示されたような、外からの妨害にも屈せず、五下り目で示されたように更《さら》に進んで人をたすけさせていただき、講を結び、永く信心させていただくうちにも増長して邪道に陥ることなく、一すじ心を以《もっ》て、この道をここまで信心してからはという意味であります」（深谷）

「八ッと九ッの間に、こゝを聞き分けて、神一条の誠の心で信心するなら、

といった言葉が入って、つながる。**してから八**　親神様の述懐、して来たからは」（諸井）

ひとつのかうをもみにやならぬ　一つの効をも見にゃならぬ

一つの効能も見なければならない。つまり、見せてやらなければならないという、親神の親心のあらわれた言葉。

五下り目で言われる〝講〟と関連づけた解釈もある。

「凡《およ》ソ信仰必ズ効験アリ未《いま》ダ一ノ効験ヲモ見ズシテ信仰ヲ捨ツルハ是《これ》信仰ノ至ラザルモノナリトノ意ナリ」（中山）

「**かう**　講。同信の者の相寄る集い。信仰を同じうする者の集まりですね。……こうして何人もの人が救かれば、当然教会設置となります。そこで陽気な信仰は、一層陽気な信仰になります」（上田）

「たすけ一条のこうのうの理として、道の路金として、生涯末代の宝として、おさづけの理を拝戴《はいたい》し、ようぼくと成らせて頂いた者が、身上事情で苦しみ悩んで居る人に教理を取り次ぎ、おさづけを取り次いで、ふしぎなたすけ、珍しいたすけを実地に見せて頂く事であると思います。……この喜びの体験が一人から一人へと伝えられ弘《ひろ》められてゆくのでありまして、ここに国々処々において、喜びの成果、即ち、講の結成も出来てゆくのであります」（平野）

十ド　このたびみえました　あふぎのうかゞひこれふしぎ

【通釈】

ついに、このたび一つの効を見ることができました。扇の伺いの、なんと不思議なことか

【語釈】
このたびみえました　この度見えました
効能があらわれてきました。この度とは、第五節を教示された慶応三年の時点のことか。
「此《こ》ノ度信仰ノ効験事実ノ上ニ現レタリト言フ意ナリ」（中山）

あふぎのうかゞひこれふしぎ　扇の伺いこれ不思議
扇の伺いとは、元治、慶応のころ（一八六四～一八六七年）に、教祖自ら多数の人に渡された「扇のさづけ」のこと。扇の動きによって神意を悟ることができたという。おたすけ以外に用いる者があらわれ、明治の初めごろに理を抜かれている。扇の伺いについての「おさしづ」は一件のみである。

さあ〳〵扇の伺い〳〵というは、心得までのため、これは古きの道や。僅《わず》か年限は知れてある。教会を治めて居るなら、世界からどうであろうと心掛けて居よう。俺《おれ》も見ようか。今の一時難《むつか》しい処《ところ》、古き処で止め置きたる処も暫《しばら》くという。用いる者が悪いのや。これ一寸々《ちょっと》と言う者が悪いのや。めん〳〵からは出やしょうまい。それだけの心の理が分からねばどうもならん。扇伺いは言葉では言わん。それから遂にはこふまんの理が出る。そこで皆止《と》めた事情は古き事情。（明治23・6・21）

「扇喩《おうぎのさとし》ノ天啓ハ真ニ是《これ》不可思議ナリトノ義ナリ」（中山）

「〝扇の伺い〟これこそはまことに不思議なものであるという意味であります」（深谷）

【備考】

◆一・二・三は「人の心」、四・五は「つとめ」、六・七・八は「信心」、九・十は「さづけ」と、内容のまとまりを感じる。

◆五ッに「いつもかぐらやてをどりや」とあるが、第三節までがそろうのは明治八年のことであり、十一通りのつとめの歌と手振りも、このときに教えられている。

◆六・七・八で言われているお道の信心は、願い信心、拝み信心、御利益信仰ではない。

◆六下り目では、「つとめ」と「さづけ」について触れ、たすけ一条のあり方こそ真の信心であることを諭されている。その上で、おさづけの理を頂いた人間の喜びの心情を示されているようである。

「五下り目がおたすけの章というならば、六下り目は信心の章ということが出来ましょう。即ちこの下りは、或《あるい》は勇み或はいずみ、或は疑い或はそれようとする変《かわ》りやすい人間心を見定めて、或は教え或は諭し、はっきりした信仰の効能を見せていただく、揺《ゆる》ぎなき心境にまでみちびこうとされる、親神様の親心をお歌い下されてあることを知ることが出来ましょう」

（深谷）

第五節　七下り目

一ッ　ひとことはなしハひのきしん　にほひばかりをかけておく

【通釈】

一言神の話をするのも、ひのきしんである。にをいだけでもかけておくように

【語釈】

ひとことはなしハひのきしん　一言話は日の寄進

一言神の話を取り次ぐだけでも、それは「ひのきしん」となる。

神が一言の話をするのは、「ひのきしん」についてである、との解釈もできる。

「ひとことはなし」の手振りは、「ちよとはなし」「いついつまでも」（十下り目五ッ、十一下り目五ッ）などと同じ。

（※1）匂《にお》い＝①あざやかに映えて見える色あい。色つや。古くは、もみじや花など、赤を基調とする色合いについていった。②（「臭」とも）ただよい出て嗅覚《きゅうかく》を刺激する気。かおり、くさみなど。悪いにおいについて「臭」とも書く。③人の内部から発散してくる生き生きとした美しさ。あふれ

「此《こ》ノ章ノ大意ハ一言ニテモ天啓救済ノ福音ヲ世人ニ伝ヘテ布教ノ端ヲ開クハ即チ是《これ》献身的労働ナルコトヲ示サレタルナリ　ひとことはなしトハ一言半句ノ談話ナリ」（中山）

「にをいがけこそ、世界一列を救《たす》けたいと思召《おぼしめ》される親神様の世界のふしんの第一線の働きであり、親神様への何よりの報恩です。即ち、ひのきしんと仰せられる所以《ゆえん》であります」（上田）

「親神様の御教《みおしえ》を、未《ま》だ知らない人に取次《とりつ》いで、一言でも話しかけることは、立派なひのきしんの理に受けとるという意味であります」（深谷）

「神は一言のはなしとして『ひのきしん』ということを、匂《にお》いばかりかけておく」（諸井）

にほひばかりをかけておく　匂いばかりを掛けておく

「におい」（※1）には、嗅覚《きゅうかく》を快く刺激するもの、かおり、風情など多彩な意味が含まれる。「ばかり」（※2）は、程度や限定を表す。

初期の「みかぐらうた」写本に、「かけておけ」の表記が一例見られる。

「ただ一つ、№11増田忠八本では異例の記録があります。『かけておけ』と『け』になっているのであって、このような歌詞は他に見出されておりません。おそらく誤記かと思われますが、他に同時期の新資料が見付かれば新たな問題

るような美しさ。④花やかに人目をひくありさま。見栄えのするさま。栄華のさま。威光。光彩。⑤声が、張りがあって豊かで美しいさま。声のつやっぽさ。声のなまめかしさ。⑥芸能や文芸作品などで、そのもののうちにどことなくただよう、気配、気分、情趣。ただよい流れる雰囲気。（『日本国語大辞典』）

（※2）ばかり＝①おおよその程度・範囲を示す。ほど。ぐらい。ころ。②限定の意を表わす。ほんの…だけ。…だけ。③その動作が完了して間もない意を表わす。…したて。補注（6）……同じく限定であっても「だけ」「きり」が明瞭にそれのみと限るのに対し、「ばかり」は①の本源的な意味を全く捨てることはほとんどなく、「おおよそ…だけ」の意味合が濃い。（『日本国語大辞典』）

になるかもしれません」（永尾）

「おふでさき」「みかぐらうた」「おさしづ」には、神からと人間側の「にをいがけ」の双方が認められるが、神からの例として、

それゆへにゆめでなりともにをいがけ
はやくしやんをしてくれるよふ　（十四　7）

いまゝでハどんなはなしをしたとても
なにをゆうてもにをいはかりや　（十五　79）

みなせかいからだん／＼と
きたるだいくににほいかけ　（十二下り目　3）

などがある。

「教《おしえ》ノ妙味ヲ簡短《かんたん》ナル談話ニ洩《も》ラシ聞クモノヲシテ教ヲ慕ハシムルコト猶《なお》梅花林中ニ入ル人ヲシテ未ダ其《そ》ノ樹ヲ発見セザルニ早ク既ニ其ノ馥郁《ふくいく》タル芳香ヲ嗅《か》グヲ得シムルガ如《ごと》キヲ云《い》フナリ」（中山）

「詳しいことはともかくとして、先《ま》ずそれとなしに結構な親神様のお教えを取次ぐことが、将来しっかりした、信仰にはいっていただくもとになるのであって、大切だという意味であります」（深谷）

二ッ　ふかいこゝろがあるなれバ　たれもとめるでないほどに

【通釈】

(たすけ一条の)深い心があるのならば、誰《だれ》も止めることはできないであろう

【語釈】

ふかいこゝろがあるなれバ　深い心があるなれば

人間の深い心とも神の深い心とも考えられる。

「深厚《しんこう》ナル信仰アレバト言フ意ナリ」(中山)

「本人にどうでもと云《い》ふ熱心さへあれば」(武谷)

「**ふかい**　深い。可愛い子供である世界一列の人間を救《たす》けたいという、天地人間創造以来の深遠な親神様の思召《おぼしめし》。**こゝろ**　親心。**あるなれバ**　あってのことだから」(上田)

「**ふかいこゝろが**　左脇で押《おさ》ヱるが、ここだけなぜ脇で押えるのかということを思案すると、これは秘められた深い心だからであり、それは親神様の深い思召以外にない。ほかに脇で押エルのは、**かみがでゝ　なか〳〵このたび**立教以来のこのたびで、刻限、思惑の時をあらわす手である」(諸井)

たれもとめるでないほどに　誰も止めるで無い程に

たすけ一条の信仰に歩む人のことを、だれも止めることはできない。また、神が言っているのだから止めてはならん。

諸井政一著『正文遺韻』（※3）には、「神の方からとめるやないほどに、めん〳〵から止まる様な事をするな」と聞かせられたことが記されている。

（※3）昭和12年、山名大教会発行。

「之《これ》ヲ抑止セズ其ノ意ニ任セテ実行セシムベシトノ義ナリ」（中山）

「誰一人として止める者はない筈《はず》であります」（武谷）

「**たれも**　誰も。**とめる**　妨害する。**ない**　するでない。**ほどに**　止めだてをするのではない、と念を押しておられるのです」（上田）

「何人《なにびと》もにをいがけするのを妨害しないようにという意味であります」（深谷）

「誰も止めることはしてくれるな。神の邪魔立てするな、であるが、めい〳〵が、ひのきしんに出るのを我が心から止める、又、人がひのきしんに出てゆくのを止めること等を含めて、仰《おっ》しゃっているものと思われる」（諸井）

三ッ　みなせかいのこゝろにハ　でんぢのいらぬものハない

【通釈】

世界の人みなの心の内を見るに、田地の要らないという者はない

【語釈】

みなせかいのこゝろにハ　皆世界の心には

「世人ノ心ニハト言フ意ナリ」（中山）

「**みな**　何人も皆、ことごとく。**せかいの**　世界中の人々の。そして、特に農作をする人々にとって、田地《でんじ》ほど貴重なものはまたとありません。**こゝろ**　人々の心。心の底からの願望」（上田）

「世界中のすべての人の心の底からの願望はという意味であります」（深谷）

でんぢのいらぬものハない　田地の要らぬ者は無い

田地（※4）の欲しくない者はないであろう。

田地は、比喩《ひゆ》表現。当時、信仰者の多くが農業を営んでいたため、分かりやすく具体的な表現をもって、教えられたものと思われる。

「**でんぢ**　田地。百姓が米を作る土地。そこへ種を蒔《ま》いて稲を植えたら米のよく穫《と》れるように、多年耕作し、潅漑《かんがい》し、また肥料を置いてよく手入れしてある土地。……**いらぬ**　このように生命の源になる田地ですから、万人が皆欲しい

（※4）田地《でんち》＝（「でんじ」とも）①田畑となっている土地。②境地、境涯。（『大辞林』三省堂）

と思うのももっともです。ものハない　誰一人として要らんという者はありません」（上田）

「田地とは、お百姓がお米を作る田地であります。……広義に解釈すれば商人にとっては店舗《みせ》が、職人にとっては職場が、田地であるということが出来ましょう」（深谷）

「人間の心は、田地のように、各自の運命の種を蒔き、育て、実りを与えて頂く処《ところ》であります。……このお歌は、人間の心と運命を、田地に譬《たと》えてお教え下されているものと悟らせて頂きます」（平野）

四ッ　よきぢがあらバ一れつに　たれもほしいであらうがな

【通釈】

ましてや、よい田地があったならば、みな誰《だれ》もが欲しいであろうよ

【語釈】

よきぢがあらバ一れつに　良き地があらば一列に

「よきぢ」、具体的には、収穫量の多い、上々田、上田、美田（※5）と言わ

（※5）美田＝肥えたよい田地。（『広辞苑』）

れる田のことであろう。

「よきぢがあらばトハ美田地アラバト言フ意ナリいちれつハ世間一般ニナリ」（中山）

「水利の便利な、日当《ひあた》りの良い地味の肥えた、何時《いつ》も豊かに稔《みの》る田地があれば世界の人々は例外なしにという意味であります」（深谷）

たれもほしいであらうがな　誰も欲しいであろうがな

「がな」（※6）は、念を押す意をあらわす語。

「誰モ美田ヲ心ニ欲スルナラントノ義ナリ」（中山）

（※6）「がな」＝（感動の終助詞「が」に、同じく感動の終助詞「な」の付いたもの）文末において終助詞的に用いられる。①念を押す意、または詰問の気持を表わす。②感動を表わす。『日本国語大辞典』）

五ッ　いづれのかたもおなしこと　わしもあのぢをもとめたい

【通釈】
どこの誰でも同じことで、私もあの良い田地を求めたい

【語釈】
いづれのかたもおなしこと　何《いず》れの方も同じこと

どこの者でも同じことであろう。
「かた」は、「方」で、ここでは人間であると思われる。
「何人モ美田ヲ得ントノ欲望ハ同ジカルベシトノ意ナリ」（中山）

わしもあのぢをもとめたい　私もあの地を求めたい
「わし」を教祖自身のことを表したものであるとの解釈もある。
「『わしもあの地を求めたい』と言うに違いないのだ。（そうした田地を神がやろうというのだ）」（諸井）
「我モ亦《またか》彼ノ田地ヲ得ンコトヲ欲ストノ義ナリ我トハ教祖自己ヲ称セラレタルナリ」（中山）
「ここで〝わし〟とは言うまでもなく、教祖が、私達人間の立場になって仰せ下されているお言葉であります」（平野）

六ッ　むりにどうせといはんでな　そこはめい〳〵のむねしだい

【通釈】
しかし、無理にどうせよとは言わない。そこはお前たち一人ひとりの胸次第

である

【語釈】

むりにどうせといはんでな　無理にどうせと言わんでな

無理に美田を求めよとは言わない。

「無理にどうせよこうせよと親神様は強制的に命令はしないという意味であります」（深谷）

そこはめい〳〵のむねしだい　そこは銘々の胸次第

どうせよ、こうせよと神は言わない。おのおのの心次第、胸次第に任せている。

「皆、銘々の心一つ、心一つの使いようの理によって、よろづ一切の幸福の豊かに稔《みの》る田地を授けよう、と親神様は仰せ下されています」（上田）

七ッ　なんでもでんぢがほしいから　あたへハなにほどいるとても

【通釈】

どうしても田地が欲しいから、価《あたい》はどれほど要るとしても

【語釈】

なんでもでんぢがほしいから　何でも田地が欲しいから

何としてでも、よい田地がほしいので。美田などが欲しい（※7）。

「必ズ田地ヲ得ンコトヲ欲スレバト言フ義ナリ」（中山）

「なんでも、どうでも田地が購入したいからという意味であります」（深谷）

あたへハなにほどいるとても　価《あたえ》（※8）は何ほど要るとても

代価がいくらであろうとも。

「何程高価ナリトモ厭《いと》ハズシテ之《これ》ヲ求ムベシトノ義ナリ」（中山）

八ッ　やしきハかみのでんぢやで　まいたるたねハみなはへる

【通釈】

この屋敷は神の田地である。蒔《ま》いた種はみな生える

（※7）仏教にも福田、心田など、田地にたとえて功徳を説く用例がある。

（※8）あたえ＝「あたい（価）」の変化した語。方言　奈良県。（『日本国語大辞典』）

【語釈】

やしきハかみのでんぢやで　屋敷は神の田地やで

屋敷とは居住の場所で、耕作の場所ではない。元のやしきが神の田地であると言われているのは、親神の救済の守護が発動する場ということであろう。世上の良田を超えた神の田地。

「元はじまりの屋敷即《すなわち》元のぢばのある中山氏《うじ》という屋敷は親神様の田地である」（深谷）

まいたるたねハみなはへる　蒔いたる種は皆生える

一般の田地では、蒔いた種に修理、肥をしても、災害などで、すべて生えるとは限らないが、神の田地ではみな生える。

「此《こ》ノ田地ニ播《ま》キタル種子ハ皆生長スト言フ義ナリ」（中山）

「お屋敷に播いたる種、即ちお屋敷に尽《つく》し運ぶひのきしんの理は、一粒万倍《いちりゅうまんばい》となり、不思議な自由自在《じゅうようじざい》の親神様の御守護として皆現われて来るという意味であります」（深谷）

「蒔いた種は皆生える田地なのである……ちゃんとはえるということで、**みなはへる**といわれるのは、修理肥をせずともみな生えるということである」（諸井）

九ッ　こゝハこのよのでんぢなら　わしもしつかりたねをまこ

【通釈】

この屋敷が、この世の最上の田地であるなら、私もしっかり種を蒔《ま》こう

【語釈】

こゝハこのよのでんぢなら　ここはこの世の田地なら

　この屋敷がこの世の最上の田地と聞かせていただくからには。この世界の最上の田地と教えられているから。

「**こゝ**　親里ぢばを指しておられると存じます」（平野）

「**このよのでんぢ**　此《こ》の世界に於《お》ける最良の田地と云《い》ふ意であらうと思ひます」（武谷）

わしもしつかりたねをまこ　私もしっかり種を蒔こ

　私もしっかりと真実の種を蒔こう。

ここでも中山説では、「わし」を教祖自身のこととしてとらえている。

「此《こ》ノ章ノ大意ハ教祖自己ノ心田《しんでん》（※9）ニ救済恩寵《おんちょう》ノ種子ヲ播《ま》カントシ給フ

（※9）「心田」＝「しんじ（心地）」に同じ。「こころ」を田地にたとえた語。「心地」＝〔仏〕①心のこと。（『大辞林』）

コトヲ譬喩《ひゆ》ヲ以《もっ》テ示サレタルナリ」（中山）

「私も此の田地を手に入れ、最良の宗教を信じ、此の道のために働き、此の教理に基《もとづ》いて将来助かる事の出来る真実の種子蒔きをしませうと、本教が最良の宗教である事を悟り、価を惜《おし》まず、信仰に入り、熱心に種子蒔きにかゝる有様を仰せられたものであらうと思ひます」（武谷）

「私もしっかり、日々ひのきしんの誠を親神様に捧げさして頂こう、とて、おぢばに伏せ込ませて頂く神恩報謝の誠心は寿命となり、繁栄となり、歓喜となって、一粒万倍にしてお返し下さる旨を、お教え下さっています」（上田）

十ド　このたびいちれつに　ようこそたねをまきにきた
たねをまいたるそのかたハ　こえをおかずにつくりとり

【通釈】

この度みなそろって、ようこそ神の田地に種を蒔きに来た。種を蒔いたその者は、肥料を置かずとも豊かな収穫をみることができよう

【語釈】

このたびいちれつに　この度一列に

このたびは、みんなそろって。

「このたびハ教徒教祖ニ来《きた》リタル時ナリ」（中山）

「とうとうこの度、世界一列の人間は」（上田）

「とうとうこの度世界一列が打ち連れてという意味であります」（深谷）

「このたび　将来に到来するこのたびであるから、イサミの手である」（諸井）

ようこそたねをまきにきた　ようこそ種を蒔きに来た

よくぞ、世界の子供たちが打ちそろって、種を蒔きに来た。

「ようこそ、誠真実の種をお屋敷に蒔きに来てくれたと、親神様が帰参した人々をねぎらって下さるのであります」（深谷）

たねをまいたるそのかたハ　種を蒔いたるその方は

種を蒔いたその場所は、または、種を蒔いたその人は。

「種子ヲ播《ま》キタル後ハト言フ義ナリ」（中山）

「この種を蒔いた者は」（上田）

「誠真実の種を蒔いた其《そ》の人はという意味であります」（深谷）

こえをおかずにつくりとり　肥を置かずに作り取り

普通の田地と異なり神の田地は、種を蒔いた後に修理をしたり肥を置かず

肥を置かずに作り取り

教祖は、山中忠七に、

「神の道について来るには、百姓すれば十分に肥も置き難《に》くかろう。」

とて、忠七に、肥のさづけをお渡し下され、

「肥のさづけと言うても、何も法が効くのやない。めんめんの心の誠真実が効くのやで。」

と、お諭しになり、

「嘘《うそ》か真《まこと》か、試してみなされ。」

と、仰せになった。

忠七は、早速、二枚の田で、一方は十分に肥料を置き、他方は肥のさづけの肥だけをして、その結果を待つ事にした。

やがて八月が過ぎ九月も終《おわ》りとなった。肥料を置いた田は、青々と稲穂が茂って、十分、秋の稔《みの》りの豊かさを思わしめた。が、これに反して、肥のさづけの肥だけの田の方は、稲穂の背が低く、色も何《な》んだか少々赤味を帯びて、元気がないように見えた。

忠七は、「やっぱりさづけよりは、肥料の方が効くようだ。」と、疑わざるを得なかった。

ところが、秋の収穫時になってみると、肥料をした方の田の稲穂には、虫が付いたり空穂《からほ》があったりしているのに反し、さづけの方の田の稲穂は、背こそ少々低く思われたが、虫穂や空穂は少しもなく、結局実収の上からみれば、確かに、前者よりもすぐれていることが発見された。

（『稿本天理教教祖伝逸話篇』一一二「肥のさづけ」）

とも、豊かな収穫を得ることができる（※10）。

「目に見える肥料は置かずとも、親神の守護により種は芽生え、豊かに稔《みの》って、その豊富な収穫を余すところなく、また、いささかも削減さるる憂いなく、天から与えられるであろう」（上田）

「人類の親里であるこの神の田地に蒔かれた物種は、人間思案の手段は何ら必要なく、存命の教祖が直々修理肥をしてお育て下されるのでありまして、将来素晴らしい実りを守護下されるのである、とお教え下されていると思います」（平野）

「種を蒔いたそのお方は、肥をおかぬのに作り取り、ということにしてやるのだ。乃至《ないし》は、種をまいたその者には、肥をおかずとも作り取らしてやるのだ。修理肥は親神様、教祖がして下されるから、肥をおかずに作り取れるのであって、ここに、神の田地と仰《おっ》しゃる所以《ゆえん》があるものと思わして頂く」（諸井）

（※10）「肥のさづけ」「つくりとり」については、一下り目参照。

【備考】

◆七下り目全体を見渡すと、神の立場の部分（一～四、六、八、十）と、人間の立場の部分（五、七、九）とが入り交じっている。なお、四ッ以降は、神と人間との対話の形式ともいえる。
◆七下り目は、一ッ二ッからそれ以降へのつながり方が理解しにくいが、全体の構成としては、次のようになろうか。

一、二　「にをいがけ」すなわち「ひのきしん」

三〜七　田地のたとえ

八〜十　神の田地への種蒔き（伏せ込み）

◆一ッの解釈から、それ以降二通りの理解ができよう。
「一言〝ひのきしん〟のことについて、においだけの話をしておこう」となると、二ッの「深い心」は神の心となる。

「一言神の話をするだけでも、それは〝ひのきしん〟となる。それが〝にをいがけ〟となる」となると、二ッは人間の深い心となる。
◆一、二は、「にをいがけ」と「ひのきしん」について説かれているようにも思えるが、主題は「ひのきしん」ではないか。つまり、「にをいがけ」も信仰者にとって大切な「ひのきしん」の一つであるということ。
◆三〜七では、田地のたとえを引いて、有形の田地に欲の心からあれこれと心の定まらない人間に対して、重ね重ね仰せになっている。肥を置かずに作り取れるような真実の種蒔きの重要さを示唆されているものか。
◆八〜十では、やしきへの真実の伏せ込み（神の田地への種蒔き）が救済成就の基盤であること。これこそが、かんろだい世界への道であることを述べられている。多くの解釈本が、「かんろだい世界が到来した暁に、世界一列がこぞって神の田地である神の屋敷に種を蒔きに来る」という解釈になっている。しかし、それだけに限定するのではなく、「陽気ぐらし世界到達に向けての過程において」とも理解できよう。さらに言えば、教祖にはかんろだい世界が、時間を超えて現実の姿として見えているのではあるまいか。

◆（中山）では、田地をたとえに心田（心）をつくることの大切さを説いている。（上田）では、七下り目は、ひのきしんに終始する。（深谷）は、ぢばが救済の源泉であり、そこへのつくし・はこびによって、にをいがけの理をつくることとしている。

「我等ハ教祖ノ模範ニ従ヒ自己ノ心ヲ以《もっ》テ神ノ田地トシテ救済恩寵《おんちょう》ノ種子ヲ此ニ受ケ信仰ヲ以テ培養シテ永遠不滅ナル精神生活ノ源泉トシ又更《またさら》ニ献身的労働ノ主義ニ依《よ》リ他人ヲシテ其《そ》ノ心田ニ救済恩寵ノ種子ヲ受ケテ霊化ヲ発生セシメンコトヲ努メ以テ功徳無量ノ収獲ヲ取ラザルベカラザルナリ」（中山）

「七下り目の第一歌はひのきしんのお歌に始まります。そしてこの下りは全章田地と種蒔きの話で一貫されているように見えますが、その内容をよくよく熟読さして頂くと、ひのきしんの話で一貫されているのです。ここに『あたへ』とは誠真実であり、種蒔きとはひのきしんです。……まず第一歌に『ひのきしん』という言葉を出して、全章にわたる根本真理を明かし、以下、親神様の鎮まりたまうぢばを田地と教え、ここに種を蒔き、ここに尽くし運ぶことこそ親神様の自由自在《じゅうようじざい》のご守護を頂く所以《ゆえん》であることを、実に分かりやすい、そして意味深い表現をもってお教え下されています」（上田）

「七下り目はにをいがけのお歌にはじまり、田地と種まきのお歌で一貫されています。田地と種まき、勿論《もちろん》これは例えて仰せ下されてあるのでありまして、にをいがけをさせていただくのには、即ち、遠く国々処々《ところどころ》まで理がきくためには、丁度《ちょうど》枝葉が繁茂するためには、根もとに肥を置かねばならぬように、しっかり此の世の元のぢばに尽《つく》し運んで、理をつくることが大切であることを仰せになっているのであります」（深谷）

◆この下りは、飯降伊蔵本席を台とした内容とも言える。（深谷）（山本）説にも見られる。

第五節　八下り目

一ッ　ひろいせかいやくになかに　いしもたちきもないかいな

【通釈】

広い世界や国の中に、普請の用材になる石も立ち木もないのであろうか

【語釈】

ひろいせかいやくになかに　広い世界や国中に

「広い世界や国の中」という以外に、「広い世界や国々」とも理解できる。

「や」（※1）を、文中の文節の最後または文末にあって感動詠嘆をあらわす語と解釈すると、「広い世界のことである。その国の中に」という意味も出てくる。

「此《こ》ノ広大ナル世界ノ国々ト言フ義ナリ」（中山）

「**ひろい**　広い。**せかい**　世界。地球上全体。**くになか**　国中。世界が地球全

（※1）
「や」《間投助》①種々の語を受けて詠嘆を表し、また、語調を整えるのに用いられる。②人を表す体言を受け、呼びかけを表す。③（①及び②から転じて）同種の語を列挙する中間に用いて漠然とした並列を表す。
「や」《助動》（「じゃ」の変化した語）指定の意を表わす。…だ。…じゃ。上方語。
（『日本国語大辞典』）

体を意味するのに対して、その世界を一区域ごとに区切って境をなしている国々です。その諸々《もろもろ》の国々の中において、の意」（上田）

「くになかに　の手は、よろづよ八首のこのところ（やまとの）と同じ手ぶりであることよりしても、この大和の国中に、と教祖がおぢばにおいでて仰せられるのである」（諸井）

いしもたちきもないかいな　石も立ち木もないかいな

「かいな」（※2）は、疑問の意をもって確かめる意をあらわす。

具体的な普請の用材にたとえられている。

「建築ニ必要ナル石材木材ハアラザルカト言フ義ニテ石材木材トハ即チ大工棟梁《とうりょう》ノ譬喩《ひゆ》ナリ」（中山）

「親神様のお望みの陽気ぐらしの世界建設の用石用木になる人は無いのかなあと親神様が捜し求めていられる意味であります」（深谷）

「いしもたちきも　手ぶりからしても対照的である。石が地に付いた円であるのに対し、立木は地から上天に向かっての直線である。これは、てんりわうのつとめ（九下り目八ッ）の一すじと小円に応じると思われる。石といえば、くにさづちのみことの理、ひいては、をもたりのみこと様の理。立木といえば、月よみのみことの理、ひいてはくにとこたちのみこと様の理であることが、こ

（※2）「かいな」＝①近世以後の用法。疑問の意をもって確かめる気持ちを表わす。②（「さようかいな」の略）そうかね。（『日本国語大辞典』）

こに思案される。地に付いてねばり強く、教えの理を守ることに堅く、円満でたんのう心深いのが石。一方、歪《ゆが》みかがみなく、真直ぐ一すじで、理を立て切る心強く、勢いのあるのが立木で、これが親神様のお望みの人材であると思案される」（諸井）

二ッ　ふしぎなふしんをするなれど　たれにたのみハかけんでな

【通釈】

不思議な普請をするのだけれど、だれに頼みをかけるわけではない

【語釈】

ふしぎなふしんをするなれど　不思議な普請（※3）をするなれど

「ふしぎ」とは、人間が不思議と思うことである。二ッは、次に続く三ッのおうたと併せて解釈すると理解しやすい。「みなだんだんと世界から寄り来る不思議な普請をするのだけれど」となる。

「おさしづ」には、

ふしぎふしんをするなれど、誰《たれ》に頼みは掛けん。皆寄り合《お》うて出来たる

（※3）「普請」＝①〔仏〕禅寺で、大衆《だいしゅ》を集めること。また、あまねく大衆に請うて堂塔の建築などの労役に従事してもらうこと。②転じて一般に、建築・土木の工事。（『広辞苑』）

なら、人も勇めば神も勇む。ふしぎふしんをするからは頼みもせん。…
…不思議の中で小言はこれ嫌い、陽気遊びのようなが神が勇む。
（明治23・6・17）

たすけふしぎふしん、真実の心を受け取るためのふしぎふしん。
（明治23・6・15）

普請ときりなしふしん

幕末ごろには、家普請の様子も多少変化したが、基本的には伝統的な協力組織による建築が、その儀式にみられる。

建築用材や礎石は村の共有の山から切り出し、屋根葺《ふ》き用の茅《かや》は共有の原野から、ワラの場合は家々から持ち寄られる。建築の始めには、手板《ていた》（設計図は板に書いたのでこう言う）振舞《ふるまい》（頼みとも言う）が行われる。この宴に招待された人は、普請に協力する義務を持つ人たちである。地祭り（地鎮祭）、木出し、石出し、地突きはすべて村人の協力でなされ、大工仕事はちょんの始めに始まり、柱立て、棟上げは一番重要視される。屋根葺きも重要な協力の仕事であり、祭りであった。家が出来上がったあとの家移りは、日や方位の吉凶を見定めて行われる。これが最後の祭りで、今の新築祝いに相当する。

家普請は、村共同体の仕事であったから、個人の勝手にできるものではなかった。一生一度の普請というのが、昔の感覚である。継続的に普請を続ける「きりなしふしん」との教祖のお言葉は、当時の人々にとって、人間の住む家の普請ではないことを直感させたであろう。（道友社編『ひながた紀行』）

とある。

「ふしぎなふしん　二下り目二ッはナゲだが、ここでは脇腹を押《おさ》ヱて首をかしげる手（動作）をするが、このふしぎなは、人間にとって不思議な、そうしたふしんをということである」（諸井）

「ふしぎなふしん　人間の智慧《ちえ》や力の及ばぬ普請、又《また》頼みも頼まれもせずに出来る普請、即ち神様の遊ばす『きりなしふしん』のことであります」（武谷）

たれにたのみハかけんでな　誰に頼みは掛けんでな

一般的な普請では、村落共同体として人々にあまねく請うところを、「たれにたのみハかけ」ないのである。そして、三ッにあるように、みなの真実が寄り集まってできてくる。

「誰人ニモ頼マズトノ義ナリ此《こ》ノ章実ハ下ノ第三章ト相聯《あいつら》ナリテ意義ヲ完成スルナリ」（中山）

「十二下り目六ッのむりにこいとハいはんでな、が同一趣旨のおうたである」（諸井）

「たれに　誰に。たのみ　頼み。親神様は決して、どうかお前は神のよふぼくになってくれ、と仰せにはなりません。……かけんでな　頼みはかけない」（上田）

三ッ　みなだん／＼とせかいから　よりきたことならでけてくる

【通釈】
みなだんだんと世界から、寄って来たことならば出来上がってくる

【語釈】
みなだん／＼とせかいから　皆段々と世界から
「せかい」とは、道の内外を問わず、信者、未信者を問わずということであろう。普請の進捗《しんちょく》とともに、いままで道を聞いたこともない人が信仰するようになる。また、おたすけいただく、そうしたなか普請が出来上がる。普請を始めることが、教勢発展への契機となることもある。

「皆次第次第に世界中からという意味であります」（深谷）
「十二下り目と逆になっているが、それは、だん／＼に力点をおかれているからである」（諸井）

よりきたことならでけてくる　寄り来たことなら出来てくる
「よりきたことなら　寄り集まってきたならば。でけてくる　出来てくる。ふ

しん（普請）が竣工《しゅんこう》してくる」（上田）
「よふぼくが寄り集まって来たことならば、自然と不思議な普請即ち陽気ぐらしの世界建設のふしんが出来上って来るという意味であります」（深谷）
「**でけてくる**　で胸に手をとるのは、神の思い通りに、という意味かと思われる」（諸井）

四ッ　よくのこゝろをうちわすれ　とくとこゝろをさだめかけ

【通釈】
欲の心をすっかり忘れて、篤と心を定めてかかるように

【語釈】
よくのこゝろをうちわすれ　欲の心を打ち忘れ
普請にかかわる者は、欲の心をすっきりと忘れて。
―「私欲ヲ去レト言フ意ナリ」（中山）
とくとこゝろをさだめかけ　篤と（※4）心を定めかけ

（※4）篤と＝よくよく。念を入れて。つらつら。とっくりと。（『広辞苑』）

心を澄ませるということをしっかりと定める。「かけ」には、ものごとにとりかかる動作を始めるという意味がある。

「よくよく念を入れて心を定めて開始せよという意味であります」（深谷）

「信仰ノ心ヲ堅定セヨトノ義ナリ」（中山）

五ッ　いつまでみあわせゐたるとも　うちからするのやないほどに

【通釈】

いつまで普請を見合わせていても、内々からするのではない

【語釈】

いつまでみあわせゐたるとも　いつまで見合わせいたるとも

見合わせていたのでは、こと（普請）はなるものではない。

当時、こうした事情が、実際にあったのか定かではない。普請に取り掛かるにも、まだ早い、大きすぎる、などの意見があったのであろうか。普請についての一般的な諭しであろうと思われる。

「**いつまで**　何時まで。ここの手振りをお考え下さい。同じ所で、ぐるぐる

舞いをしている形ですね。**みあわせ**　見合わせ。差し控えること。躊躇逡巡《ちゅうちょしゅんじゅん》すること。**ゐたるとも**　いても」（上田）

うちからするのやないほどに　内からするのやないほどに

内々からだけでするのではない。寄り来た者の真実によって出来上がってくる。

みなが寄り集まって行われた、つとめ場所の普請のことが思い出される。

「**うちからする**　人間心でするのが総《す》べて内からするのであります」（武谷）

「**うち**　内。家内。教内。世界のふしんは、一個人の家庭の仕事ではありません。一教会の現在ついている信者だけの仕事でもありません。広い世界を救《たす》けるために、親神様のお打ち出し下さるふしんです。……**からする**　従って世界のふしんは、一個人の私心から着手するものでもなければ、一個人の世帯から算盤《そろばん》を持って起工するのでもありません。**のやない**　ではない。**ほどに**　程に。くれぐれも何度も言って聞かせるが、そうではないのであるぞ」（上田）

「不思議なふしんは内らの者――家内――教内――だけの力で出来るものではなく、世界の者が力を合《あわ》せて出来てくるのであるという意味であります」（深谷）

六ッ　むしやうやたらにせきこむな　むねのうちよりしあんせよ

【通釈】

それにしても、むやみやたらに急《せ》き込むでない。心の底からよく思案せよ

【語釈】

むしやうやたらにせきこむな　無性やたらに急き込むな

形の普請にかかることのみをむやみやたらに、急き込むな、ということなのか。

「物事には何でも順序があるのでありますが、それを無視して、むちゃくちゃに急いてはいけないという意味であります」（深谷）

「むしょうやたらに形のふしん、建物の完成だけを急いで、心のふしんを忘れてはならないのであります。……むしろ、心のふしんを促進するための形のふしんである、とすら言えるのであります。この本末の順序を間違えないように心得ねばなりません」（平野）

むねのうちよりしあんせよ　胸の内より思案せよ

心の底から。しっかり。じっくり。

何のための普請かをよく考えてみよとも、よく反省して心の掃除をせよとの意にも解せる。

お道では、形の普請に先行する心のふしんということをいわれる。

「ただ形のふしんが目的ならば、何はともあれ一日も早く出来上がったらよいのである。が、この道のふしんというものは心のふしんである。この心の入れ替えがふしんの形となって現われるのである。まず心のたすかるよう入れ替えねばならん、それが身上たすけとなって現われる。教会のふしんにもなって現われるのであるから、よくしっかり思案せねばならんのである」(桝井)

七ッ　なにかこゝろがすんだなら　はやくふしんにとりかゝれ

【通釈】

何か心が澄んだなら、早く普請にとりかかるように

【語釈】
なにかこゝろがすんだなら　何か心が澄んだなら

どういう状況になれば、心が澄んだといえるのか。「よくのこゝろをうちわすれ」た状態。神様の心が映せる、分かるという状態か。

「澄んだなら」というのは、早く普請に取り掛かるという条件。積極的な姿勢が必要だということ。

「欲塵《よくじん》ヲ去リテ心清浄ニナリタラバト言フ義ナリ」（中山）

「なにか　何か。何でもよいが、何か一つ。……こゝろ　心。すんだなら　澄んだなら」（上田）

「完璧《かんぺき》とまでは行かなくとも、なにか少しでも心が澄んだなら」（山本）

「なにか心が澄んだという合図のしるしが見えたなら」（諸井）

はやくふしんにとりかゝれ　早く普請に取り掛かれ

「其《そ》の時期をはずさないで、早速ふしんを開始せよという意味であります。ふしんというものは決して楽々に出来るものではないから、そのふしんのために、皆の者が我が身のことを忘れて一手一つの心となって共々に丹精させてもらうという心が定まることが第一であります」（深谷）

「とりかゝれで胸に手をとるのは、心のふしんであることと、心から真実つくしてとりかかることの意味が思案される」（諸井）

八ッ　やまのなかへといりこんで　いしもたちきもみておいた

【通釈】

山の中へとはいり込んで、用材となる石も立ち木も見ておいた

【語釈】

やまのなかへといりこんで　山の中へと入り込んで

「草木《そうもく》が昼なお暗いように繁茂した、人跡まれな深山《しんざん》の中までも親神様が入りこんでという意味であります」（深谷）

「**やまのなか**　普通の山と云《い》ふ意味ばかりではなく、世の中一般のことで、下に石や立木と云ふ言葉が連らなるために、山と仰せになつたものであらうと思ひます」（武谷）

「**やまのなか**　親神様の御教《みおしえ》がまだ伝わっていない土地処《ところ》、という意味に悟らせて頂きます」（平野）

いしもたちきもみておいた　石も立ち木も見ておいた

用材はたくさんある。どういう石、どういう木を神が見定められたのか。

単に剛直なものばかりではないと思う。

このたびハたにそこにてハ一寸したる
木いがたあふりみゐてあるなり　（七　16）

「造営ノ用ニ供スル石材木材ヲ発見シ置キタリトノ義ナリ」（中山）

「不思議なふしんに使用する用石用材となる者を、予《あらかじ》め親神様が見ておいたという意味であります」（深谷）

九ッ　このききらうかあのいしと　おもへどかみのむねしだい

【通釈】
この木を伐《き》ろうか、あの石を切り出そうか、それは神の胸次第である

【語釈】
このききらうかあのいしと　この木伐ろうかあの石と
「此《こ》ノ木ヲ伐ルモ彼《か》ノ石ヲ用ウルモト言フ意ナリ」（中山）
「この木を切って親神様の用材にしようか、あの石を採取して用石にしようかという意味であります」（深谷）

おもへどかみのむねしだい　思えど神の胸次第

神の胸次第に引き寄せる。用材は人が選んでいるのではなく、神が選ばせているのだということか。

「この木あの石と、お選び下さるのは親神様の思召《おぼしめし》のままであるという意味であります。よふぼくの選定は親神様の思召によって、自由自在《じゅうようじざい》に行われるのであります」（深谷）

十ド　このたびいちれつに　すみきりましたがむねのうち

【通釈】

とうとうこのたびみなの胸の内がすっきりと澄み切りました

【語釈】

このたびいちれつに　この度一列に

「このたびトハ我等教徒ガ教会ノ結成ヲ始ムル時ヲ云《い》フいちれつにハ教会ヲ結成セントスル者一同ヲ云フナリ」（中山）

「これまで、いろいろと親神様の真実のお話をきかせていただきながら、人間心に引かされて、心を濁したり思い違いをするような事があったが、今度という今度は、世界一列の人々が全てという意味であります」（深谷）

すみきりましたがむねのうち　澄み切りましたが胸の内

人間の心の内側を表現している。胸の内がすっきりと澄み切りました、というようになった。いよいよ不思議なる普請に取り掛かる時旬《ときしゅん》である。そうした状況に早くなることを神は待ち望んでいる。

「これが、ふしぎなふしんと仰せられるふしんの完成した姿であり、これをおふでさきでは、

せかいぢうみな一れつハすみきりて　よふきづくめにくらす事なら　七 109

とおうたい下さる」（諸井）

「世界一列の人々の胸がすっきり澄み切って来たのは誠に喜ばしい極みで、いよいよふしんに着手すべき時が来たという意味であります」（深谷）

【備考】

◆八下り目で言われる神のやかたの普請は、一般の建築とは異なるものであることを教えられている。

◆「ふしん」を「心のふしん」の意味に解釈しているものが多い。具体的な形の普請、つまり元治元年のつとめ場所の普請の経過を背景にして読むと理解しやすい。

形の普請と心の成人（＝ふしん）が、相伴ってこそ、求める普請が成就することを示されているように思われる。そのほかに「世界のふしん」という解釈や、特異なものとして、「教会の結成」という解釈も見られる。

「此《こ》ノ章ノ大意ハ教会ノ結成ヲ造営ニ譬《たと》ヘテ之《これ》ガ大工棟梁タルベキ教会ノ創立者ヲ博《ひろ》ク求メ給《たま》フコトヲ示サレタルナリ」（中山）

◆一、二、三ッでは形の普請によせて、四、五、六、七ッで心のあり方（欲を忘れ、心澄ませる思案、心定め）が説かれている。

◆十二下りの各下りの一ッは、ほとんどが神の言葉で始まっている（一、二下り目は、神の言葉としても不自然ではない）。多くの解釈本では、八下り目の一ッも神の言葉として解釈しているが、八ッで「いしもたちきもみておいた」と言われているところからすると、人間の立場に立たれての言葉、つまり、「お前たち石も立ち木もないのであろうかと思っているかもしれないが」と解釈できなくもない。

◆「くになか」（国中）は、「くんなか」とも言い、「①国の中心地帯。②

大和国の中央平原部」の二つの意味がある。②については、「山岳地帯の人が、盆地を見下ろして言った語」とされている（『日本方言大辞典』小学館）。

「くになか」については、「いしもたちきも」や八ッの「やまのなか」の解釈とも相まって、さまざまな理解が可能となる。

一つには、「くになか」は山の中との対比において、人が少ない場所、あるいは生活様式の異なる山村としての山中（さんちゅう）に対し、人が住んでいる所という意味に解釈できる。

国中を「ひろいせかい」（広い世界）と同義ととらえると、広い世界のことである。そのところ、その地に、という意味になろう。また、教祖のおられるおぢば以外の場所とも解釈できる。

石や立ち木を人材と理解すると、国中は、すでに教えを聞き分け、教祖のもとに集まって来ている信者たちの世界、そして、教えの広まっていない未信者の世界を山の中、あるいは広い世界と解釈することもできる。そうだとすれば、神の思召《おぼしめ》される「ふしぎふしん」は、内々の者だけでするのではなく、人材は山の中にもいるということになろう。

◆「いし」「たちき」は、具体的には、つとめ場所、ぢば定め、かんろだいの石普請、さらには、おやしきの普請へと展開していく中での石材、木材としての意味と、他方で世界たすけのための大工、棟梁、よふぼくなど人材の意味が込められている。この二つが相互相即して説かれていると言えるのではなかろうか。

この人材は、内々だけではなく、山の中にもおり、神は見定めておられるとも理解できる。

（桝井）は、この下り全体を、よふぼくを中心に解釈を進めている。

「親神様の思わくの人間は、親神様は見抜き見通しであるから、あちらにもこちらにも、すっかり見届けておられるのである。親神様のよふぼくとなる人間がたくさんにあるのである。人里離れた、あんな辺ぴなと思われるような所にも、親神様のお心にかなった者がいるのである」（桝井）

◆十ドは、早く皆の心が「澄み切りました」というようになることを望まれる神の言葉ともとれるが、七下り目十ドと同じく、将来の、かんろだい世界完成の姿を予告されてのお歌とも解釈できる。

◆二ッ、三ッで不思議な普請のあり方を説き、四ッで、普請にかかわるよふぼくの心掛けを示されている。

五ッでは、三ッとの関連から内々のいずむ心を励まされている。そして、六ッでは、だからといって形の普請だけにとらわれて、心の成人の伴わない普請をいましめられる。

七ッは、普請にかかる句《しゅん》を示され、八ッで神はすでに先回りして用材、用木の準備をしていることを明らかにされている。

九ッでは、お前たちが立ち木や石（人材、用木）を選んで集めるのではなく、実は神の思惑によっていることを明示されたうえで、十ドで不思議な普請が進捗《しんちょく》して（十二下り目参照）出来上がった時は、一列の心が澄み切った、かんろだい世界が実現した時である。

それは人間から見れば未来の姿であるが、神にとっては、目の前の姿として実在する世界なのである。

「八下り目は、実に『ふしん』を目処《めど》とするよふぼく結集の章であります。……こうして八下り目は、心のふしんに必要なよふぼく、用石の準備完了、というところでお結びになっています」（上田）

「三下り目二ッ三ッで具体的な建物であるつとめ場所のふしんについて、たれにたのみはかけねども、みなせかいがよりあうてでけたちきたる、と同じ意味のことをおうたい下されているが、これを、世界のふしんについて仰《おっ》しゃっているのが、この下りである」（諸井）

第五節　九下り目

一ッ　ひろいせかいをうちまわり　一せん二せんでたすけゆく

【通釈】

広い世界を拝んで回り一銭二銭でたすけて行く

【語釈】

ひろいせかいをうちまわり　一せん二せんでたすけゆく

　広い世界を打ち回り、一銭二銭でたすけ行く

A、（よふぼくが）広い世界をおさづけを取り次いで回り、一銭二銭のわずかな報謝でたすけて行く。

B、広い世界を祈祷《きとう》して回り、一銭二銭のわずかな報謝で救《たす》けて歩く人たちがいる。

「うち」を《接頭語》（※1）として見ると、「すっきり」「くまなく」となろう

（※1）「うち」＝《接頭》①下の動詞の意味を強めたり、単に語調をととのえたりする。「うちまわる」＝①あちこちと歩く。巡回する。（『日本国語大辞典』）

か。手振りから見ると、おさづけの拍手《かしわで》（二拍手）とも、当時の世上を回っていた念仏聖《ねんぶつひじり》、勧進聖《かんじんひじり》、太神楽《だいかぐら》など多種多様な遊行下層宗教者の用いた太鼓、鉦《かね》、拍子木、鈴、などともとれる。

「一せん二せん」の「せん」にどの漢字を当てるかで、解釈が大きく変わる。初期のみかぐらうた写本には、「銭」と記したものが何点かあり、「洗」「戦」「旋」などの文字は見当たらない（※2）。「銭」が通貨として正式に用いられるようになったのは、明治四年のことである。しかし、江戸時代に一文銭のことを一銭と言っていたり（※3）、「一銭剃《ぞり》」「一銭茶屋」などの用法もみられた。ここでは、「一銭二銭」と解するのが適当であると思う。

「一洗二洗」と解釈したのは初代真柱である（※4）。「一洗」には、悪いところを改めるという意味があり（※5）、三ッ、四ッの「よく」と関連づけて解釈すれば、道の路銀とも言われる「おさづけ」と重なる。

「ひろいせかいをうちまはりトハ布教ノ為《ため》ニ広ク四方ヲ巡廻スルヲ言フナリいつせんにせんでたすけゆくトハ天下同胞ノ心ヲ洗滌《せんじょう》シテ救済ノ恩寵《おんちょう》ヲ被《こうむ》ラシムルヲ言フナリいつせんにせんハ即チ一洗二洗ニシテ再三洗滌スル謂《いい》ナリ」

（中山）

うち　ここの手振りから拝しますと、手を拍《う》って、親神様を陽気にお勇めし、ご守護を願いつつ、回ることですね。……**一せん二せん**　せんは洗。親神様の

（※2）永尾廣海「みかぐらうた本研究の諸問題について（中）」。

（※3）「一銭」＝①いちもんめ（一匁）。②いちもんせん（一文銭）。「一文銭」＝一枚が一文の値を持つ少額貨幣。「一厘銭」＝江戸時代通用の寛永《かんえい》通宝《つうほう》銅一文銭の明治以降の称。（『日本国語大辞典』）

（※4）当時（『御神楽歌述義 全』が発行された明治39年ごろ）は、天理教に対する財産蕩尽《とうじん》という批判が強くなった時期であり、そうした風潮に対応したとも考えられる。

（※5）「一洗」＝①一回だけ洗うこと。②残らず洗い流すこと。転じて、悪い所をすっかり改めること。（『日本国語大辞典』）
（悪弊を）すっかりあらい流すこと。（『大辞林』）

お話を取り次いで、人の心を一度洗い二度洗って、汚れた心を清らかにし、陰気な心を陽気に立て替える」（上田）

「八下り目四ッの**うちわすれ**がナゲをするのは、打ち捨てという意味が強いが、このうちでは、手を打って音を出す（といっても拝の拍手ではない）ことを思う時、『天理王命《てんりおうのみこと》響きわたらす』というお言葉を思い出す。……**一せん二せんで**……この箇所は、銭（小銭）一枚二枚の寄進（理立て）をして、たすけたまへのつとめをして、たすけを願う、それに対してたすけをするという意味であると思われる」（諸井）

「仮令《たとえ》路銀はなくても〝道の路銀〟と仰せ下されてあるおさづけを取りついで、一銭二銭と喜捨《きしゃ》をもらいながら難儀不自由の人々を求めて救けて行くという意味であります」（深谷）

二ッ　ふじゆうなきやうにしてやらう　かみのこゝろにもたれつけ

【通釈】

不自由のないようにしてやろう。神の心にしっかりもたれよ

一せん二せんで

高井直吉先生が明治十六年に、大阪の井筒梅次郎先生方と共々に、遠州（静岡方面）にご布教に出られた時のことであります。その時、その道々において、このみかぐらうたを歌いながら、歩いて行かれたのでありました。すると、その道々で、人は先生方の歌いながら道中しておられる様を見て、詠歌でもあげているように思って、一銭二銭の報謝があったのでありました。これを見てこれが「ひろいせかいをうちまわり　一せん二せんでたすけゆく」と仰せくだされた、この歌のことやなあと思ったのやでと、高井直吉先生から聞かせていただいたことがありました。

（桝井孝四郎著『みかぐらうた語り艸』）

みかぐらうたに、〝一せん二せんでたすけゆく〟というお歌がありますでしょう。どういう意味かとお側《そば》の者がお訊《たず》ねしましたら、

「神様は銭のことやといわれる。また一席二席とも仰せられる」

とのことでありました。この一席二席について私にお話し下さるには、門《かど》掃いている人や嫌がる人にくどう話したら我が身にさわるで、嫌なものには話せん方がよい。結構や結構やという人の所へ話しに行け。ようなったら信心するというような、そんないつまでも子供のような心の人に話してはどんならん。行かん方がよい。一度話したら中一日おいて話しに行くのやで、と仰せになりました。それで辻さんや仲田さんは、教祖の命にしたがって、河内へ一席二席と中一日おいてお話しに行かれました。

（高野友治著『御存命の頃』〈乾やす談〉）

【語釈】

ふじゆうなきやうにしてやらう　かみのこゝろにもたれつけ

不自由無きようにしてやろう　神の心に凭《もた》れつけ

A、たすけて回る道中で不自由のないようにしてやろう。

B、しかし、そんな祈祷《きとう》する人にたすけを依頼することはない。神の心にもたれよ。

「**ふじゆう**　不自由。身上の難儀不自由、事情の難儀不自由。窮迫の極。**なきやうに**　無いように。親神様は一筋に神の道についてくるなら、何も心配せずとも、身上の悩みも事情のもつれもなく、何不自由なく守護してやろうとお引き受け下さっています。……**かみのこゝろ**　親神様は陽気づくめを理想として人間をお造り下さいました。神の心とは、一列子供を救けたいとの親心そのものです」（上田）

「親神様が布教に出掛けて行くよふぼくに、不自由なきようにしてやろうと仰せられるのであります」（深谷）

「**ふじゆう**　は手ぶりからしても、難儀不自由、難渋と同じ。……**もたれつけ**　三下り目七ッの**かみにもたれてゆきまする**の凭れる手は、病んで凭れる姿であるのに対し、ここの凭れる手は難渋で辛《つら》い心が、晴れやかに楽になる、そうした心の姿を手ぶりにおつけ頂いているように思う」（諸井）

三ッ　みれバせかいのこゝろにハ　よくがまじりてあるほどに

【通釈】
神の目から見れば、人々の心には、欲が混じっているので……

【語釈】
みれバせかいのこゝろにハ　見れば世界の心には
「みれば」は、見渡す、見澄ます、見つめるなどと取れるが、見渡すが適当であろう。
「教祖霊眼」「親神の目」「人間が見澄ます」の三通りの解釈が見受けられるが、「親神の目」が妥当であろう。
一ッ二ッのB案は、三ッ四ッに無理なくつながっていくように思う。
「みればハ教祖霊眼ニテ観給《みたま》フナリせかいのこ、ろハ全世界人類ノ心ナリ」（中山）
「見渡すと、世界中の人々の心にはという意味であります」（深谷）
「見澄ましてみれば、神の目で見ればであるが、お前達も見澄まして見よ、そうしたら分かるようにといった意味がこめられている」（諸井）

よくがまじりてあるほどに　欲が混じりてある程に
「欲塵《よくじん》心ニ伏在スルヲ言フナリ」（中山）
「親神様の目からご覧になると、人間の心は誰も彼も欲の混じらぬ者はない」（上田）
「我さえよくば、他人はどうなってもよい、あるがうえにも更《さら》にほしいという欲ばる心が混《まじ》っているという意味であります」（深谷）

四ッ　よくがあるならやめてくれ　かみのうけとりでけんから

【通釈】
欲があるなら止《や》めてくれ、神は受け取ることができないのだから

【語釈】
よくがあるならやめてくれ　欲があるなら止めてくれ
何をやめてくれと言われているのか。
①たすかりたいと願うことをやめてくれ。
②その欲をやめてくれ。

いずれも、欲を取り去ること、欲の心遣いを戒められている。

「欲塵ヲ去レトノ義ナリ」（中山）

「慾《よく》は八埃《あい》の根本であります。罪や禍《わざわい》の源であります。されば、神様が如何《いか》に自由自在《じゆうようじざい》のお力を持つて助けてやり度いと思召《おぼしめ》されても、慾があつては、其《そ》の曇りのために邪魔されて十分に神様のお慈悲を頂く事は出来ませぬ」（武谷）

「**やめてくれ**　厳しいお言葉です。たすけ一条の親心からお歌い下さっているみかぐらうたの中では、数少ない異例に属する激しいお言葉です。まことに欲こそは八つのほこりの根、万悪の源でありまして、欲を離れ、欲を去ることは信心の第一歩であると共に、信仰成人の過程においても、常住不断に続けねばならぬ信心の要道である、とお戒め下さっています」（上田）

「なにを**やめてくれ**と仰《おっ》しゃるのか。それには二ッの神に凭《もた》れつくことと、六ッのやしきへ出て来ることの両様に悟れるが、前後関係を考えても一ッ二ッを受けて、神にたすけを願うことを止めてくれ、であると思う。即ち、一銭二銭の理立ての寄進をするのも惜しいという、よくの心があるならやめてくれの意味に解釈される」（諸井）

かみのうけとりでけんから　神の受け取り出来んから

「欲塵ヲ去ラザレバ其ノ祷《いの》ル所神ニ聴受セラレズト言フ意ナリ」（中山）

「神様の御慈悲は理を通じてのみ、頂けるのでありますから、慾《よく》のある間は、その慾のために、理が消されますから、御守護を頂く事が出来ない事になります。是《こ》れを気の毒、可愛想《かわいそう》と思召《おぼしめ》して、慾の心を取り去つてくれ、慾があつては取り上げてやる事は出来ぬからと仰せになつたものであります」（武谷）
「神の方の受け取りはでけんから、神はその願いを受け取ることができんから」（諸井）

五ッ　いづれのかたもおなじこと　しあんさだめてついてこい

【通釈】
どこの者でもみな同じことで、思案して心定めて随《つ》いて来るように

【語釈】
いづれのかたもおなじこと　何《いず》れの方も同じこと
七下り目五ッ（233ページ）を参照。
「何等《なんら》ノ人ヲ問ハズ教《おしえ》ヲ信ゼント欲スルニ於《お》イテハ深ク思慮シテ然《しか》ル後ニ我ニ従フベシト言フ意ナリ」（中山）

「誰《だれ》でも彼《か》れでもよふぼくとなって、布教しようと思う者は同じことである、という意味であります」（深谷）

「いづれのかた　どんな境遇の人でも、年齢、男女、職業、国籍の如何を問わず、親神様のおてびきを頂いて信仰させて頂くように成った者、という意味に悟らせて頂きます」（平野）

「いづれのかたも　廻《まわ》ル手は、せかい中どんな者でも」（諸井）

しあんさだめてついてこい　思案定めて随いて来い

ここでは、何を「しあん」するのか。前の歌を受けるならば、「よく」であろう。欲があってはならないということを思案して、欲を離れるよう心を定めてついてくるがよい。

「途中で迷ふたり、失望したりする事のない様に、十分に思案して、御道に入る事が肝要であります。これは誰彼の区別なく、誰に取つても同じことであるとの意であります」（武谷）

「たすけ一条の道を一すじに通ることは、一日や二日は出来てもなかなか半年、一年とつづかないものであります。そこで十分思案し心定めをした上でついてくるがよいと仰せられるのであります」（深谷）

「しあんさだめて　は思案して心定めてであり、おふでさきに、

しやんして心さためてついてこい
すゑハたのもしみちがあるぞや　五 24

この『ついてこい』と仰しゃるのは、おつとめの道にであることは、五号17から32までを読めばわかる。ついてこい　おふでさきでは、つとめの道にであるが、この九下り目では、おつとめのことは、八ッ九ッ十でうたわれる。そこで、そうしたことも含意して、神の道に、信心の道についてこいとしておくのがよいのではないか」（諸井）

六ッ　むりにでやうといふでない　こゝろさだめのつくまでハ

【通釈】
無理にこの道に出ようと言うのではない、心定めのつくまでは

【語釈】
むりにでやうといふでない　無理に出ようと言うで無い

無理に出なさいと言うのではない。

「出よう」は、よふぼく自らの意志的表現であり、「出よ」ととると神の側か

らの言葉になる。

A、よふぼくに対して、「無理にたすけ一条の道へ出よう、と言うのではない」。

B、広く一般に対して、「無理にこの屋敷に願い出よ、と言うのではない」。

「**むりに**　無理に。未《いま》だ信仰の道に進もうという決心が定まらないのに、無理矢理に。　**でやう**　出よう。信心の道に進み出ようと」（上田）

「無理やりにたすけ一条の道ひとすじに出ようというのではないという意味であります」（深谷）

「**でやうと**　おふでさきでは、表でよふと思うなら（二号13、四号84）であるが、この下りでは十に、**はやくこもとへたづねでよ**、としめくくられているので、同じ意味に解して、このやしきへ願い出よというでない、とすべきである」（諸井）

こゝろさだめのつくまでハ　心定めのつくまでは

「よふぼくがそうさせてもらおうと、自分で納得して決心のつくまではという意味であります」（深谷）

「特に、二ッの神の心にもたれつけ、との仰せに従う心を定めること」（諸井）

七ッ　なか〳〵このたびいちれつに　しつかりしあんをせにやならん

【通釈】

なかなか、この度、みな、しっかり思案をしなければならない

【語釈】

なか〳〵このたびいちれつに　なかなかこの度一列に

「なか〳〵」（※6）は、かなりの程度であるさまを表す語。「このたび」にかかって「なかなかの時旬《ときしゅん》であるこのたび」と、「しつかり」にかかって「なかなかしっかり思案をしなければならない」との、どちらともとれる。

相手の言葉を肯定する感動詞と理解すると、「いかにも仰せの通り。この度みなお互いは、しっかりと思案をしなければならないと思います」となり、人間の心持ちが表現される。

「なか〳〵ハ非常切要ノ義ナリこのたびハ教祖本教宣布ノ初ヲ言フナリ」（中山）

「なか〳〵　随分と覚悟を引き締めて。なかなかは、程度の軽くない意。頗《すこぶ》る。大層」（上田）

（※6）「なかなか」＝㊀（副）①物事の状態・程度が予期した以上であるさま。思っていた以上に。かなり。ずいぶん。（打ち消しの語を伴って）思ったとおりには。容易には。②中途半端に。なまじ。かえって。㊁（名）なかば。中途。㊂（形動）①思っていた以上であるさま。かなりな。②中途半端なさま。どっちつかずなさま。③中途半端で、むしろしない方がましなさま。なまじっかなさま。㊃（感）相手の言葉を肯定するのに用いる。いかにも。はい、そうです。（『大辞林』）

「今こそ重大な時旬《ときしゅん》であるから此度《このたび》よふぼくは誰《だれ》も彼《か》れもという意味であります」（深谷）

「**このたび**　なか〳〵の時旬であるこのたび。**このたび**　の手ぶりを思案すると、**この**で押《おさ》ヱるのは、よろづよ八首の、**このたびはかみが**、の場合と同じで、立教以来の旬刻限の到来の時を表現されており、**たび**の手ぶりは、**あたへハ**（七下り目七ッ）**いだして**（十下り目三ッ）の手と逆方向ではあるが、つくし、果たしというのと同様の意味であって、つくし果たしのこのたびの時旬、という意味であると思う」（諸井）

しっかりしあんをせにやならん　しっかり思案をせにゃならん

「深ク究察セザルベカラズト言フ義ナリ　序歌十一章（※7）ノ解説ヲ了会《りょうかい》シタルモノニハ本章ノ旨趣ハ解説ヲ待タズシテ明瞭ナルベシ」（中山）

「一列の世界の人々は、深く考へて後悔ない様にせねばなりません」（武谷）

「確《しっか》り考えて、何《な》んでもたすけ一条の上につとめさせていただくという誠真実の心を定め、旬に遅れをとらないように信仰の道を進めという意味であります」（深谷）

「手ぶりよりして、一段としっかり踏み込んで思案せよ、だけの意でなく、更《さら》に、思い直して、さんげして思案をせにゃならんことを仰しゃっている。

（※7）第一節から第三節と、第四節の八首のこと。

しつかり　うたがいの手ぶりと同じということは、疑い心を去って、しっかり信じ切って、という意味であると思う」（諸井）

八ッ　やまのなかでもあちこちと　てんりわうのつとめする

【通釈】
山の中でもあちらこちらと、天理王のつとめをしている

【語釈】
やまのなかでもあちこちと　山の中でもあちこちと
「やまのなか」とあるが、慶応三年の「御神前名記帳」（※8）によると、奈良県下の山間部をはじめ、京都、大阪、徳島から帰参していることが分かる。これらの地域にも教えが伝わっていたことがうかがえる。

「やまのなか　天理教の教理によって清められてない心、又《また》は天理教の弘《ひろ》まって居《お》らぬ所の意であらうと思ひます」（武谷）
「人里離れた山の中でも、彼方《あちら》でも此方《こちら》でも到《いた》るところでという意味であります」（深谷）

（※8）慶応3年4月5日から5月10日まで約1カ月間の、おやしきへ参ってきた願人の名前と願いの内容を記録したもの。

「**やまのなか**　人里から遠く離れ、交通も不便な処《ところ》、親里ぢばから遠く離れた処、親神様の御教《みおしえ》が未《いま》だ伝わっていない処、という意味に悟らせて頂きます」（平野）

てんりわうのつとめする　天理王の勤めする

「天理王のつとめ」とは、天理王命を拝する（呼び出す）つとめのこと。

第五節の十二下りが示された前年（慶応二年）には、第一節「あしきはらひたすけたまへ　てんりわうのみこと」の歌と手振りが教えられている。

「てんりわうトハ天理大神《てんりのおおかみ》ナリつとめするトハ御神楽勤《おかぐらつとめ》ヲ奉行スルモノアリトノ義ナリ」（中山）

「ここで仰せになっている『つとめ』とは、国々所々の教会で、また、個人の家庭で勤めるおつとめです。従ってそれは、かんろだいのぢばを囲んで勤めるかんろだいづとめそのものではなく、その理に連なるおつとめであります」（上田）

「**てんりわうの**　の手ぶりは、**てんり**で天に向《むか》う一すじを、**わう**で小円、即ち完結、十全を手ぶりにおつけ頂いている」（諸井）

九ッ　こゝでつとめをしてゐれど　むねのわかりたものハない

【通釈】

この屋敷でつとめをしているけれど、神の胸の内を分かっている者はいない

【語釈】

こゝでつとめをしてゐれど　ここで勤めをしていれど

この段階では、ぢば定めは行われていないので、中山家の屋敷を指しているのか。（諸井）では、「みかぐらうた」中の「こゝ」は、すべて「ぢば」を指しているとしている。あるいは、前歌を受けて「山の中」とも、この歌を口にする現在ある場所ともとれる。

「みかぐらうた」を教示された当時、教祖の周辺の動きとして、慶応三年以前から、秀司が公認運動に苦心し奔走していた（※9）。また、慶応元年には、いわゆる助造事件（※10）が起こっている。

「こゝでハ彼《か》ノ山中ヲ指スナリつとめをしてゐれどトハ御神楽勤ヲ奉行シテ居レドモト言フ意ナリ」（中山）

「**こゝで**　山の中の意でありませう。斯《か》く山の中、世界の中でも、あちこち

（※9）慶応3年6月、古市代官所の添え状を得て、吉田神祇管領に「天理王明神」の神名を唱えることを願い出ている。この願いに対して、7月23日付で、秀司治繁《はるしげ》の名乗りと「木綿手繦《ゆうだすき》」を掛け「参《さん》詣《けい》次第」によって神事を行うことを許されている。

（※10）『稿本天理教教祖伝』64ページ参照。

とこの道のお勤めはして居ますが、残念な事には、神様のお心が分《わか》り、心が十分澄み切つた者がありません。即ち本教々理の根本が詳しく十分に心に修まつた者はないのであると仰せられたものであります」（武谷）

「**こゝで**　此処《ここ》で。現在、このてをどりを勤めている所を指しておられます。従ってそれは、山の中かも知れません。海の果てかも知れません。広い世界の隅々、いかなる所でもよろしい。現に、このてをどりを勤めている所ですね」（上田）

「国々所々において、天理王のおつとめを勤め、身上事情の上にもふしぎなたすけを見せて頂くのは、世界たすけの上にお働き下されて居る存命の教祖のお蔭であり、そして、かんろだいのぢばにおいて、かぐらづとめを一手一つに勤めるお蔭である、という事を、本当に承知して居る者が無い、と仰せ下されていると思います」（平野）

「**こゝで**　のこゝは、みかぐらうたでは、みな教祖のおわす、おぢば、おやしきのことである」（諸井）

むねのわかりたものハない　胸の分かりた者は無い

「未《いま》ダ天啓ノ教《おしえ》ヲ聞カザレバ信仰ヲ得ズト言フ義ナリ」（中山）

「親神様の胸の中《うち》、即ち真実の思召《おぼしめし》、本真実というものが、良く了解出来た

者はないという意味であります」（深谷）
「上へ開くのは、心、胸の内が表へ現われ出るさまであって、善悪が表へ現われ出て、はっきり分けられる、ということで、そうなると心澄みきるのであって、そうした意味で、おふでさきに再々述べられている」（諸井）

とてもかみなをよびだせば　はやくこもとへたづねでよ

【通釈】

いずれにしても、神名を呼び出してつとめをするのならば、早くこの屋敷へ尋ね出るがよい

【語釈】
とてもかみなをよびだせば　とても神名を呼び出せば
「とても」（※11）は、「ではあっても」というような意味であろうか。
永尾論文では、「おうたの悟り方の上で、急転したという意味を含めて、『とても』と『十』が重ね合《あわ》せて記されるにいたった、とも考えられ」るとしている（左ページのコラム参照）。

（※11）

「とても」＝〈副〉㊀条件的に、どうしてもこうしてもある結果になる意を表わす。①いかようにしても。とうてい。何にしても。どっちみち。どうせ。結局。しょせん。②どうせもともと。③どうせ…だから（なら）いっそ。㊁状態・程度を強調する語。たいへん。たいそう。はなはだ。

「とても」＝（格助詞「とて」に係助詞「も」を添えて強めたもの）…といっても。…だって。（『日本国語大辞典』）

第十首について

第十首は、おおいに問題のあるおうたであります。みかぐらうた本の研究上、特記すべきものが、第十首のおうたの最初に出てきます。それは、「とても」についてであって、主なるみかぐらうた本中より該当するところを左記いたします。

（中略……十ても、十でも、十ト　とても、十ヲト　でも、十ヲト　どうても、とても……など）

各下り目は数え歌の様式によって記されているのが、第五節全体を通じて申せることでありますが、その例外の一つが九下り目の第十首であることは、通常の理解であります。ですから、右に列挙したものを始めて読ませて頂いたときには、まったく驚いた次第であります。

その用いられた文字を思案するとき、「十」と「と」とが重なっているものが、いろいろな形で歌われていることが分るのであります。そして、「とても」が明治十四年頃から現われ、明治十五年以降も従来の歌い方に混《まじ》って伝えられ、明治二十年頃に及んでいることが分ります。公刊本の刊行によって、おうたが「とても」と明示され、現在にいたっているのであります。おそらく、No.1をはじめとして明治十年まで一貫している「十ても」が、「九」につづく「十」を意味しているとは思いますが、おうたの悟り方の上で、急転したという意味を含めて、「とても」と「十」が重ね合せて記されるにいたった、とも考えられます。

（永尾廣海「みかぐらうた本研究の諸問題について〈中〉」）

「**とても**　とてものことに、又どうせといふ位の意味かと思ひます。**かみなをよびだせば**　神様のお名前を唱へて信心する位ならばといふ位の意味かと思ひます」（武谷）

「**よびだせば**　**てんりわうのみこと**の、**てんりわうのの**手ぶりを二回繰り返すのであって、**てんりわうのみこと**を唱えるあのおつとめをすることを仰《おっ》しやっているのだと思う」（諸井）

はやくこもとへたづねでよ　早くこもと（※12）へ尋ね出よ

「はやくハ急速ニナリこもとへたづねでよトハ我ニ就《つ》キテ御名ノ意義ヲ問へヨト教祖自ラ言ハレタルナリ」（中山）

「**こもと**　『こ』は近い所を強く指示する接頭語、『もと』は、元。『こもと』とは、大和の方言で、本家本元という意味に用いられている普通名詞です。ここでは、親里『おぢば』のことですね」（上田）

「〝こもと〟とは、親里ぢばの事であります。即ち、教祖が世界たすけのために、旬刻限《しゅんこくげん》と共に神のやしろとお定まりになり、この教《おしえ》をお啓《ひら》き下された場所であり、以来、教祖が五十年にわたって、世界たすけのために並々ならぬ丹精を下された場所であり、そして、教祖が存命のまま留《とど》まり、永久《とこしえ》に日夜、世界たすけのためにお働き下されて居る場所であります」（平野）

（※12）「こもと」＝本家。本元。本拠。（『日本国語大辞典』）

【備考】

◆五下り目一ッを「世間には、救《たす》けると言っている所（拝み祈祷《きとう》など）は、あちらこちらにあるであろう」と解釈すると、九下り目の一ッも「B、広い世界を祈祷して回り、一銭二銭の報謝で救けて歩く人たちがいる」ととれる。

◆十首目が「十」で始まらないのは、五下り目「どうでも」と九下り目「とても」。「第十首について」のコラム参照。

◆八下り目と九下り目は、同一の主題を別の角度から説かれたものか。特に、それぞれの下り目の四ッ六ッ七ッには、対応的表現がみられる。

◆天理王のつとめについて。

「『天理王のつとめ』は、『かんろだい』を離れた『やまのなかでも、あちこち』各地に行われる『つとめ』、つまり、各教会や、信者宅に於《おい》て行われる『つとめ』である。『天理王のつとめ』は、『朝夕のつとめ』の如《ごと》く、各地に勤行されるもの乍《なが》ら、『十二下リの手踊り』も伴うものと考えられ、この点、本勤《ほんづとめ》に対しての略式とも云《い》えないが、しかし、『かぐらづとめ』とは云い得ない」（中山正善著『続ひとことはなし　その二』）

第五節　十下り目

一ッ　ひとのこゝろといふものハ　ちよとにわからんものなるぞ

【通釈】
人の心というものは、ちょっとには分からないものである

【語釈】
ひとのこゝろといふものハ　人の心というものは
　およそ人間の心というものは。
ちよとにわからんものなるぞ　一寸《ちょっと》に分からんものなるぞ
　容易に理解できないものである。
「ちよと」は、「ちょっと」で、たやすく、てがるに、わけなく、などの意。
第二節「ちよとはなし……」の場合は、決して軽い話でない、というように

逆説的な用い方がされていると思われる。
何が「わからん」と言われているのか。神からすれば、人間のことは見抜き見通しであるから、
①人間に人の心が
②人間に自分自身の心が
③人間に親神の思召《おぼしめし》が
と、三通りが考えられるが、二ッのおうたとの関連からすると、③であろうか。人間の心では神の深い思い、不思議な守護のことは容易に分からない、となる。

「欲のために、心が濁ってしまって、自らの心も分からず、それゆえ人の心も、また親神様のお心も分からなくなってしまっている。それが人間の現実の姿ではないでしょうか」（上田）
「人間創造以来今日までの長年の勝手気侭《きまま》な心づかいのために、ほこりがたまって泥水のように濁り、容易には親神様の思召が解《わか》らないものであるぞという意味であります」（深谷）
「神様がわからんというのでは、もとよりなく、六下り目一ッと同様、一般にわからんものだという意味である。しかも人間お互いが、相手の内心がわかりにくいというよりも、自分自身でさえ心の内を自覚できぬことを仰《おっ》しゃってい

る。**ものなるぞ**　のもので重ねて手を胸にとるのは、心の強調であって、人の心はもとより我が心でさえという意味が、濃厚であるように思われる」（諸井）

二ッ　ふしぎなたすけをしてゐれど　あらはれでるのがいまはじめ

【通釈】

不思議なたすけをしてきているけれど、たすけの道筋が明らかになるのは、いまが初めてである

【語釈】

ふしぎなたすけをしてゐれど　不思議な救《たす》けをしていれど

人間を創《はじ》めてよりこのかた、不思議なたすけをしてきているけれども。人間創造の初めから、旬々の仕込み（陰の守護といわれるもので、すべては親神の不思議なたすけのあらわれ）をして来てはいるが……。

「**ふしぎなたすけ**　不思議なたすけ。親神様のお働きによる不思議なたすけですね。五下り目の第二歌、六下り目の第二歌において、それぞれ、親里なればこそお見せ下され、親神様だからこそお見せ下さる所以《ゆえん》を歌われ、そし

て本歌に至って、その根本の理を明らかにするとご宣言下さっているのです」（上田）

「不思議なたすけの道は人間世界が出来てから今日まで、幾度も親神様がつけてはいるがという意味であります」（深谷）

「ふしぎなたすけは、五下り目二ッ、六下り目二ッに仰せの如《ごと》く、既にしておられる」（諸井）

あらはれでるのがいまはじめ　現れ出るのが今初め

神が出てたすけの道筋が明らかになるのは、いまが初めてのことである（次ページのコラム参照）。

「あらはれでる」をどのようにとらえるか。

①神が現れる。教えとしてあらわれる。立教。

②身上・事情の根元。

　このたびはかみがおもてへあらハれて
　なにかいさいをときゝかす
（よろづよ八首）

と示されるが、このようにして、たすけの道筋が教えられることによって、心の入れ替えや、心澄み切ることなど、心遣いのあり方が明らかにされたという意味にとれる。

とめのおしえ

このたび、おやさまより、御じいう《自由》よう、御はたらきの理を、御きかせくださいまして、ぜん申す通り、ちゑもしこみ、がくもんもしこみ、よろづのこと、だん〳〵とをしへ《教》てきて、十のものなら九ツまでをしへたで、此《こ》のたびは、その残り一ツを教へるでと、きかせられます。

そこで、九ツまでをしへていたゞいてあるから、世上においては、なにもふじいう《不自由》ふそくはない。べんりで、ちやうはう《重宝》で、けつこう《結構》なせかいでございます。たつた一ツ、めいめいおもふ事が、おもふやうにならん。しようとおもふ事がならずして、しようまい、なるまいと、おもふこともなつてくる。とんと、めい〳〵のおもふやうに、ばかりはいかんといふが、これが一ツのふそくである。

そのふそくをないやうに、おもひ通り、おもわくどほりかなへてやつたら、それで十分やろ。このたびは、こゝの一ツををしへる道であるで。十のかずなら、一ばんしまひの十目のをしへ。すなはち、とめのをしへや。だめのをしへやで。

（諸井政一著『正文遺韻抄』〈190～191ページ〉）

（諸井）は、手振りから神の出現ではないとしている。また、（塩谷）は、②の論を展開している（左ページのコラム参照）。

「神天啓ノ教《おしえ》ヲ全世界ニ垂レ給フハ教祖ノ教ヨリ始マルト言フ意ナリ」（中山）

「あらはれでる　現れ出る。親神様が自ら直々《じきじき》表へ顕《あらわ》れて、真実のたすけの

「いま」の解釈について

十下り目二ッの「いま」が立教であるとの一般的な解釈に対して、塩谷寛「理を振るおてふり自問自答三題―（その2）」（『みちのとも』昭和60年5月号）では、以下のおふでさきを基に解釈を試みている。

いまゝでわ人の心のしんちつを　しりたるものハさらになけれど　（十五　19）
さあけふハどんなものてもしんちつの　むねのうちをばたしかあらハす　（十五　20）
これさいかみなあらハした事ならば　むねのそふぢがひとりでけるで　（十五　21）
いまゝでハ人の心のしんちつを　たれかしりたるものハなけれど　（十六　38）
このたびハ神がをもていでゝるから　どんな事でもみなをしゑるで　（十六　39）
このはなしとこの事ともゆハんてな　みのうちさハりこれでしらする　（十六　40）

「一ッ、人の心というものは（表裏があって）どんなことを内心考えているのやら、本当の心というものは、ちょっとにわからんものである。

二ッ、親神はこれまで（自由の守護によって）ふしぎなたすけをしているが、今度は、なかなかわからなかった、人の胸の内なる本当の心を、すなわち心遣い・心の理・埃《ほこ》り心・心得違いなどを、初めて『身上・事情』の形で表面に現すことにしたのである。

三ッ、それでもし、『身上や事情』に知らしたら、本来は清水のように澄んでいる、きれいな心の中の泥（埃り心）を速かに排除して、胸の掃除をしてもらいたいのである……と」

そして、次のように結んでいる。

「十下り目二ッは、身上・事情という人生最大の不幸の根元は、わが内なる埃り心であることを初めて教え（啓示）、わが心のふしんこそ陽気ぐらしへの、欠くことのできない大切な道であると、お教えいただいているものと悟らせていただくのである」

理合い、即ち病の元を明らかに説き聞かすのは今が初めである、と仰せ下されています」（上田）

「手ぶりで三ッのどろうはやくいだして、と同じ手ぶりであって、神が表へ現われ出るのとは明らかに違う。いまはじめ　のいまで胸に手をとるが、これは、心のことをいっているのだということをお示し頂いている。即ち、心通りが表に現われ出るのがいまはじめである、ということを仰《おっ》しゃっている」（諸井）

三ッ　みづのなかなるこのどろう　はやくいだしてもらひたい

【通釈】

水の中にあるこの泥を、早くかい出してもらいたい

【語釈】

みづのなかなるこのどろう　はやくいだしてもらひたい

水の中なるこの泥　早く出《い》だして貰《もら》いたい

A、親神様から人間に向けての言葉、

（人の心を水にたとえて）お前たちの心の中を濁らせる泥（欲の心）を、早くかき出すがよい。

B、人間から親神様に向けての請願、

親神様、どうか私の心の中にあるこの泥を早くかい出してください。

「どろう」の中には、「を」が含まれているように思われる。「いだして」は手振りから、「かいだす」（※1）という意味であろうか。

（※1）かいだす＝【掻い出す】（カキダスの音便）たまったものをなくそうと汲んで出す。（『広辞苑』）

「早く取り出して、元の清水のような澄み切ったきれいな心にしてもらいたいという意味であります。

この水をはやくすますもよふだて
すいのとすなにかけてすませよ　三　10
このすいのどこにあるやとをもうなよ
むねとくちとがすなとすいのや　三　11

とおふでさきに述べられていますが、泥水をこすすいの（水こし）は、各自の胸と口であります。即ち悟り諭しによって、欲にまみれた汚い心は清く澄んだ心となるのであります」（深谷）

「人間の心の中の泥を早く放り出してもらいたいと教えられます」（山本）

「はやくいだしてもらいたいトハ速《すみやか》ニ我等《われら》ノ欲塵《よくじん》ヲ去リテ神ノ清浄ナル意志ニ一致セシメ給ハンコトヲ切望ストノ意ナリ」（中山）

四ッ　よくにきりないどろみづや　こゝろすみきれごくらくや

【通釈】

きりない欲は泥水のようなもの。心澄み切れ。そこに極楽

【語釈】

よくにきりないどろみづや　欲に切り無い泥水や

際限の無い欲の心は泥水のようなもの。

「我等ノ心欲塵《よくじん》限リナク競起《きょうき》スレバ此《こ》ノ世界即チ泥海ナリト言フ意ナリ」（中山）

「人間の欲には際限がないもので、欲望は欲望を生み、丁度《ちょうど》泥水のようなものであるという意味であります」（深谷）

「欲にきりないのは泥水のようなもので、か、又《また》は、欲にきりない泥水のような心も、泥を出して」（諸井）

こゝろすみきれごくらくや　心澄み切れ極楽や

（三ッとの関連から、泥水を）かい出して心澄み切れ。そこに極楽を見る。

「我等ノ心清浄ナレバ此《こ》ノ世界即チ最上楽土ナリトノ意ナリ」（中山）
「泥水の中の泥を取りさると澄みきった水になるように、欲の心を取り去って、澄みきった心になったならば、今まで難儀苦しみの世界と思われるこの世の中が、楽しみずくめの陽気ぐらしの世界になるという意味であります」（深谷）
「極楽は楽しみづくめで、おふでさきに、

心さいすきやかすんだ事ならば
どんな事てもたのしみばかり　　十四　50」（諸井）

五ッ　いつ〳〵までもこのことハ　はなしのたねになるほどに

【通釈】
このことは、この先いつまでも、話の種になるのだから

【語釈】
いつ〳〵までもこのことハ　いついつまでもこの事は
「このこと」とは、心澄み切ったところに見る極楽のこと。
「末代までも、今度教祖が月日のやしろとしてこの世の表にあらわれ出られ、

世界だめの教である世界中の胸の掃除の道を教えられたことは、という意味であります」（深谷）

「このこと　とは直接には四ッに仰《おっ》しゃることだが、又《また》、そのために三ッの泥を出して貰《もら》いたい、そのために二ッの心通り現われ出るのだ、というそのことでもある。そこで六ッにつづく」（諸井）

「いつ〳〵までもハ即チ無窮《むきゅう》ニナリこのことはトハ教祖ガ天啓ヲ奉受セラレタルヲ言フナリ」（中山）

「この体験、それは第三、四歌に仰せ下さったことの実践であり、実現であります。ただ話に聞いたというだけでなく、真実これで救《たす》けて頂いて、また、人様も救けさせて頂いて。……第五歌は、この事を如実に見せて頂いたその体験は、生涯末代までの話の材料になって、そしてまた、人様を救けさせて頂けるほどに、と仰せ下さっていると拝します」（上田）

はなしのたねになるほどに　話の種に成る程に

いつまでも、語り伝えられる、人だすけ、世界だすけの話の種になるのだから（※2）。

「この道聞き分けるということは、欲の心を去って心が澄み切るということであり、そこにこそ極楽世界を味わうことができるのであります。これこそ

（※2）元治元年の大和神社事件の際のこと、こかんが「行かなんだらよかったのに」とつぶやいたところ、教祖の様子が改まって、「不足言うのではない。後々の話の台である程に」と、お言葉があった。（『稿本天理教教祖伝』59ページ参照）

が親神様の思わくの世界であります。わが身にまず、この境地をつかませていただくことができた、これが話の種であります」（桝井）

「我等人間ノ一大事トシテ世ニ語ラル、ヲ言フナリ」（中山）

「**はなしのたね**　話の種。語り草。ここでの『たね』とは資料、材料、原料の意」（上田）

「語りつたえて、世界の人々をたすける話の種となるのであるという意味であります」（深谷）

「話の種というものは、おさしづに一例のみある。

めん〳〵それ〳〵長い道筋、長い間、どんな理もあって通りた道は話の種。（明治三十一年十月一日）

はなし一条たすけ一条と仰せられる、たすけ一条のこの道のはなしの種である」（諸井）

「をやの思いをよく胸に納めて、これまでのお歌の示すように欲にきりない泥水のような心を、すきやか入れ替えて、心が澄みきって極楽にいる思いの守護を一度《ひとたび》我が身に体験したら、このことは、いついつまでも、人だすけの話の種になるのですよ」（山本）

六ッ　むごいことばをだしたるも　はやくたすけをいそぐから

【通釈】

酷《むご》い言葉で諭したのも、早くたすけを急ぐから

【語釈】

むごいことばをだしたるも　酷い（※3）言葉を出したるも
厳しい言葉を出して諭すことになったのも。

「だしたるも」とは、出したのも、言ったのも。

多くの解釈本が、この下りの前半のうたを「むごいことば」としてとらえている。しかし、この十下り目全体を通して、特に、七ッ、八ッ、九ッ、十ドの諭しも含めているものと考える。

はやくたすけをいそぐから　早く救《たす》けを急ぐから
早くたすけたいと急いでいるのだから。
「一日モ早ク我等ニ救済ノ恩寵《おんちょう》ヲ与ヘント急ギ給《たま》フガ故ニ斯《か》ク厳酷ナル語ヲ用キラレタリトノ義ナリ」（中山）

（※3）「むごい」＝【惨い・酷い】①残酷である。無慈悲である。②ひどい。甚だしい。悲惨だ。（『広辞苑』）

「一日も早く親神様が世界一列の人々を救けたいからであるという意味であります」（深谷）

七ッ　なんぎするのもこゝろから　わがみうらみであるほどに

【通釈】
難儀するのも、その元は心からで、我が身を恨むほかはない

【語釈】
なんぎするのもこゝろから　難儀するのも心から
難儀するのも、心遣いにかかっているのであって。
「諸《もろもろ》ノ苦患ハ多ク我等ノ心ヨリ生ズル故ニト言フ意ナリ」（中山）
「現在難儀苦労している自分のこの姿、これも自分の悪《あ》しき心づかいの結果であるという意味であります。確かにこの通りであります」（深谷）
「難儀するのも我が心からであって、その原因は自身の心にあることを仰せられている」（諸井）

わがみうらみであるほどに　我が身恨みである程に

自らを恨むほかはない。

「おふでさき」にも類似の表現が見られる。

とのよふな事もうらみにをもうなよ

みなめへ／＼のみうらみである　（六　95）

「自ヲ怨《うら》ムベクシテ他ヲ怨ムベカラズトノ義ナリ」（中山）

「六号95のおうたの通り、恨んではならん、もし恨むなら我が身をうらむ以外にない。わがみ（そこは）めい／＼の（七下り目六ッ）と同じ手。うらみであるほどに　八下り目六ッ（むねの）うちよりしあんせよ、と同じ手であって、我が身をうらむ以外にないということと共に、胸の内より思案さんげせよという意味をこめられていると思う」（諸井）

「静かに内を省みれば、我が身を恨むほかない次第であるからなあ」（山本）

八ッ　やまひはつらいものなれど　もとをしりたるものハない

【通釈】

病は辛《つら》いものであるけれど、その元を知っている者はいない

【語釈】

やまひはつらいものなれど　病は辛いものなれど

病むのはつらいことであるが。三下り目にも次のように示されている。

やむほどつらいことハない

わしもこれからひのきしん　（三下り目　8）

「疾病ハ苦患ナレドモト言フ意ナリ」（中山）

「七ッの難儀をうけて、その中でも病いはつらい」（諸井）

もとをしりたるものハない　元を知りたる者は無い

真の原因を知っている者はいない。

九ッ　このたびまでハいちれつに　やまひのもとハしれなんだ

【通釈】

この度までは、みな一列に病の元を知ることができないでいた

【語釈】

このたびまでハいちれつに　この度までは一列に
神が出てたすかりの道筋を明かすまで、一列の人間には。
これまで解釈本の多くは、「このたび」を立教としている。ここは、その解釈の立場に立つ。

やまひのもとハしれなんだ　病の元は知れなんだ
病の真の原因は、知ることができないでいた。
「なんだ」は、なかった。

「知れなかった、知れずにおった。フリは明確な否定の意味で、誰一人知ることができずにおった」（諸井）
「疾病ノ本源世ニ知ラレザリキト言フ義ナリ」（中山）
「**やまひ**　病。疾病。**もと**　元。根本原因。**しれなんだ**　知れなかった。誰にも分からなかった」（上田）
「病気の根本原因は誰にも解《わか》らなかったという意味であります」（深谷）

十ド　このたびあらはれた　やまひのもとハこゝろから

【通釈】

ついにこの度明らかになった。病の元は心にあることが

【語釈】

このたびあらはれた　この度現れた

九ッの「このたび」と同じ。

「**このたび**　此度《このたび》。天保九年。教祖がこの道をお始め下さるに及んで。**あらはれた**　表れた。世界に公表された」（上田）

「いよいよ今度《このたび》、世界だめの教によって、いままで解《わ》からなかったことが、表明されるようになったという意味であります」（深谷）

「**このたび**　はイサミの手をするのは、立教以来のこのたびではなくて、心現わす、神の働きが現われるに到《いた》るこのたび。**あらはれた**　心通りが現われ出て明らかとなった、はっきり分かった。心通り現わす神の働きが現われて、そうなるのだが、神の働きということは、おうたの前面には出されていない。病いの元は心からということは、これまでもそうであるが、このたび、その真実相が、明らかとなったということである」（諸井）

やまひのもとハこゝろから　病の元は心から

「おさしづ」にも、次のような端的なお言葉がある。

身上悩む〳〵。身上悩むやない。心という理が悩む。身上悩ますは神でない。皆心で悩む。（明治34・1・27）

「疾病ノ本源ハ心ニ在リト言フ意ナリ」（中山）

「やまひのもと　病の元。こゝろから　心から。病は心から起こる」（上田）

「病気の根本原因は各自の心づかいによるのであるという意味であります」（深谷）

「三下り目九ッ十と、この十下り目九ッ十は、おうたも手ぶりも似通っており、そのことを思うとき、そこにおうたい下さる内容も共通するものがあると思われる。即ち、身に障り付く病いということに於《おい》て、心通りが現われること、心次第にたすけて頂くこと、そのことの教え通りが現われること、その神の働きが現われること、それらのことによって、深い了解を以《もっ》て、神のかしもの・かりものという真実があらわれるのであって、かしもの・かりものの原因の一方である神様の方が、三下り目で、もとのかみとハしらなんだ、じつのかみにはさうゐない、という形で、今一方の原因である心の方が、十下り目で、やまひのもとハしれなんだ、やまひのもとハこゝろから、という形で、了解されることになることを、おうたい下されているのである」（諸井）

【備考】

◆十下り目は、心のあり方の重要さについての諭しである。人間のほこりの心遣いを泥水にたとえて説きながら、たすかりの筋道、たすけの構造を端的に教え示されている。つまり、病の元は銘々の心遣いにあることを指摘され、心が清水のごとく澄み切るところに、陽気ぐらしの境地が開けると教えられている。

当時、すでに西洋医学の導入によって、医学の進歩は著しかったが、民間では相変わらず病気やケガなどは、一般に、外からもたらされると考えられていた。だから、医薬も用いたが、一方で、拝み祈祷《きとう》という手段に頼ることも少なくなかった（※4）。そうした一般の病理観を転換し、本当の原因が心遣いにあるという、新しい真の病理観の基本を打ち出したことになる。

「本章においては、人間心の、迷妄《めいもう》として容易に浄化し得ざる現状より説き起こして、しかもこの人心浄化の道を説くために、心を水、欲を泥に譬《たと》えてだんだんのお話あり、さらに、このお話を徹底して、一切の病気の根本原因が心のほこりから起こるという本教教義の奥伝の一つとも言うべき、病だすけと胸の掃除の根本原理をお教え下されている章であります」（上田）

（※4）『稿本天理教教祖伝』には、元治や慶応のころの様子として、次のように記されている。

「庄屋敷村の生神様《いきがみさま》の、あらたかな霊験を讃《たた》える世間の声が、高くなるにつれ、近在の神職、僧侶《そうりょ》、山伏《やまぶし》、医者などが、この生神を論破しようと、次々に現われた」（62ページ）

「いだして」と「すまして」

No.2　三ツみつの中なるこのどろを　早くすましてもらいたい

……教祖の外孫であり、幼少の頃《ころ》より直《じ》き直きに教えを受けられた、No.2の筆者である梶本松治郎氏の自筆になる明治四年推定のものに、なぜ「すまして」が書かれるにいたっておるのか、しかも、No.3・No.4・No.7〜9などはいずれも現行の「いだして」であることを考えると、その間の事情を調べてゆく必要を痛切に感じるのであります。No.2と同じおうたが、おやしきの東南方の園原村でも西浦氏によって二書にわたって記され、さらに、No.10にも、大阪の講社である真明組の講元本にも見られるのです。明治十四、五年頃にまで「すまして」が歌われていたことは、文字の上からは否《いな》めないと思うのであります。

しかも、「いだして」が同じ時代に他の方々によって歌われていたことは、みかぐらうた本の記録の示すところであります。一時期、教祖によってこのようにお改め頂いたのである、というような記録を見たことは皆無であり、また、そんな伝えを聞いたこともありませんが、事実上は、記録の示す通り、約十ケ年に及んで二通りのものが歌われていたものと考えます。一手一つであるべきつとめの上からも、当然、そこに一つの理が現わされるものと私は思案させられるのであります。これもまた、明治十五年のふしに無関係であったとは思えないのであります。そして、明治十五年のふし以降は、実にみごとに、現行のおうたで一貫した記録をとどめてくるのであります。〈永尾廣海「みかぐらうた本研究の諸問題について〈中〉」〉

「陽気ぐらしの世界建設のために、天理王命の神名を流し、おさづけを取りつぎ、懐中に一銭の路銀はなくともただ親神様にもたれきり、国々津々浦々くまなくたすけ行くよふぼくの話す教理の内容は一体どういうことでしょうか。この問に答えるものが十下り目のお歌であると申せましょう。

……この下りは信仰の心髄《しんずい》である心の道、所謂《いわゆる》因縁話を核心として述べられていると申せます」（深谷）

「お道は心の道・胸の道であり、その心の入れ替えをさせていただくのが、お道のご用であります。……人間身上のたすかる、たすからんのその道をお教えくだされるのであります。金銭物資で解決のつかない、人間身上は神のかしもの・かりもの、心一つがわがの理であって、その心通りで身上のたすかる道を、お説きくだされてあるのであります」（桝井）

◆三ッ、泥水はどのように澄ますのか。ここでの手振りは、かい出す様子をあらわしている。「おふでさき」では、次のように教えられている。

　この水をはやくすまするもよふだて
　すいのとすなにかけてすませよ　（三　10）

◆「みかぐらうた」の写本の中に、三ッの「いだして」の部分が、「すまして」となっているものが見受けられる（右ページのコラム参照）。

◆「みかぐらうた」の中の「ほどに」の用語は、断定ではなく、やさしく納得させる時などに用いられている。

第五節　十一下り目

一ッ　ひのもとしよやしきの　かみのやかたのぢばさだめ

【通釈】
日の本庄屋敷の神のやかたのぢば定めをする

【語釈】
ひのもとしよやしきの　日の本庄屋敷の

単なる日本や庄屋敷を意味しているのではない。ぢばを強く意識した表現であろうと感じる。

三下り目一ッ（142ページ）を参照。

かみのやかたのぢばさだめ　神の館のぢば定め

「かみのやかた」は、神の鎮まる館であり、二ッ以降の「ひのきしん」との関連、手振り、および十二下り目の内容とのつながりからして、建物のことになろうか。

「ぢばさだめ」は、

①地固め（※1）。

②明治八年（一八七五年）の「ぢば定め」（※2）。

の二通りの解釈がされてきた。①の解釈は、当時の社会状況への配慮が感じられる（※3）。

「かみのやかたハ神殿ナリぢばさだめトハ地固《じがため》ノ事ナリ」（中山）

「第一歌は、まず、八年後の明治八年旧五月に行われるべき『ぢば定め』をご予言下さっているお歌と拝察さして頂きます」（上田）

「神の館である元のぢばの決定という意味であります」（深谷）

「**ぢばさだめ**　**さだめかけ**（八下り目四ッ）と同じ手ぶりであるが、右左右と三度押《おさ》ヱるが、何故三度も押ヱるのかというと、それはしっかり定めるためであり、実際のぢば定めに於《おい》て、教祖がしるしをつけられたところを、そばの方々に目かくしで歩かせられて、確認をさせられたことを、思い出させられる手ぶりである」（諸井）

「**かみのやかた**　親神様がお顕《あらわ》れ下され、お鎮《しず》まり下されて居るやかた（館）という事で、かんろだいを意味されていると悟らせて頂きます」（平野）

（※1）地固め＝①建築などにとりかかる前に、地面をならし固めること。じならし。地形《じぎょう》。②転じて、物事の地盤または基礎をかためること。（『広辞苑』）

（※2）（『稿本天理教教祖伝』126〜129ページ参照。

（※3）（中山）は、「地固《じがため》」ととらえ、それに基づいて十一下り目全体を解釈している。そのために現代の考え方とは異なる点が見られる。

二ッ　ふうふそろうてひのきしん　これがだいいちものだねや

【通釈】

夫婦ともどもひのきしん。これが何よりの物種である

【語釈】

ふうふそろうてひのきしん　夫婦揃《そろ》うて日の寄進

夫婦が相共にひのきしんに励む。

ぢばへの伏せ込みから普遍的な日常生活へと解釈を広げれば、夫婦が日々ひのきしんの態度で生きるということにもなろう。

「夫婦は一家の元、一国の元、社会を形造る土台でありますから、夫婦仲よく『ひのきしん』をさして頂けば、一身助かり、一家助かり、斯《か》くして一国が平和に治まつて富み且《かつ》栄えるのであります」（武谷）

「手ぶりからすれば、夫婦揃うて出て来てひのきしんをすれば、となるが、夫婦揃ってひのきしんに出て来れば、でも通じる。いづれにしても、ひのきしんは、はこびの姿を表現されており、そのはこびは、おぢば、おやしきへのはこびである」（諸井）

「天は月様、地は日様であるごとく、天は父の理、地は母の理とも仰せくださるのである。この月日ご守護の理を、夫婦において二人が心を一つに揃えて、人間心を捨てて神に受け取っていただく精神で通るならば、これがご守護をいただく種であると、『二つ一つは天の理』であるとの、ご守護の理を仰せくだされるのであります。……夫婦と申しましても、必ずしも夫婦だけの問題ではないのであります。夫婦といえば裏と表であるごとく、また上と下、固いものと柔らかなもの、温みと水気、……これ皆二つ一つの理であります」（桝井）

これがだい、ちものだねや　これが第一物種や

「ものだね」（※4）は、作物の種。ひいては、物事のもとになるもの。

にち〳〵に心つくしたものだねを
神がたしかにうけとりている
しんぢつに神のうけとるものだねわ
いつになりてもくさるめわなし
たん〳〵とこのものだねがはへたなら
これまつだいのこふきなるそや
（おふでさき号外）（※5）

「**ものだね**　物種。すべての不思議なご守護を頂く根本の種」（上田）

（※4）「ものだね」＝【物種】①物のもととなるもの。材料。ものざね。②草木の種。特に、野菜・草花の種。たねもの。（『広辞苑』）

（※5）明治7年12月24日の朝、教祖が詠まれた。（『稿本天理教教祖伝』120ページ参照）

永代の物種

慶応二年二月七日の夜遅く、教祖は山中忠七に対して、

「不自由したいと思うても不自由しない、確かな確かな証拠を渡そう」

と、仰せになって、壺《つぼ》を下された。そして、更《さら》に、

「この物種は、一粒万倍になりてふえて来る程に。これは、大豆越《まめこし》村の忠七の屋敷に伏せ込むのやで」

と、お言葉を下された。そして、その翌日には、

「これは家の宝や、道の宝やで。結構やったなあ」

と、お喜び下された。


これは、永代の物種として、麦六升、米一斗二升、小遣銭六十貫、酒六升の目録とともに、四つの物種をお授け下されたのであった。それは、縦横とも二寸の白い紙包みであって、縦横に数条の白糸を通して、綴《と》じてあり、その表にそれぞれ、「麦種」「米種」「いやく代」「酒代油種」と、教祖自らの筆で記されている。

（『稿本天理教教祖伝逸話篇』一五「この物種は」参照）

「ものだねや、で胸にとるが、その種はほかならぬ心の実が種なのだということを、はっきりお示し頂いている。これをおさしづのお言葉に、

百万の物持って来るよりも、一厘《いちりん》の心受け取る。（明治三十五年七月二十日）」（諸井）

三ッ　みれバせかいがだん〳〵と　もつこになうてひのきしん

【通釈】

見ると、世界の人々が次々と、もっこを担ってひのきしん

【語釈】

みれバせかいがだん〳〵と　見れば世界が段々と

見ると世界から次第に。

「親神様から御覧になれば、世界一列の子供が段々親里おぢばに帰って来てという意味であります」（深谷）

もつこになうてひのきしん　もっこ担《にの》うて日の寄進

もっこを担って、ひのきしんに励む者が出てくる。

その主体を人間とすると、「みれバ」は「ふと気が付いてみると」と解釈できる。

「単に畚《もっこ》を荷《にの》ふて土持《つちもち》すると云《い》ふ限られた意味ではなく、もつと広く大きく、お地場に理を運ぶ即ち心を運ぶ、心を寄せると云ふ意味に解するが良からうと

思ひます」（武谷）

「肩に重荷を背負うて、これを遠い所へ運ぶという動作、これが『土持ち』の基本動作の一つであります。そして、同時に『ひのきしん』の心掛けと実践について、我々はここをよく噛《か》み締めて味わわせて頂きたいと思うのでありまして、親神様のご用を見て、また聞いて傍観していてはなりません。これに肩を入れさせて頂いて、重荷を自分の身体《からだ》に負わして頂いて、しかも同じ所に立っているのではなくて、これを運ぶのであります。運ぶということは、停止や停《てい》頓《とん》ではなくして、進歩発展させねばならぬ、ということでありましょう。しかもその辺を漠然とウロウロするのではなく、『ぢば』へ運ぶ、『ぢば』から運ぶのでなくてはなりません」（上田）

「畚を担うて、土持ちひのきしんにいそしむ日が来るという意味であります」（深谷）

四ッ　よくをわすれてひのきしん　これがだいゝちこえとなる

【通釈】

欲の心をすっきり忘れてひのきしん。これが何よりも肥となる

【語釈】

よくをわすれてひのきしん　欲を忘れて日の寄進

欲を離れてひのきしんに勇む。

「人間の知恵やそろばんを伏せ、欲得を忘れてひのきしんに励む」（山本）

これがだいゝちこえとなる　これが第一肥となる

（二ッで蒔《ま》いた物種の）芽吹きをたすける修理肥となる。

「私欲ナキ献身的労働ハ救済恩寵《おんちょう》ノ種子ヲ培養スル所以《ゆえん》ナリトノ意ナリ」（中山）

「**これが**　この、人の目につかぬ汗を流して、土にまみれた没我献身のひのきしんが。**だいゝち**　第一。欲を忘れたひのきしんこそ、人間生活の幸福を育てるのに第一必要なものである。**こえ**　肥。農作物を作るには、まず種蒔《ま》きが第一でありますが、続いて、修理、肥が緊要なことは申すまでもありません」（上田）

「肥は心の畑の肥であり、即ち、いうところの心の徳である。心の畑の地味の豊かさは、肥如何《いかん》にかかっている。種がなければ芽生えはないが、種はあっても、また芽生えても、肥が効かねば結構という稔《みの》りはない」（諸井）

五ッ　いつ〳〵までもつちもちや　まだあるならバわしもゆこ

【通釈】

いつまでも続く土持ちと教えられるので、まだ、あるならば私も行こう

【語釈】

いつ〳〵までもつちもちや　何時《いつ》何時までも土持ちや

きりなし普請の土持ちはいつまでも続く。

「おさしづ」には、次のようにある。

土持《つちもち》々々と言うたる。日々どんな中にも厭《いと》わず、国に一つの事情の中も厭わず、心楽しんで来る。一荷《か》の土どういう事に成るとも、何ぼのこうのうに成るとも分からん。（明治40・3・13）

切り無し普請始めたる。こちらへ建て、どちらへ建て、建てたり取りたり普請無いと楽しみが無い。そこで仮家普請、道普請。道普請なら切り無し普請と言うてある。（明治23・10・10）

たすけとても一日なりともひのきしん、一つの心を楽しみ。たすけふしぎふしん、真実の心を受け取るためのふしぎふしん。（明治23・6・15）

「いつ〳〵までも　何時《いつ》々までも。このお道のたすけ一条が切りなしふしんと言われているように、その根本であるおぢばでの土持ちは、未来永劫《えいごう》、孫子の代に至るまで、次から次からと窮《きわ》まることなく、絶えることもありません。なぜかと申せば、これこそが一列たすけの根本であり、汲《く》めど尽きせぬおたすけの源泉なのですから」（上田）

「いつ〳〵までも　将来かけていつまでも、であって、十下り目五ッにも。……土を運ぶ如《ごと》く、おぢばへ心の真実という無形の土を運ぶことである」（諸井）

まだあるならバ　わしもゆこ　まだあるならば私も行こ（う）

（そう教えられているから）まだあるのならば、私もさせていただこう。

「未《ま》だ土持ちひのきしんするところがあるならば、私も行って皆さんと一緒につとめて徳を積ませていただきたいという意味であります」（深谷）

六ッ　むりにとめるやないほどに　こゝろあるならたれなりと

【通釈】

（ひのきしんに来る者を）無理に止めるようなことはしない。心さえあれば、だれでも来るがよい

【語釈】

むりにとめるやないほどに　無理に止めるや無い程に

（神が）無理に止めるようなことはしない。
また、人間に対して、無理に止めだてするようなことはしてはいけない、という解釈も可能である。

「おやしきのご用というものは、誰彼《だれかれ》の区別のあろうはずはないのである。皆がたすかってもらわねばならぬご用である。来るというならば、誰でも彼でもさせてもらわねばならんのである。『来る者はよし、来る者だけは寄りてくれ。来《こ》ん者に来いとは言わん。来る者は皆寄りてくれ。』（明治29・10・10）」（桝井）

「信仰というものは、人間の心の最も神聖な働きであり、絶対的なものであって、他の者がこれを止めることも、また命令して、勧めることもできないものであります」（上田）

こゝろあるならたれなりと　心有るなら誰なりと

ひのきしんをさせていただこうとの心がある者であれば、誰彼の区別はない。

「自らすすんでひのきしんをさせていただこうという心があるのであれば、誰でもよい、皆ひのきしんに勇みでよという意味であります」（深谷）

七ッ　なにかめづらしつちもちや　これがきしんとなるならバ

【通釈】

何とめずらしい土持ちであろうか。これが神様への寄進となるのであれば

【語釈】

なにかめづらしつちもちや　何か珍し土持ちや

何とめずらしい土持ちであろうか。

「『ひのきしん』と申しましても、今まではどんなことであるか知らなかつたが、誠に珍らしい土持《つちもち》がそれであることがわかりました。そして此《こ》の土持ちをする事が『きしん』即ち神様のお思召《ぼしめし》に叶《かな》ひ、神様のお仕事のお手伝《てつだい》になることならば、もつと早くからさせて頂いて居《お》れば良かつたと、後で悔《くや》まな

い様に、今から十分にやらせて頂き度《た》いものであるとの意味であらうと思ひます」（武谷）

これがきしんとなるならバ　これが寄進となるならば

これが神様への寄進（※6）として受け取っていただけるとは（左ページのコラム参照）。

「こうしてさせて頂く土持ちが、珍しいおたすけをいただく親神様への寄進となるならばという意味であります」（深谷）

（※6）寄進＝①社寺などに金銭・物品を寄付すること。（『広辞苑』）

八ッ　やしきのつちをほりとりて　ところかへるばかりやで

【通釈】

屋敷の土を掘り取って、ただ場所を変えるばかりである

【語釈】

やしきのつちをほりとりて　屋敷の土を掘り取りて

神の田地である元のやしきの土を掘り取って。

「ひのきしん」　土持ちと砂持

石崎正雄著『天理教用語とその風土』（天理大学おやさと研究所刊）の「『ひのきしん』の周辺語の一般的意味」には、

「宗教的な土持ちは、文献では『砂持《すなもち》』と記されている。『守貞漫稿』（※7）には、

……嬉遊笑覧（※8）に云《い》う、地をならし突き堅むるを土突《どつき》と云う。今どうつきと云うは誤《あやまり》なり。また地つきとも云う。その土砂を運ぶを砂持と云《いう》て、大寺の造営には信者ども出て助力するに、さまざまの興ある事を催す。是《これ》を見物に出る者多し」

とあり、寺社に対して行う労役をもっての献納や寄進などのことを「砂持」と称していたことがうかがえる。

同書はさらに、派手な着物をそろいで着用し、鉦《かね》、太鼓を打ち鳴らしながら踊りまわるなどと砂持の様子を紹介し、そうした点を踏まえて、

「当時の人にとっておそらく『つちもち』は『砂持』のような意味ではうけとられなかったであろう。砂持は寄進と同じような、豪華さと華やかさの伴う宗教的行為――むしろ、自己陶酔、集団陶酔、その底にある絶望的な窮境からの回避、または、かすかな救済への希望、あるいは世直し的な荒暴――を匂《にお》わせる。これに対して土持は、日常的な、農民や土工の汗の中の沈黙を思わせる」

としている。華やかな「砂持」の模様とは対照的に、土持ちが寄進になるとは何とめずらしいことであろうか。

（※7）『守貞漫稿《もりさだまんこう》』喜田川守貞《きたがわもりさだ》による江戸末期の風俗誌的な随筆。

（※8）『嬉遊笑覧《きゆうしょうらん》』喜多村《きたむら》いん庭《てい》の記した江戸後期の随筆。江戸時代の風俗に関する百科事典ともいうべきもの。

「おやしきのご用は、そのご用の上下、善し悪《あ》しをいうのではない。おやしきのご用をさせていただく者の心の善し悪し、真実のあるなしが問題である。人をたすけくだされる親心の一杯に満ち満ちてあるおやしきであります。おやしきのふしんは、きりなしふしんであります」（桝井）

「『やしき』といふ言葉の解き方で色々の解釈は出来ますが、こゝでは次に述べるやうな悟り方をし度《た》いと思ひます。即ち七下り目と同様に『やしき』を地場と解しますと、やしきの土、即ち神様の理を人々が土持ちする様に、少しづゝ運んで行つて、罪や埃《ほこり》のために荒れて居る屋敷へ移して、地場を造る。言ひ換へて見ると、布教をして人を助ける事が珍らしい土持ちであり、且《か》つこれが『ひのきしん』であると云ふ意味になるのであります」（武谷）

「**やしきのつち**　とは、七下り目の神の田地ということからして、蒔《ま》いた種が皆生え、肥をおかずに十分作り取らして頂ける地味豊かな土であり、それを空になったもっこに入れて、国のみやげに持たせてかえす。めい〱の心の畑へ、心に徳をつけて下さることにほかならぬ。……**つちを**　で、地面を右、左と指差すが、これは、見えにくい種の芽生え、種を蒔《ま》いた場所を指差す手であって、その場所の土を、**ほりとりて**であり」（諸井）

ところかへるばかりやで　所変えるばかりやで

ただ所を変えて運ぶだけだ。

「**ばかりやで**　親神様のご所望は、人々が大勢親里へ帰ってきて、額に汗する労働に神恩を感謝する感激を味わい、徳を頂くようにということ、ただそれだけであって、目に見えた物や、金の寄進ばかりが寄進ではない。それももちろん、人の誠と汗の結晶ですが、親神様の第一義にお受け取り下さるのは、人の額に汗する働き、勤労そのものであります」（上田）

「高い所は低く、低い所は高くと、土のある場所をかえるだけであるという意味であります」（深谷）

九ッ　このたびまではいちれつに　むねがわからんざんねんな

【通釈】

いままでのところみな、神の胸の内が分かっていない。残念なことである

【語釈】

このたびまではいちれつに　この度までは一列に

この理合いを聞くまでは、おしなべて皆。

「このたび」については立教の時と入信の時との解釈が見られる。

「**このたびまで**　人々がお道の話を聞きお道の教へを信じる様になるまでと云《い》ふ意味になりますでしやう。……此《こ》の御言葉の裏には、今日は世人が段々お道の教へを信仰する様になり『ひのきしん』をする者も増えて来たわいと云ふ意味も含まれてゐます」（武谷）

「**このたび**　この度。天保九年十月二十六日は本教立教の旬刻限《しゅんこくげん》であります」（上田）

むねがわからんざんねんな　胸が分からん残念な

神の思いが分かっていない。それが残念である。

「欲の心にとらわれて、親神様の親心を知ることが出来なかったことはまことに残念なことであったという意味であります」（深谷）

十ド　ことしハこえおかず　じふぶんものをつくりとり
やれたのもしやありがたや

【通釈】

とうとう今年は肥も置かないで、豊かな収穫をあげた。何と頼もしいことか、ありがたいことか

【語釈】

ことしハこえおかず　今年は肥置かず

今年は肥を置くことなく、親神様のお陰を頂いて。

「ことし」とは、この理合いを胸に治め、ひのきしんに励んだ結果としての今年。

「とうとう今年は肥のさづけをいただいたお陰によって、普通の肥料を置かんでも、十分物を収穫することが出来るようになったことは、誠に頼もしく有難《ありがた》いことであるという意味であります。当時お道の信者の中には、お百姓が多かったのであります。一条《ひとすじ》にお道を通られた方には、金肥《きんぴ》を買うことは、中々出来にくいことでありました。そこでそうした方の路銀として、お道を通り易いようにとの親心から肥のさづけを下されたのであります」（深谷）

「神様の有難い事や、教理の結構なことがわかつて、土持をしたり『ひのきしん』をしたりして、色々のお助けを頂ける、又《また》幸福を頂ける種蒔《ま》きをしたからして、今年は肥をおかずとも十分天理の実が熟して、沢山《たくさん》の取入《とりい》れが出来た。是《こ》れ実に神様の御恩に感泣《かんきゅう》しなければならない事であつて、まことに

頼もしい、有難い事で御座いますと云ふ意を謳《うた》はれたものと思はれます」（武谷）

「ここの『こえおかず』ということは、現実に人糞《じんぷん》、金肥《きんぴ》、堆肥《たいひ》を用いずとも、心さえ誠真実ならば、どのような豊作をもご守護下さるということと同時に、心さえ誠真実であるなら、単に農作に限らず、何もかもが豊かな天の恵みに浴し得ることを仰せ下されていると拝察されるのであります」（上田）

「**こえ**　親神様の御声を、〝肥〟に例えて仰せ下されていると悟らせて頂きます。即ち、〝肥を置かず〟とは、親神様の方から子供（人間）に声を掛けて、督促したり、激励したり、援助したりしなくとも」（平野）

じふぶんものをつくりとり　十分物を作り取り

「**ものを**　農作物を、ひいては人生万般の物事について。**つくりとり**　作り取り。作っただけは皆収穫できる。肥料のための出費を差し引くことも、何も要らずに、作っただけは心置きなく取り入れられる、の意」（上田）

「**ものを**　でナゲの手をするのは、述懐。ものを十分に作り取らしてやるのだぞ、作り取りというようになるのだぞ」（諸井）

「**ものをつくりとり**　人材、よふぼくの事を、作物に例えて仰せ下されていると悟らせて頂きます」（平野）

やれたのもしやありがたや　やれ頼もしや有難《ありがた》や

何と力強いことか、ありがたいことか。

これは、未来の話ばかりではなく、この段階でも、肥のさづけを頂いて、頼もしくありがたいと感じた人がいる。

「**ありがたや**　で幾重にも押し戴《いただ》く手ぶりは、**ほうねんや**（一下り目八ッ）のように作り取らして貰《もら》うことが有難いだけでなく、こうした信心の道に、身を置かして頂いていることが有難いのであって、四下り目十の心澄み切り有難いのと同様の有難さであると思う」（諸井）

「なんと頼もしい事ではないか、有難い事ではないかと、私達の喜びと共に、親神様の御満足の思召《おぼしめし》をお歌い下されていると思います」（平野）

【備考】

◆十一下り目では、ぢば、お屋敷へのひのきしんのあり方が主題となっている。全体としては、ひのきしんを「土持ち」という極めて具体的な姿を通して述べられている。

冒頭で、ぢば、お屋敷の意義を明確にされたうえで、ひのきしんの理合いと重要性が説かれている。まず、夫婦そろってということが〝物種〟

であり、欲を忘れることが〝肥〟になると教えられる。神の田地であるぢばでの土持ちは、作業としては誰にでもできる素朴で単純なものであるが、それが神への寄進になると諭されている。

◆二ッから四ッをひとまとまりとみると、ひのきしんには求心的と遠心的の二つの意義があると考えられる。

二ッで、夫婦そろってのひのきしんが物種と教えられるが、それは、ぢばにおける神の館の普請への伏せ込みであると同時に、陽気ぐらし世界のふしん、つまり世界たすけへの無言のにをいがけともなる。三ッに「みれバせかいがだん／＼と」とあるように、夫婦で蒔《ま》いた物種が芽生えて、世界の人々が次第にひのきしんをするようになるのであり、ひのきしんは社会性をもっていると言えよう。

しかし、ただ形だけひのきしんをしていればよいわけではない。四ッでは、物種が芽を吹き、それが大きく育つために施す肥は、欲を忘れることであることが諭されている。

◆五ッと六ッでは、ひのきしんの自発性と継続性が強調されている。「きりなしふしん」との関連において理解することができる。

◆九ッでは、親神の思い（二ッから八ッの理合い）が分からないことを嘆かれ、十ドで、その理合いを胸に治めて、みながひのきしんに励めば、親神様の頼もしいありがたい守護があらわれることを教えられている。

「十一下り目は、ぢばにおける土持ちという極めて明瞭な姿をお示し下されて、ひのきしんの具体的な実践様式についてはっきりとお教え下さると共に、その姿の中に、ひのきしんの本質を余すところなくお示し下されている章であると拝察さして頂きます。即ち、本教のひのきしんは、

一、ぢばに対する尽くし、運びであること。

二、土持ちをもって、最も代表的な実践形態とすること。

の二つを基本的な原理としていることをお教え下さり、さらにそれに加えて、この陽気なひのきしんについて、次の三つの用件をお説き下されているのであります。即ち、

1、夫婦諧和《かいわ》。

2、欲を忘れて。

3、信仰の自発性。

この三つです」（上田）

第五節　十二下り目

一ッ　いちにだいくのうかゞひに　なにかのこともまかせおく

【通釈】

何よりもまず、大工の扇の伺いに、すべてのことを任せておく

【語釈】

いちにだいくのうかゞひに　一に大工の伺いに

何よりもまず第一に、大工の扇の伺いに。

「だいく」とは、後の本席、飯降《いぶり》伊蔵《いぞう》（※1）のことを指す。「おさしづ」には、次のようにある。

さあ〳〵席というは元は大工や。十二下りの止めはどういう事か分からんではあろうまい。何がどれだけのこうのうあるものでもない。心の理で、今一時は大工一条のこと聞き分け。

（明治23・6・17）

（※1）元治元年（1864年）7月26日に、妻おさとと共に、扇と御幣《ごへい》のさづけを頂いている。

十二下りの理にも出てある、十二下り出て居る。……十二下り一人《にん》の身体《からだ》より治め来たる処《ところ》、誰が頼りであるか、一人の目当てに入り込んだる、中々大切、誰が大切、いかなる処も仕上げた。入り込んだる身体というは、若き者であろうか、学者であろうか、智者であろうか、よう聞き分け。　（明治26・1・13）

十二下りの止めは大工、これさえ聞き分けたら、苦労したいと言うても出けんが神の守護、働き分かりたか。（明治31・7・14）

「だいく」の手振りは、墨壺《すみつぼ》（※2）を引く動作を表している。「うかゞひ」の手振りが、六下り目十（「あふぎのうかゞひこれふしぎ」）の手振りと同じことから、ここでも「扇の伺い」（223ページ参照）を言われていると思われる（【備考】参照）。

「いちにハ其《そ》ノ義専《もっぱ》ラト言フニ同ジだいくのうかゞひになにかのこともまかせおくトハ教会及ビ教徒ノ指導ニ関スル一切ノ事ヲ大工棟梁《とうりょう》ノ聖職ヲ授ケラレタルモノニ任セ置クト言フ義ナリ」（中山

「『だいくのうかゞひ』とあるのは、心の立替《たてかえ》、世の立替、小さく申せば教会の建築等、普請に譬《たと》へられたのであります。それ故神様の思召《おぼしめし》に従《したご》ふて、教会の建設、教徒の指導に従事する人は皆大工と云《い》ふべきでありまして、其《そ》の大工の棟梁となり、且《か》つ伺ひを司《つかさど》る所の『伺ひ棟梁』に任《ま》かせておくから、其の者

（※2）「墨壺」＝大工や石工などが直線を引くのに用いる道具。一方に墨肉を入れ、他方に糸（墨糸）を巻きつけた車をつけ、糸は墨池の中を通し、端に仮子《かりこ》という小錐《こきり》をつける。墨糸を加工材にまっすぐに張って垂直に軽く弾くと、黒線が材面に印される。（『広辞苑』）

から伺ひ出《いで》さへすれば、一切のこと、其の棟梁まで指図をする、即《すなわ》ち道に関する一切の事柄は『伺ひ棟梁』に任かせておくから、左様承知してくれとの仰せだらうと思ひます」（武谷）

なにかのこともまかせおく　何かの事も任せおく

「なにかのこと」とは、①普請のことすべて、②すべてのこと、③ほこりのこと（【備考】参照）の三通りが考えられるが、ここでは普請のことすべてであろう。

「委細の事は一任して置くという意味であります。史実によれば、……（『稿本天理教教祖伝』五三—五四頁）とあるように、大工である飯降様に、その心次第と細部は一任されたのであった」（深谷）

ニッ　ふしぎなふしんをするならバ　うかゞひたてゝいひつけよ

【通釈】

不思議な普請をするのであれば、扇の伺いを立てて、事を進めよ

【語釈】

ふしぎなふしんをするならバ　不思議な普請をするならば

二下り目二ッ（125ページ）、八下り目二ッ（248ページ）参照。

「人間思案の外《ほか》である、不思議な親神様の御守護によって出来上る普請をするのであるならばという意味であります。この場合、不思議な普請とは、直接的にはつとめの場所の建築をさしていられると思いますが、それより更《さら》に、有形的には一般に教会の普請を、又《また》無形的には陽気ぐらしの世界の建設を比論的にいわれてあると理解させていただいてもよいでしょう」（深谷）

「ふしぎなふしん　は二下り目、三下り目、八下り目に於《おい》てもおうたい下さる。八下りでは、ふしぎなふしんをするなれどと、神様がふしんをなさることを仰《おっ》しゃっているが、ここは、ふしぎなふしんをするならバと、親神様ではなくて、我々人間がふしんをすることを仰しゃっている。ということは、親神様の意をうけて、その道具衆として、大工としてするのであって、我々が大工なら親神様はふしんの施主であられる」（諸井）

うかゞひたてゝいひつけよ　伺い立てて言いつけよ

大工（飯降伊蔵）自らが伺いを立てて、自ら指図せよ、ともとれるが、不思議な普請をする人は、大工（飯降伊蔵）に伺いを立てて、その神意を受けて指図せよ、という意味であろう。

「普請の細部を一任されている大工は、まかせられているからといって細部を勝手に独断で施工するのではなしに、いちいち神意を伺《うかご》うて、更《さら》に夫々《それぞれ》の大工の仕事をいいつけよという意味であります」（深谷）

三ッ　みなせかいからだん〳〵と　きたるだいくににほいかけ

【通釈】

みな世界から次々と寄り来る大工に匂《にお》いをかける

【語釈】

みなせかいからだん〳〵と　皆世界から段々と

八下り目三ッ（251ページ）参照。

「**みな**　皆。**せかいから**　世界から。広い世界中の人間は皆一列に親神様の子供であるから、どんな遠方からも皆、親を慕《しと》うて帰ってくるのが道理です。**だん〳〵と**　次第に。次から次へと」（上田）

きたるだいくににほいかけ　来《きた》る大工に匂いかけ

普請のためにやって来る大工に匂いをかける。

「因縁の理に依《よ》つて、だん〳〵四方から将来大工となる人、即ち神意に従つて神殿の建設、世の立替《たてか》へなどに携はる人々が寄つて来るから、其《そ》の人々には特に意を留《とど》めて『にほひがけ』をしなければなりません。斯《こ》うして将来、お道の大工となつて、大いに働いてくれる下ごしらへをして置かねばならぬとの意をお示し遊ばされたものであらうと思ひます」（武谷）

四ッ　よきとうりやうかあるならバ　はやくこもとへよせておけ

【通釈】

良い棟梁が居るならば、早くこちらへ寄せておけ

【語釈】

よきとうりやうかあるならバ　良き棟梁があるならば

「よき」の意味に三通りが考えられる。

①「良（善）き」。

②「陽気」の約《つづ》まったもの。

③大工道具「与岐《よき》」（※4）（を用いる棟梁）。

ここでは、優れたという意味であろう。

「よきとうりやうトハ良棟梁《よき》ニシテ即チ大工ノ美称ナリ」（中山）

はやくこもとへよせておけ　早くこもとへ寄せておけ

早くお屋敷へ寄せておくように。

「こもと」は、「本家。本元。本拠」との意味があるが、ここでは、もっとやさしく「こちらへ」「ここのところへ」といったニュアンスであろう。

九下り目十「はやくこもとへ」と同じ意味である（286ページ参照）。

「他日良棟梁タルベキ望ミアルモノハ速《すみやか》ニ之《これ》ヲ教会ノ中ニ招キ置ケトノ意ナリ」（中山）

五ッ　いづれとうりやうよにんいる　はやくうかゞいたてゝみよ

【通釈】

いずれ棟梁が四人要る。早く伺いを立ててみよ

（※4）与岐《よき》＝斧《おの》よりも刃の広い木工具。主として杣工《そまく》が樹木の切断や杣取りに用いる。「刃広《はびろ》」ともいい、地方によって幾らか特色あり、それぞれ木曽《きそ》刃広、紀州刃広などと称された。（『建築大辞典』彰国社）

【語釈】

いづれとうりやうよにんいる　いずれ棟梁四人要る

「みかぐらうた」中には、「よきとうりやう」「あらきとうりやう」「こざいくとうりやう」「たてまへとうりやう」の四つの表現が見られる。

「いづれハ必定ナリとうりやうがよにんいるトハ四人ノ大工棟梁ヲ要スト言フ義ナリ」（中山）

「家屋普請の原型には、柱が四本必要であるように、親神様の思召《おぼしめし》たる世界一れつ陽気ぐらしの不思議ふしんが遂行されてゆく上には、四本の柱となるべき四人のとうりやうが入用である旨を仰せられているのであります」（小野）

はやくうかゞいたてゝみよ　早く伺い立ててみよ

早く伺いを立てて、寄せておけ。

「どうせ四人の棟梁が必要なので御座ゐますから、誰《だれ》にこの役目を申しつけて良いか、早く伺ひを立てゝ、神意に依《よ》つて、是《こ》れを定めよとの意であります」（武谷）

六ッ　むりにこいとハいはんでな　いづれだん／＼つきくるで

【通釈】

無理に来いとは言っていない。いずれ次第について来る

【語釈】

むりにこいとハいはんでな　無理に来いとは言わんでな「何としても」と強《し》いているわけではない。前のお歌からすると棟梁に対して言われているのであろう。

こんものにむりにこいとハゆうでなし
つきくるならばいつまでもよし　（三　6）

来たいと思ても、来《き》られんやしき。来た者に往《い》ねとは言わん、来《こ》ん者に来いとは言わん。（明治20・4・23）

「我ヨリ其《そ》ノ来ルヲ強《し》ヒズト言フ意ナリ」（中山）

「教会の指図をする人となるべき棟梁は、多勢《おおぜい》必要であるが、無理に来いとは云《い》はない。いづれ、晩《おそ》かれ、早かれ其の必要に応じ、時機を見計らつて、其の人自身から附いて来る筈《はず》であるとの意を仰せられたものであります」（武

谷）

いづれだん〳〵つきくるで　何《いず》れ段々随《つ》き来るで

いつかだんだん随いて来るようになる。

七ッ　なにかめづらしこのふしん　しかけたことならきりハない

【通釈】何とも珍しいこの普請。取り掛かったなら限りなく続く

【語釈】

なにかめづらしこのふしん　何か珍しこの普請

何とも珍しいのは、この屋敷の普請である。

「他に類のない珍らしい神様の活《いき》普請、即《すなわ》ち心の立替《たてか》へ、神殿の建設は、実に何時《いつ》までも栄えて行く天理教の大事業であります故、やり出した以上は、何時果《はて》しがつくかわかりません。それ故中途で止め様《や》としても止められません、つまり此《こ》の普請は、『きりなしふしん』であると云ふことを仰せられたも

のであります」（武谷）

しかけたことならきりハない　仕掛けたことなら限《きり》は無い

着手したことなら、際限なく続く。つまり「きりなしふしん」のこと（318ページ参照）。

一般的に普請といえば、一世一代のものと考えられていた。人々はこの「きりなしふしん」という言葉に接して、通常の普請ではないことを理解したのではなかろうか。

「しかけたことなら　着手したことであるならば。きり　切り、であって、一区切り。際限。限り。果てし。きりハない　無際限である」（上田）

「きりハない　で廻《まわ》ルのは、せかい一れつどこどこまでもやり通すまで、やり抜く意味をこめられている。即ち、やりはじめたら切りはない」（諸井）

八ッ　やまのなかへとゆくならバ　あらきとうりやうつれてゆけ

【通釈】

山の中へと行くのならば、あらき棟梁を連れて行け

【語釈】

やまのなかへとゆくならバ　山の中へと行くならば

山中深く用材を捜し求めて行くというのであれば。

「やまのなか」とは、人跡未踏の深山をたとえられたものであろう。

「未《ま》だ一寸《ちょっと》も道のついていない、草木の生《お》い茂った山の中へ行くのであるならばという意味であります」（深谷）

あらきとうりやうつれてゆけ　荒木棟梁連れて行け

一般に「荒木棟梁」という言葉は見受けられない。教祖が、教えのうえから独自におっしゃったものであろう（※5）。

ここでは、新しい原木を切り倒し（杣人《そまびと》）、山出しをし（小用《こよう》）、粗ごなしの製材をする（木挽《こび》き）の三つを指すことになろうか。

当時の一般的な感覚で「やまのなかへとゆく」場合は、普請の段取りとして、共同の山に木出し、石出しをするために親戚《しんせき》などが参加し、力を合わせることをいう。

「**あらき**　新木、荒木、新しい原木を担当して、荒ごなしの製材をする係。

あらきとうりやう　右の係を担当する大工の元締め。頭となる者。**つれてゆけ**　連れて行け」（上田）

（※5）「あらき」＝【荒木】①切り出したままの材で樹皮をはがないで加工してないもの②鋸《のこぎり》で切断してあるが、鉋削《かんなけず》りをしていない材。【新木】庭園用樹木の一つで小出しのままでまだ成形、剪定《せんてい》などがくわえられていないもの。（『建築大辞典』）

おさしづには、次のようにある。

「何から何まで一寸《ちょっと》の中には、どんな者こんな者も、荒木で見れば見難《みに》くいようなもの、作り上げたら十分柱に成る者もある」（明治39・10・10）

「荒木棟梁は、丸太を製材する迄《まで》の棟梁であるから、用材をとり揃《そろ》える上から立木を探し、切り出すところから立ち合うのであって、そこでやまのなかへとゆくならバ、と仰《おっ》しゃる」（諸井）

九ッ　これハこざいくとうりやうや　たてまへとうりやうこれかんな

【通釈】

これは、こざいく棟梁。これは、たてまえ棟梁。これは、かんな

【語釈】

これハこざいくとうりやうや　これは小細工棟梁や

この仕事は小細工棟梁。

小細工とは、彫刻や欄間《らんま》などの細工も大工の職であったことからか。

また、大和方言では「こざいく」の発音が、「こだいく」となることから、「こざいく」を「小大工」とは考えられないか。棟上げの際に掲げる棟札《むなふだ》（※6）には、「大工《だいく》」「小工《しょうく》」（※7）、「大工《だいく》」「小大工《こだいく》」などの表示が見られる（※8）。

ここでは内造りをする棟梁のことを指しているのではないか。

（※6）「棟札」＝建築物の棟上げの時、工事の由緒・年月・建築者・工匠などをしるして棟木に打ちつける札。古くは棟木の下面に直接書いたものが多い。（『日本国語大辞典』）

（※7）しょうく＝【少工・小工】＝①奈良・平安時代、木工寮・修理職・太宰府の職員。大工《だいく》の下位。建物の営作・修理などをつかさどる。また、工匠の集団の統率者。②江戸時代、誤用して鍛冶《かじ》をいう語。（『日本国語大辞典』）

「**これハ**　先に、『あらきとうりやう』について、その活動の分野をお述べ下されたに続いて、その次には、また別の棟梁を指して、『これハ』と仰せ下さっています。**こざいく**　小細工。細かい仕事」（上田）

「小細工棟梁は、ほぞ穴を削る手ぶりをするように、のみを使っての用材加工の、きざみ専門の仕事の分野の棟梁であり、建前《たてまえ》棟梁は、棟上げ建前の指図をする棟梁、そして、**これかんな**と仰《おっ》しゃる鉋《かんな》の棟梁は、柱や板を削って美しく仕上げるいわゆる現場の大工の棟梁である。その点、荒木棟梁は製材屋の頭、小細工棟梁は指物《さしもの》大工の頭、建前棟梁は鳶《とび》の頭がそれに近いのではないかとも思われる」（諸井）

（※8）山口県東和《とうわ》町の全寺社の棟札調査によると、「大工・小工」を併記するものが最も多く、「大工・小工・木挽」「大工・木挽・左官」その他も見える。江戸期から大正時代に共通する表記である。（『東和町史　資料編三　東和町の社寺文化財』）

たてまへとうりやうこれかんな　建前《たてまえ》棟梁これ鉋《かんな》

これは建前棟梁。この仕事は鉋（大工道具の一つ）を用いる。

小大工について

「漢字の使用例は明治十年以前に集中しております。『こざいく』について、『小細工』が№2・№8に、『小大工』が№5・№7に見られます。もっとも№5は、最初『小大工』と記し、その『大工』を墨で消して右側に『さいく』と訂正しています。おうたの悟り方が伺える文字であります」

（永尾廣海「みかぐらうた本研究の諸問題について〈中〉」）

あるいは、この両棟梁（小細工、建前）は鉋を用いて仕上げをする。また、これは「かんな」棟梁の仕事である。

小細工を内造りとすれば、建前は外造りのことか。

鉋は普通、右に引くと思われるが、ここでの手振りを左に引くのはいかなる意味があるのか。

「これ　之《これ》。次々と、棟梁をお挙げ下さって、その次にはまた、四人と初めに仰せ下さった棟梁が、もう一人残っていますから、その人を、『これ』と仰せ下さっていると拝察されます。かんな　鉋。……鉋作業は仕上げであり、同時に『内造り』ですね。親神様のお話に度々承《うけたまわ》っている、人間は建て流しの館《やかた》のようなものや、これに内造りをするために、この度世界だめ（究極）の教えをおつけ下された、とお聞かせ頂いているのは、ここのところと拝察さして頂きます」（上田）
「荒木棟梁の次には、お道の教《おしえ》を大体聞いた人々に更《さら》に事細かく親神様の親心を伝える者――小細工棟梁、次にこれを一つのまとまった信仰形態に組立てる者――建前棟梁、入信した者の信仰に磨きをかける者――鉋棟梁がいるという意味であります」（深谷）
「こざいくとうりやうトハ精細ナル仕事ヲスル大工ナリたてまへとうりやうトハ全局ノ仕上《しあげ》ヲスル大工ナリかんなハ即チ鉋ニシテ此《こ》ノ二種ノ大工ガ使用

スル器ナリ」（中山）

十ド　このたびいちれつに　だいくのにんもそろひきた

【通釈】

とうとうこの度一斉に、大工の人衆もみな揃《そろ》い来た

【語釈】

このたびいちれつに　この度一列に

「このたび」とは、将来における「このたび」であろう。また、教祖にとっては、大工の人《にん》のそろいきているのであろう。

「**このたび**　この度。みかぐらうたご制作の慶応三年は、本教の草創当時において、初めてつとめ場所の建築竣工《しゅんこう》して漸《ようや》く三年。教祖の高弟として将来道一筋、たすけ一条の上に神のよふぼくたるべき人々の入信し始めてより漸く四年。おふでさきのご起筆に先立つこと二年。初代真柱様のご誕生後わずか一年。本教の基礎漸く定まらんとする時であります。……この『このたび』とは、史的には慶応三年八月であり、その前後数年であると共に、また、信

仰的に常に本教の進むところ、それは『このたび』であります。いちれつに一列に。世界一列を救《たす》けるべきたすけの人衆が世界から集まってきた、という感じのするお言葉ですね。同時に、所要の大工全員という意味を、具体的にはお示し下されていると拝されます」（上田）

「このたびハ教祖此《こ》ノ教訓ヲ垂レ給ヘル時ヲ指スナリ」（中山）

だいくのにんもそろひきた　大工の人も揃い来た

大工の人衆もみなそろった。

「そろう」ということから単数ではない。大工と棟梁は手振りが違うものの同じ意味をあらわしているものと思われる。

「だいくのにんトハ四人ノ大工棟梁ニアラズシテ三種ノ大工棟梁ナリ」（中山）

「**いちれつに**　世界中の胸の掃除であり、八下り目に、**いちれつにすみきりましたがむねのうち**、とおうたい下さるそうしたふしんであるから、世界中に大工、棟梁がいるのであって、その**にん**、即ち人衆の頭数が揃うに到ったというその時のことを、待望しておうたい下されて、みかぐらうた十二下りの止めとされているのである」（諸井）

【備考】

◆飯降伊蔵は、扇と御幣《ごへい》のさづけ以外に、明治八年「言上《ごんじょう》の許し」（※8）を頂いている。そして十三年ごろからは、教祖が「ほこりの事は仕事場へ回れ」と仰せられ、身上・事情についての伺いのさしづを取り次いだ。「なにかのこともまかせおく」は、伊蔵の伺いに任せおく、ともとれる。

◆「おさしづ」によると、十二下り目は、大工（飯降伊蔵）の下りであると。普請全体では、木工《もっこう》のほかに石工《いしく》や左官、屋根葺《ふ》きなども重要であるが、この下りでは木工に限られている。

◆「みかぐらうた」には、「よきとうりやう」「あらきとうりやう」「こざいくとうりやう」「たてまへとうりやう」とある。しかしこれらは、一般の建築用語には見られない。教祖独自の表現であろう。陽気ぐらし世界実現を普請にたとえられたその視点から、これらの棟梁の役割について、さまざまな解釈が見られる（次ページのコラム参照）。

◆他の下りに見られない十二下り目の特徴。

●「だいく」、「とうりやう」の手振り。中でも座って墨つけをする所作。

●前に出した足は戻さない。

●「いひつけよ」「にほいかけ」「よせておけ」「たて、みよ」などと、命

（※8）言上の許し＝身上とか事情について、「言上の伺い」をするのを許されることをいう。……願い人の身上や事情に関する願いについて、扇を持って伺うと、親神の言葉の指図が出てきて、それを伝えた。のちに本席となる飯降伊蔵は、幕末のころに、教祖から「扇のさづけ」をいただき、明治8年（1875）ごろに、「言上の許し」をいただいた。（『改訂天理教事典』）

四人の"とうりやう"

「これまで見聞するところによると、四人（四種類）のとうりやうについては、『あらきとうりやう』『こざいくとうりやう』『たてまへとうりやう』の三人（三種類）は異口同音に挙げられておりますが、あと一人のとうりやうについては、『うかがいとうりやう』とか『かんなとうりやう』とかが挙げられて、『よきとうりやう』が挙げられていないようであります。

しかし十二下り目のおうたの中には、明瞭に四人（四種類）のとうりやうの名が示されているのでありますから、私はそれを、そのまま素直に四人（四種類）のとうりやうと受け取らせていただくものであります。『よきとうりやう』とは、『あらきとうりやう』『こざいくとうりやう』『たてまへとうりやう』のとうりやうを、それぞれ遺憾なく働かす、いわばとうりやう中のとうりやうという意味に私は解するのでありまして、陽気ぐらしへの不思議ふしんは、この四人（四種類）のとうりやうが一手一つになって進めてゆく時かなえられる理を、さとされているのではないかと思います」

（小野清一著『みかぐらうた入門』）

「四人の棟梁について、次の三つの解釈が出来ると思うのであります。

第一は、荒木棟梁、小細工棟梁、建前棟梁の他《ほか》に、伺い棟梁という役割を考える解釈であります。伺い棟梁というのは、神意をお伺いする役割という意味であります。

第二は、荒木棟梁、小細工棟梁、建前棟梁の三職能の内、一つの同じ職能を二人の棟梁が担当するという解釈であります。

第三は、荒木棟梁、小細工棟梁、建前棟梁の三職能を、四人の棟梁が交替して勤めるという解釈であります。

尚《なお》、この他に、〝かんな棟梁〟という役割を考える解釈がありますが、しかし、かんなの道具を使用するのが建前棟梁の役割ですから、これは不適当な解釈と言えると思います」（平野知一著『みかぐらうた叙説』）

令ともとれる口調が目立つ。
●他の下りにみられる「なれバ」が、すべて、「するならバ」「あるならバ」「ゆくならバ」と口語的表現となっている。
十二下り目に受ける何とも言えない高揚感は、こうしたところから発するものであろうか。

「以上、十二下り目は、ふしん（もっとも基礎だけは前章で済んでいますが）の主要工事たる木工事の全体計画の策定に始まって、所要の大工は自《おの》ずとぢばに集まって来る旨を仰せられ、その中でも、中堅となるべき棟梁について、その自発的発心をご期待になり、続いてこの道のふしんは切りなしふしんであるとて、決して終わることのない旨をご宣言なさって、然《しか》る後、あらきとうりょう以下、各工程の棟梁を挙げて、たすけ一条のこの道の具体的に進むべき、また、なすべき作業をご教示下され、ふしん着工、進捗《しんちょく》中の状況において、所要の要員手揃いとなり、さらにさらに、この『ふしん』は続けて完成に邁進《まいしん》する、とお歌い下されて、『きりなしふしん』たる本教の信仰の生気溌剌《はつらつ》たる気分をもって、このみかぐらうたの括《くく》りである十二下りをお歌い納め下さっているのであります」（上田）

「不思議なきりなしぶしんの道具衆としての大工と棟梁――棟梁の引《ひき》よせ

——その働きの分担——いよいよふしんにとりかかる喜びと、前途に信仰の楽しみを託して十二下りが終《おわ》っている点に、我々は十分注目しなければなりません」(深谷)

「十二下りの最後は、陽気ふしん実動開始のお歌で結ばれているのでありまして、さあこれから世界たすけの陽気ふしんに着手する、という宣言であります」(平野)

「いつ、みかぐらうたのてをどりを学びつとめさせていただいても、私は、この十ド《ド》と歌いはじめると同時に、感動の波が胸の底からつき上げてくるのをおさえることができません。この日を望み待たれる、教祖の御思いの深さと熱さがじかに胸に響き、そして自らも、『だいくのにん(大苦の人《にん》)』をめざさねばならぬという至上命令ともいうべき使命感とが渦となって、心中は波立ち踊るからであります。みかぐらうたの感動はここに極まると申してよいかと存じます」(山本)

あとがきにかえて

討議を終えて

「つとめ」の地歌として、身近に親しんでいる「みかぐらうた」。その神意を探りたいとの思いから始まった連載であった。

しかし、そのお歌の解釈にあたっては、当初から困難が予想されていた。そこで以前、『ひながた紀行』に携わった四人により、同じ討議という手法を用いて、さまざまな視座から解釈を試み、可能な限り統一した見解を導き出すよう努めた。

まず、おつとめの歴史をたどることから始め、次いで、お歌の解釈へと入っていった。いざ取り掛かってみると、予想は的中した。話は出るものの、思うように展開せず、暗礁《あんしょう》に乗り上げることも間々あった。研究討議を終えたいま、「ことのほか難しかった」というのが率直な感想である。

以下、話題にされた点を振り返ってみることにする。

お歌を解釈する

少し極端な言い方かもしれないが、「みかぐらうた」は、逐語的な解釈だけでは、そこに込められた神意はくみ取ることができないということである。お言葉の一つひとつが持つ意味を検討し、各下り全体の流れをつかむよう努めた。しかし、語句の解釈はできても、そこに流れる文脈をおさえきれなかったところがある。だから、そこで教えられていることを十分に理解できたわけではない。知的に理解し、論理的に解説しようとすることは、もとより大切であるが、それだけでは、神意のすべてを理解することはできないということである。

それでは、神意を悟るためにはどうすればよいのか。後でも触れるが、やはり「歌い、踊り、奏でる」ことの中にこそ、おのずと見いだされるものではなかろうか。

歌詞の解釈、理解は、「みかぐらうた」の世界の一端を探るに過ぎず、神意を悟るための一つの足掛かりに過ぎないことを銘記すべきであろう。

ちなみに、教祖が「みかぐらうた」を直接教示された当時の人びとは、すべてそのお歌の意味を理解しえたのであろうか。

分からない時には、即座にお尋ねすることもできたであろう。しかし、そうせずとも、教祖の口から歌い出されるお歌が、そのまますっと了解されてしまったように思えてならない。また「みかぐらうた」を耳にして信仰を始めたという先人も多い。それは、おそらく「いままでに聞いたこともない話」「日常のレベルと違う話」として、直感的に体得されたのではないだろうか。

歌い踊り奏でる

先にも述べたとおり、「みかぐらうた」の本質を理解するには、ただ言葉の解釈だけでは十分ではない。「歌い、踊り、奏でる」おつとめ勤修《ごんしゅう》の中に身を置くことが大切であり、それが本筋であると思う。

そのようにして信仰の世界へ参入し、「みかぐらうた」が教えるところに目覚め、体で理解していくものと考えるのである。

手振り、足どり、歌詞など、それぞれを個別的、部分的に解釈するのではなく、それぞれの要素を一つの流れの中で総合的にとらえることが必要である。

だれにも、こんな経験があるであろう。

- ふと雑念がわいたとき、手振りを間違えることは言うまでもない。逆に言葉の意味を確かめながら、それに合った手振りはと考えた瞬間、間違えることがある。

•人と一緒に踊っていると、その人の手振りを見ているわけでもないのに自然と踊れるが、一人の時には、たとえ歌詞を見ながら踊っていても戸惑うことがある。

まっすぐ、親神様の方を向いて、無心に踊るとき、おのずから「みかぐらうた」の意味も理解されるのではなかろうか。

歴史的考察について

「みかぐらうた」が教示された、幕末から明治時代前半の激動の時代を抜きに、話を展開することはできなかった。歴史的背景という視点も外すことなく、討議を行ってきた。

第一節から第三節が完成するまでに、長い年月がかかっており、第五節の場合も歴史的背景との関連を考慮した。しかし、今回の討議は歴史的事実の検証が目的ではなかった。主題はあくまでも「みかぐらうた」に込められた神意をたずねるところにあった。

そこには、研究者としてよりも、信仰者としての視点が要求されることになる。信仰的悟りは、さまざまである。それゆえに討議を重ねても、意見の一致を見ない時がしばしばあった。また、やっとまとまった結論が、展開の過程でひっくりかえることも少なくなかった。

このようなところから、今回は、現代に敷延しての解釈は行っていない。

終わりに

舞踊や音楽についての専門的な知識や視点は持ち合わせていないが、手踊りについて若干の感想を付け加えておきたい。

- 芸能としての舞踊の世界では、言葉の意味をそのまま手振りで表現するのは卑俗とされているようである。しかし、「てをどり」では、そうした例が多い。これは、だれにでも分かるようにとの思召《おぼしめし》からであり、人びとの理解を深めるための配慮なのであろうか。
- 「理を振る」ということが、歌の意味合いを手振りで表現することなのか、ご守護を高めるという意味なのであろうか……。いずれにしても「理を振る」ということは、一般の踊りの振りとは次元を異にしていると思われる。
- 「みかぐらうた」の手踊りの場合、基本的に前に二歩出て二歩後ろに下がる。こうした形式は、他の舞踊では珍しいように思われる。
●「かぐらづとめ」は、ぢばに限定されるが、「てをどり」については勤める場所の限定はないのだろうか。

やまのなかでもあちこちと
てんりわうのつとめする　（九下り目　8）

とのお歌や、『稿本天理教教祖伝逸話篇』の九一「踊って去《い》ぬのやで」、また病人の枕元で行ったお願いづとめの例もあり、現在、屋外で勤められることもある。
●後半下りは、回る手が多くなる。下りを追うごとに、その流れに乗って、深まり、盛り上がっていくように感じられる。
●第五節には、農事用語や大工用語が用いられており、大和《やまと》地方の四季の移ろいや、当時の風景が感じられる個所がある。そのころの一般庶民の生活をベースにして教えられたものであろう。
●「てをどり」は、前半下りと後半下りとに分けて勤められている。これは、いつごろからなのだろうか。
●また、各下りを組み合わせ、対照させた解釈も見受けられる。大変興味深い見方であるが、今回の討議では、「みかぐらうた」を一下り目から十二下り目まで、一つの一貫した流れで見る視点を選択した。

◇　◇　◇

今回の討議を通して、親神様・教祖の深い思召にあらためて目覚めた思いがする。また、先学の貴重な業績との〝出合い〟もありがたかった。「みかぐらうた」の世界は、果てしなく広く、そして深い。したがって、その真実の意味を理解することは、必ずしも容易ではない。しかし、われわれが、喜びや悲しみや苦しみなど、いろいろな思いをもって「みかぐらうた」に接するとき、親神様は、その広く深い懐の中に抱え込んで、さまざまな手ごたえを与えてくださるのである。「みかぐらうた」の解釈が一様ではなく、弾力的になる理由がそこにあるように思う。

以上のことからも「歌い、踊り、奏でる」中に、真実の悟りへと昇華されていくのではなかろうか。

「みかぐらうた」の世界をたずねて、ここまできたが、やっとその入り口に立ったばかり、という感想をもつ。

この本が、少しでも「みかぐらうた」の世界を求めるための一助になれば幸いである。

参考文献（本書で引用した、みかぐらうたに関する主な文献は次の通り）

中山新治郎著『御神楽歌述義　全』明治39年
堀越儀郎著『おかぐらの理』大正12年、三才社
安江　明編『御神楽歌解釈』大正14年、天祐社
武谷謙信著『御かぐら歌解義』昭和3年、天理教道友社
柳井教正著『御神楽歌ニ就テ』昭和4年
上川米太郎著『みかぐらうた私解』昭和7年、天理教河原町文庫
田代澤治著『講話みかぐらうた』昭和28年、天理教道友社
中山正善著『続ひとことはなし　その二』昭和32年、天理教道友社
諸井政一著『正文遺韻抄』昭和45年、天理教道友社
（『正文遺韻』は昭和12年、山名大教会発行）
桝井孝四郎著『みかぐら歌語り艸』昭和49年（初版は昭和30年）、天理教道友社
小野清一著『みかぐらうた入門』昭和50年、天理教道友社
深谷忠政著『みかぐらうた講義』昭和55年（初版は31年）、天理教道友社
平野知一著『みかぐらうた叙説』昭和60年、天理教道友社
山本正義著『みかぐらうたを讃う』昭和63年、天理教道友社
上田嘉成著『おかぐらのうた』平成6年、天理教道友社
（昭和22年・上、昭和23年・中一、昭和25年・中二）

永尾廣海　「みかぐらうた本研究の諸問題について」
『天理教校論叢』第16～18号（昭和55～57年）、天理教校本科
諸井慶一郎　「みかぐらうたの思召（その二）―みかぐらうた通釈註解―」
『天理教校論叢』第25号（平成3年）、天理教校本科
塩谷　寛　「理を振るおてふり自問自答三題」
『みちのとも』昭和60年4～7月号、天理教道友社
塩谷　寛　「みかぐらうた自問自答七題」
『みちのとも』昭和54年10月号～55年6月号、天理教道友社

討議者紹介（50音順、肩書は1998年のもの）

石崎正雄《いしざきまさお》（天理大学おやさと研究所嘱託教授）

澤井義則《さわいよしのり》（天理大学人間学部教授）

中島秀夫《なかじまひでお》（天理大学おやさと研究所嘱託教授）

早坂正章《はやさかまさあき》（天理大学人間学部教授）

みかぐらうたの世界《せかい》をたずねて

立教164年（2001年）5月1日　初版第1刷発行

編　者　天理教道友社

発行所　天理教道友社
〒632-8686　奈良県天理市三島町271
電話　0743（62）5388
振替　00900-7-10367

TENRIKYO DOYUSHA

印刷所　株式会社天理時報社
〒632-0083　奈良県天理市稲葉町80

ISBN4-8073-0467-4
定価はカバーに表示